U0540137

# 實現正義：恢復遭冤判女性的權利
## *Manifesting Justice*

瓦萊娜・貝蒂(Valena Beety) 著

楊雲驊 譯

臺灣 學生書局 印行

# 前　言

## 瓦萊娜・貝蒂（Valena Beety）

　　當我當檢察官的時候，我從來沒有想過錯判。身為檢察官的我，不認為我們可能會錯。我也沒有考慮我們擁有多少權力——創造正義或摧毀正義的自由裁量權。

　　錯誤定罪現已成為美國刑事法律體系的一個標誌。我寫這本書的目的是透過新的案件審查標準來解決美國刑事法律體系中的錯誤，這是審視過去定罪的新視角：「明顯的不公正」。明顯的不公正標準提出了這個道德問題：鑑於我們現在所知道的一切，這種信念是否公正？如果警察在證詞中說謊，如果對被告提出虛假證據，定罪是否公正？

　　台灣正處於台灣刑事法律制度創造性變革的激動人心的時刻。台灣已經做了很多努力來承認和糾正過去刑事法律制度造成的不公正現象，例如台灣清白計畫、司法改革團體的努力。展望未來，「實現正義」可能會提供避免美國制度的陷阱及其隨之而來的錯誤定罪的途徑。

**美國的錯誤一：種族化的正義與偏見的結果**

　　偏見會影響美國法律體系中對邊緣人群的審判和定罪，警

察、檢察官和陪審員因自己的社會偏見而對真相視而不見。台灣在對自身社會背景下的偏見取得了巨大進展。它是第一個將同性婚姻合法化的亞洲國家，且進行了一項國家人權行動計劃，承認其 LGBTQ+ 人口、婦女、原住民社區和其他容易受到偏見社群的權利。明顯的不公正是回顧過去，並審視定罪是否基於偏見和誤解，而非基於事實的一種方式。但這本書也提供了一種方法來討論法庭上所有參與者有意識和潛意識的偏見的作用。

　　一個簡單的建議是，「反向」向陪審團指示——如果這個人是異性戀，陪審團或法官會判他有罪嗎？一個男人？不是本地的嗎？簡單地重新建構場景有助於考慮偏見是否發揮了作用。

### 美國的錯誤之二：錯誤的「科學」證據

　　美國的法律體系過度依賴錯誤的法醫證據，導致錯誤定罪。咬痕、火災科學、鞋印和血跡等證據，都是透過警方調查而不是在科學實驗室中創建的「科學」證據的例子。本書講述了美國審判中錯誤的法醫證據和錯誤定罪的歷史。一旦基礎科學發生變化，「明顯的不公正」是重新評估定罪的一種途徑，承認法律和道德上的體系依賴過去錯誤的法醫證據來對無辜者定罪。

### 國民法官法

　　此外，我希望本書能解決對台灣刑事法律體系可能產生的一些法律、專業和道德影響。「國民法官法」是一項令人欽佩的變革，它將台灣人民納入有關個人自由和責任的重要法院判決中並對其進行教育。先前的刑事案件是由一名法官或三到五名法官組成的合議庭判決，而現在某些犯罪的審判則由職業法官和國民法

官組成的混合法庭進行審理。該法律可以促進法院和民眾之間更大的相互理解和透明化。

該法律也給職業法官帶來了沉重的負擔，並表明更多的預算支持將有助於台灣的法院實施該新法。對警察提供的預算和政府支持遠多於我們的法院體系、法官甚至檢察官，對此將再次從美國的錯誤中學到教訓。例如，美國佛羅里達州在警察方面的支出是檢察官的 25 倍；他們並不孤單。雖然警察可以發揮重要職能，但如果沒有法官、檢察官和辯護律師的支持，這項職能是不完整的。

我很榮幸我的書能在台灣出版。感謝國立政治大學楊雲驊教授的大力幫忙，我還要感謝我的朋友兼同事簡士淳的支持。我希望《實現正義》在這個變化和新思想的時刻，能有助於台灣人民及其刑事法律體系。本書的目的是提供關於檢察官自由裁量權、法庭上的社會偏見和法律道德的課程，同時為台灣決策者做出屬於自己的創造性、大膽和明智的法律決定奠定基礎。我很高興看到未來的發展。

瓦萊娜・貝蒂（Valena Beety）

IV 實現正義：恢復遭冤判女性的權利

# 推薦文

## 邢泰釗[*]

「實現正義」一書是美國的法學教授瓦萊娜‧貝蒂（Valena Beety）（無罪訴訟律師、活動家和西維吉尼亞無罪計畫創始人）結合冤獄救援運動者莉‧斯塔布斯（Leigh Stubbs，一位因性別取向而遭受冤獄的女性受刑人）合作寫作完成，出版後即獲得多項圖書獎。貝蒂教授在本書審視了美國的刑事法律系統，提出許多避免冤獄所需的改革，特別是針對女性、酷兒群體和有色人種的誤判造成冤獄。

貝蒂教授擔任美國聯邦檢察官時，她的目標是保護被害者，尤其是婦女，免於遭受暴力循環的侵害。但她發現，在既有制度下，美國檢察官不僅常常無法幫助被害人，而且往往由於錯誤資訊、虛偽證據、偽科學以及檢察官和警察的不當行為而蒙受冤屈。在這樣的司法經驗下，貝蒂教授投身司法改革，積極參與「清白運動」，藉由 DNA 檢測和刑事司法改革運動進行冤獄救援活動。「實現正義」一書聚焦於貝蒂教授的救援對象莉女士令人震驚的司法遭遇。莉女士被控犯下純屬虛構的可怕罪行，在其

---

[*] 最高檢察署檢察總長。

後層層的司法控訴過程中,她因種族主義、偏見、強迫認罪和偽科學等原因被定下重罪。貝蒂教授將莉女士的悲慘遭遇與破碎的美國刑事司法系統交織在一起,用淺顯的文字娓娓道來此一發生在現代美國的重大冤案經過,令人不禁掩卷嘆息。

「實現正義」書中也包括了冤獄救援運動者和蒙受冤獄女性的諸多訪談,貝蒂教授以本身作為專業訴訟律師和酷兒女性的經歷,提供了許多獨特的局外人／局內人視角。本書拓展了我們對正義的理解,不僅有那些遭受冤獄的無辜民眾,也包括那些被過度指控、被迫達成認罪協商和被判刑過重的被告。本人讀後認為這是一本引人入勝且具時代意義的著作,不僅提出許多司法改革與冤獄救援的想法,也改變了人們對犯罪和懲罰、什麼是無罪以及自由的概念。我國自 2023 年起正式實施國民法官制度審理重大犯罪,本書提供的美國法制與陪審團經驗,正可供我國此一新起步的制度借鏡或警惕,避免冤案發生。

本書得以中文版面市,特別要歸功於政治大學法律系教授楊雲驊組成的翻譯團隊,以清楚、流暢的文筆,讓讀者可以毫無障礙的瀏覽全書。特別要強調的是,本書內容豐富且發人深省,但故事性的敘述淺顯易懂,無論是法律專業人士或社會大眾均很適合閱讀,許多經驗亦可提供我國立法或實務參考,本人身為檢察體系的一員,也從中獲得很多啟發,在此極力推薦這本好書。

2024.12.31.

# 推薦文

## 陳泰明[*]

「正義」是什麼？正義作為一個普世價值，人人心中皆希望「正義」得被實現。每每觀賞英雄電影看到結局，英雄終於克服重重難關挑戰，打敗代表惡勢力的一方時，莫不感到熱血沸騰，似乎英雄即化身為正義的象徵，惡勢力的消滅即是正義的實現。

但電影終究是電影，回到現實社會中，實現正義必需依道而行，依法論事。在現今國家制度中，司法體系即是扮演了最主要的角色來實現正義。但當這個主要角色失去其功能，甚或反其道而行，正義又如何被實現呢？

本書即是透過曾為美國聯邦檢察官和無罪平反律師，而現為美國印第安那大學法學院教授的瓦萊娜‧貝蒂（Valena Beety）所述說她親身參與的一個冤案平反故事，從而帶出在美國刑事司法體系中，即使經過各項法定程序證據的發現和蒐集、證人的交互詰問和聽證，卻在執行上面因錯誤資訊、虛假的證詞及不當的科學論證，再加上檢察官在當下之運作不再是追求正義卻是執著於定罪被告，在追訴被告過程又夾雜著種族主義及對女性、同性

---

[*] 眾達國際法律事務所（Jones Day）資深顧問。

戀及跨性別者等種種之偏見推波助瀾下，產生了極為諷刺的結果：握有權力被賦予實現正義的美國刑事司法系統卻反倒是成為當事人及平反律師要實現正義所要打倒的目標。

　　誠然我們的教育及經驗告訴我們，人性就是會犯錯。起訴審判皆仰賴人而非神在做決定。所以當有容錯的空間。在本書中主持審判的泰勒法官回憶他在莉和塔米案件中的決定，他回答作者說「……，作為一名法官，精神上最危險的事情是談論我何時是對的。我寧願談論我何時錯。」他繼續說道：「法律的偉大之處在於它能自我糾正──它假設我們得出了錯誤的答案。整個機制都是基於這樣一個想法。我作為一名法官可能是錯的……」。旨哉斯言。這樣的認知和反省也是司法體系內自癒其錯誤之處所應履行的。

　　而律師作為司法體系之一環即是從另一個面向來矯正這個可能的錯，尤其是平衡本書中所提到的隧道視覺（tunnel vision），即檢察官可能在追求實現「定罪」目標而去排除了相互予盾的訊息，最常見的是隱瞞有利於被告的證據。本書中提出令人深思的諍言即是我們應該對檢察官有更多的要求，因為他們的職責不是獲得定罪而是實現正義。一昧追求定罪的目標，忽略甚或隱瞞證據自然與正義越走越遠。所以律師身為在野法曹，也應以踐履實現正義為己責，來匡正刑事司法體系運作所產生的不當和錯誤。

　　本書故事的主角最後是透過艾福德認罪協商（Alford Pleas）獲釋。這也是作者認為為被告之利益而不想冒著再次審判的風險，也不想冒著新的監禁刑期的風險而走向自由重獲新生的路徑。然而懷著有罪之身要再被社會接納顯然困難重重。作者也提出了後續當事人的清除紀錄和無罪登記的實際作法以協助平反的

被告能清白地重返社會。這些實際作為或對我們有可供借鏡之處。

本書之付梓正值我國實施國民法官審判制度剛逾周年之際。「正義」究竟是什麼？司法體系的正義和國民正常情感認知的正義究竟有什麼樣的差距？相信本書所帶給我們的啟示應可作為相關單位欲檢討其國民法官實際運作上一個重要參考，也相信能成為所有關心正義甚至參與國民法官制度運作者書岸上之必備良書。

在此也特別感謝政大法學院楊雲驊教授帶領其學生將本書翻譯成中文，並且將許多生澀的英文專業法律術語轉為易讀好懂的中文。本人雖在從事法律服務工作，但主要係處理國際商業法律事務，對刑事專業之認識實與一般人相距有限。然因與楊教授為近四十年同窗至交，故有此機會比大家先行拜讀本書。謹不惴專業之不足厚顏以尋常人士為文報告閱後心得，是以為記。

（本文作者係國際性法律事務所 Jones Day 的 Partner。本文僅為作者個人意見，無涉於事務所之看法或立場）

X 實現正義:恢復遭冤判女性的權利

# 譯者序

## 楊雲驊[*]

　　一般人的觀念裡,「司法」當然就是要正確認定事實,懲治壞人且避免冤案。殘酷的事實卻是,我們離這個「理想」往往有相當的距離。除了極權國家的司法本來就是打擊異己的工具,難以期待其公正外,「家家有本難念的經」,許多國家各有各的問題,讓冤獄始終難以根除。即便先進如美國,也充斥著各種「司法不公」、「明顯錯誤」的情況。傳統司法對於非主流人士,例如非異性戀、原住民、有色人種、婦女、成癮者、少數民族等,常會先入為主、帶有偏見的未審先判。另外,「證據會說話」的既定觀念,尤其是所謂「科學證據」,似乎是認定犯罪的可靠利器。本書講述了美國審判中錯誤的法醫證據和錯誤定罪的歷史,例如咬痕、火災科學、鞋印和血跡等證據,它們如何被誤用甚至造成冤獄。此外,對於事後才發現的冤案,國家要怎麼處理,也是一個令人頭痛的陳年痼疾。

　　許多人以為,談法律的書一定是艱澀、枯燥,難以閱讀。這本書將顛覆您既有的印象。本書以一具體個案為主軸,除看著兩

---

[*] 楊雲驊,國立政治大學法律系教授。

位無辜的女主角逐步陷入冤獄的泥淖感到心痛與不捨外，也對司法制度的偏見與偽科學證據充斥感到震驚，諷刺的是，案件內的每一位司法人員都自認是站在正義的一方。作者貝蒂教授以其擔任美國聯邦檢察官的經歷以及深厚的人文素養，使用淺顯的文字，細膩的敘述此一重大冤案的始末，閱讀此書，除了激烈的法庭攻防令人屏息凝氣外，又彷彿置身於一歷史長河中，美國歧視弱勢或少數族群的史料背景躍然紙上，歷年各種法案、檢察官、律師、民間救援團體等在本案共同交織出驚心動魄的篇章。

　　美國已經實施陪審團制度多年，我國於 2023 年開始實施國民法官審判制度，提升司法透明度，反映國民正當法律感情，讓人民更能接近司法。「實現正義」一書能夠提供避免美國制度的陷阱及其隨之而來的錯誤定罪，值得所有關心司法正義的朋友注意。

　　特別感謝政治大學法研所學生楊惠婷大力協助本書的翻譯。

　　為幫助中文讀者更能瞭解本書，頁末註釋為譯者添加。

# 序

## 科亞・貝克（KOA BECK）[*]

美國的許多基本法律和現行法律都假定您是一個非常明確的人。他們假設你有兩個身體健全的父母，他們有金錢和資源為你提供安全、能力、保護和教育。他們假設你來自一個沒有虐待、忽視和精神疾病的家庭，社區的支持可以幫助你實現日常生活以外的抱負和目標。他們假設你的性別呈現不會妨礙穩定的就業、穩定的居住或援助。然而，對大部分美國人來說，這並不是他們的成長經驗。但是，當他們因食物不安全、虐待、跨性別恐懼症、系統性種族主義、結構性厭女症和同性戀恐懼症等犯罪而被置於我們的法律體系面前時，這就是衡量他們的標準。

事實證明，美國女性特別容易受到這種惡劣標準的影響：女性是被監禁人口中成長最快的群體，而且這種情況已經存在了一段時間。在全國範圍內，地方監獄以及州和聯邦監獄中的女性人數是1980年的8倍多。1977年至2004年間，服刑一年以上的女性人數幾乎增加了800%，是男性監獄人數的兩倍。

---

[*] 科亞・貝克是《白人女性主義：從婦女參政論者到影響者以及她們留下的人》一書的作者。

婦女遭受這種情況的主要原因之一是因為我們建立並延續了一個只關注犯罪活動的法律體系，而不是促成或促進這種情況的環境。這些數據背後是真實的數據：其中許多是因非暴力犯罪（例如詐欺、毒品或性工作）而入獄的有色人種女性。女性更有可能因有精神疾病、虐待和創傷史而入獄，因為她們吸毒是為了應對受害。

　　在回顧被監禁婦女人數的急劇上升時，我們同時面臨著美國將婦女面對性別暴力、貧窮和成癮行為定為犯罪的方式。同時，努力解決看守所和監獄中婦女問題，卻是擴大刑事司法系統的參與，進一步將那些試圖在根本不適合她們的系統中生存的人定為犯罪，例如逮捕依靠性工作維生的婦女，和在家庭暴力事件中反擊的婦女。

　　瓦萊娜・貝蒂（Valena Beety）的《實現正義》（Manifesting Justice）透過探討這些生活、這些犯罪以及它們重疊的關鍵空間的整體數據來講述這一現實。作為一名前聯邦檢察官和無罪訴訟律師，貝蒂將戰術分析和糾錯應用於她整個職業生涯，這是不斷在研究和探索的過程。她對未充分利用的法律原則的評估揭示了理解如何利用刑法和定罪來解釋許多人的生活現實的獨特機會，而不是堅持它們應該如何。

洛杉磯 2021 年 8 月

# 關於作者

瓦萊娜・貝蒂（VALENA BEETY）是前聯邦檢察官和無罪平反律師。她成功地為被錯誤定罪的被告免除罪責，獲得總統對毒品犯罪者的特赦，當選為國家無罪網路（national Innocence Network）董事會成員，並被任命為西維吉尼亞州州長的貧窮防治委員會專員。

她過去是亞利桑那州立大學桑德拉・戴・奧康納法學院的法學教授，也是法學院刑事司法中心司法學院的副主任，該中心負責將研究與政策聯結與改革。此前，她在西維吉尼亞大學法學院創立並指導了西維吉尼亞無罪計畫，並在密西西比州無罪計畫中擔任高級律師，代表死囚監禁的當事人。其研究與著作主要在於錯誤定罪、法醫證據、起訴和監獄監禁等。現任美國印第安那大學布盧明頓分校法學院教授。請造訪她的網站 www.valenabeety.com。

對於莉和塔米來說,
她們信任我去講述她們的故事。
為了他們的妹妹塔莎·梅塞德斯（TASHA MERCEDEZ），她因未犯下的罪行而仍被監禁。
對於我的妻子 JENN，
她以她的慷慨之心和致力於創造的承諾激勵著我，
讓我們的世界更加公正。

# 實現正義：恢復遭冤判女性的權利

# 目　次

| | | |
|---|---|---|
| 前　言 | 瓦萊娜・貝蒂（Valena Beety） | I |
| 推薦文 | 邢泰釗 | V |
| 推薦文 | 陳泰明 | VII |
| 譯者序 | 楊雲驊 | XI |
| 序 | 科亞・貝克（KOA BECK） | XIII |
| 序　幕 | | 1 |
| 第一章 | 康復之旅 | 3 |
| 第二章 | 打擊毒品的戰爭 | 13 |
| 第三章 | 駛向布魯克海文市的「漫長」道路 | 21 |
| 第四章 | 重新審視定罪後的人身保護令法律（Habeas Post-Conviction Laws），以實現司法的正義 | 27 |
| 第五章 | 警方調查以及案件的開始 | 47 |
| 第六章 | 改變定罪後人身保護法，實現種族正義 | 57 |

| 第七章 | 邁克爾・韋斯特醫生和咬痕證據……………… | 67 |
|---|---|---|
| 第八章 | 錯誤的法庭科學與未來的真相………………… | 77 |
| 第九章 | 審判和檢方的案件………………………………… | 99 |
| 第十章 | 將酷兒（Queerness）定為刑事犯罪…………… | 111 |
| 第十一章 | 韋斯特醫生（Dr. West）出庭作證……………… | 125 |
| 第十二章 | 遭到物化的女性身體……………………………… | 159 |
| 第十三章 | 為莉和塔米進行辯護……………………………… | 165 |
| 第十四章 | 宣判……………………………………………………… | 181 |
| 第十五章 | 對身分的懲罰………………………………………… | 185 |
| 第十六章 | 密西西比州蘭金監獄（Rankin Prison）裡的女性囚犯……………………………………………… | 189 |
| 第十七章 | 遭誤判的女性：將性和懷孕刑罰化…………… | 205 |
| 第十八章 | 將跨性別者定為刑事犯罪………………………… | 215 |
| 第十九章 | 未被揭露的證據……………………………………… | 229 |
| 第二十章 | 無辜者運動…………………………………………… | 243 |
| 第二十一章 | 來自聯邦調查局的無罪證據…………………… | 257 |
| 第二十二章 | 對迪基的母親，海倫・艾爾文（Helen Ervin）的臆想………………………………………………… | 269 |
| 第二十三章 | 定罪後的聽證會…………………………………… | 275 |
| 第二十四章 | 檢方的不當行為…………………………………… | 297 |
| 第二十五章 | 自由……………………………………………………… | 305 |
| 第二十六章 | 通向自由和修復性司法（restorative justice）的其他途徑…………………………………………… | 317 |
| 第二十七章 | 塔米・萬斯述說自己的故事…………………… | 327 |
| 尾聲 | 未來的無辜者冤案平反運動…………………………… | 329 |

# 序　幕

兩個陌生人之間最短的距離就是故事。

——帕蒂・迪格（Patti Digh）

2  實現正義:恢復遭冤判女性的權利

# 第一章
# 康復之旅

在穿過阿拉巴馬州西部的松林路後，14 號州道接上密西西比州的 69 號公路，進入朗茲縣，這裡是「黑帶」的所在地，也是美國最肥沃的平原之一。這條雙車道道路蜿蜒向北、向西穿過樹林、草原和農田，全長十英里，直到緩緩駛入人口 2.5 萬的密西西比州哥倫布市。

在哥倫布市，69 號公路變成了「大道」，且是定義美國許多城鎮中心地帶的那種道路。位於大道 1011 號的派恩斯暨卡迪希爾藥酒癮戒治康復中心（Pines & Cady Hill Recovery Center）是一家創立於 1976 年、享有好評的酒精和藥物處遇中心。在 2000 年 1 月，當時 20 歲的莉・斯塔布斯（Leigh Stubbs）走進康復中心的大門參加戒治復歸計劃。60 天後，她擺脫了鴉片類藥物的束縛並離開戒治康復中心。然而，對她來說，幾乎是最後一絲自由了——她很快就會在監獄中失去 10 年的人生。

莉在卡迪希爾康復中心的旅程要從其南方約兩百英里處的松樹林說起，那是位於哈蒂斯堡的一家緊急藥酒癮戒治機構。莉明白她若再不戒癮，媽媽就會把她趕出家門，但她也知道媽媽愛她。儘管媽媽希拉（Sheila）有著寬容的心，但她對三個女兒卻進行嚴厲的管教，包括長女克里斯蒂，以及特別嚴格地對待莉及

她的雙胞胎妹妹蘿莉琳。

　　希拉和皮特・斯塔布斯（Pete Stubbs）夫婦擁有並管理密西西比州科林斯市的斯塔布活動房屋廣場。莉在當地高中畢業後，進入瓊斯縣專科學校就讀。除了上課以外，她還另外兼了兩份差，分別是擔任八十四號公路休息站和科林斯市的主要報紙「商業新聞」的助理。多年以後，當莉需要書面證詞來證明自己的「人品」時，「商業新聞」的編輯對她讚譽有加，並表示願意隨時重新雇用她。編輯還說，莉在那次的事件當中雖然遭到法院的定罪。但是，他認為莉是個具有善良本質的人，而且莉也已經在監獄中服過夠長的刑期。這也是當然，畢竟莉服刑的每一天都超過她應該在監獄裡度過的日子──因為她根本沒有犯罪。

　　早在 2000 年，莉就開始試圖弄清自己的生活、自己的性別認同以及是什麼導致她與雙胞胎妹妹不同。

　　1999 年 3 月，她與交往兩年半的男友分手，到了 12 月，她因藥物問題向父母求助。那時，她才剛剛過完 20 歲生日。莉的父母把她送到松樹林，也是在那裡莉開始關注自己使用藥物的原因，而她在裡面表現良好，好到輔導員還答應莉，若她成功六個月不施用藥物就會給她一份工作。莉與護士們相處融洽，且她們注意到莉是如何幫助其他病人的，其中一位是名叫金・威廉斯（Kim Williams）的 22 歲女性。

　　金從 14 歲開始使用藥物，而且情況相當嚴重，以至於她在高二時缺課太多天，不得不在另一所學校留級。1999 年至 2000 年間，她已經參加了四項治療鴉片類藥物（opioid）使用障礙的療程。金所使用的藥物是嗎啡（morphine），也就是一種藥丸形

式的羥考酮（Oxycontin）[1]。

在大學時期發生了一件可怕的事情之後，金的藥物使用就失控了，如果說她曾經控制過的話。金的男友迪基（Dickie）比她大二十歲，脊椎做過多次手術，因此有大量的羥考酮來緩解疼痛，而事實上，羥考酮也緩解了金的疼痛。她曾三次因商店竊盜被逮捕，其中一次判決有罪。她偷了迪基的嗎啡和其他處方止痛藥。來到松樹林後，金想要戒掉衝動、戒掉偷竊，以及戒掉藥物使用需求。和莉一樣，金也在摸索自己的性傾向。過去，金就曾和幾個不同的女性朋友交往過，雖然現在是二十一世紀，但這裡是密西西比州南部。在一次派對上，她親吻了自己的朋友，派對上的男性們就開始對她充滿敵意，並稱她為「噁心的婊子」。

金與莉皆在 2000 年 1 月 18 日從松樹林的療程結束，且隨後又前往哥倫布市大道上的派恩斯暨卡迪希爾藥酒癮戒治康復中心接受更長期的戒癮治療。

當金到達卡迪希爾時，她的身高 5 呎 2 吋、體重 118 磅，且並未服用任何藥物。而兩個月後的 3 月 5 日，在她離開卡迪希爾時她的體重達到 135 磅，並且和卡迪希爾的許多人一樣正在服用抗憂鬱症藥物。在她的最後一次出院，卡迪希爾將金對戒癮治療的反應能力評價為「差勁」。金則被治療師評定為：面對成癮時缺乏「自我意志」控制。

當莉開著她的 94 年白色雪佛蘭皮卡車前往卡迪希爾時，她知道金也會在那裡。她希望能跟金成為室友，然而她的新室友最

---

[1] 一種用於緩解疼痛的口服鴉片類藥物，具有高度成癮性，因此容易被濫用。服用藥物後該藥 15 分鐘內就能開始緩解疼痛，藥效大約可以持續六個小時。

終是一位 31 歲名叫塔米·萬斯（Tami Vance）的女性，而她已經在卡迪希爾待了七週。塔米是來自路易斯安那州德賴普朗的天蠍座，也是一名開放的女同志。她有過幾次持有毒品的前科，而她正在努力洗白。塔米在掙扎於自己的性傾向後，最終接納了自己，並學會不去在意他人的眼光，繼而學著成為一名善良的人。儘管兩人都有各自的個別化戒治療程，但塔米和莉很快就進入到同一個團體治療的療程中，因為兩人都完成了以擺脫成癮為目標的「成癮戒治十二步驟」療程。

在當時，卡迪希爾所進行的療程是密西西比州以及其他大部分的州所提供的全部內容，也就是所謂「戒酒匿名會的成癮戒治十二步驟」。以完全戒除為框架，意指透過對話治療及團體分享的方式處理成癮的戒斷症狀，並在覺得昏沈與身體疼痛時，以撰寫日記來舒緩身體的不適。當金來到卡迪希爾時，她仍受到可能危及生命的震顫性譫妄（delirium tremens）[2]所苦。儘管戒癮治療鼓吹著個人意志力的力量，然而與面對鴉片類藥物成癮那強大的束縛力相比，個人意志的力量往往微不足道。

2000 年 3 月，塔米、莉和金完成了在卡迪希爾六十天的療程，當時她們正在考慮是否留下參加為期 30 天的延長療程計畫，以培養個人的工作技能並過渡到勞動市場開始工作。塔米和莉在週末時，向卡迪希爾戒治康復中心請假之後返家，並與家人們討論是否要再返回卡迪希爾。當她們離開時，她們看到金也在收拾

---

[2] 震顫性譫妄（DTs），也稱為酒精戒斷譫妄（AWD），是最嚴重的乙醇戒斷形式。被認為是一種死亡率很高的醫療緊急情況。

行李，因為金要回家了。她將永遠離開這裡，她的男朋友會來接她。儘管迪基告訴金他不認為這是個好主意，她仍然計劃著要離開卡迪希爾並搬去與迪基同住。

週五，莉開著她的白色雪佛蘭皮卡一路向南，朝著密西西比州的郊區開，前往科林斯市探望她的父母。不過她要先將塔米送到傑克森市去見她的母親。當莉到達科林斯市後，她告訴父母她已經準備好回家，也可以返回工作崗位了。然而，媽媽希拉則鼓勵她去嘗試卡迪希爾的三十天工作培訓計畫。

當莉和塔米在 2000 年 3 月 5 日的週日返回卡迪希爾時，他們發現戒治康復中心一片混亂。有新的社工人員加入卡迪希爾，且忽然之間，病患們取得了獲得藥物的管道，甚至還有男性出現在女性專屬活動、生活區域。

莉打電話給媽媽希拉。

「媽媽，我要離開卡迪希爾，這個週末我離開後，一切都亂成一團。」

「什麼意思？」

「所有人都睡在了一起，媽媽，他們正準備對我們進行約束，而我甚至不在現場，我想我不應該受到這樣的對待，這不公平。」莉告訴媽媽她要回家，她收拾好行李並準備明天就上路回家。

當莉的媽媽——希拉隔天致電卡迪希爾時，管理人承認說新來的社工人員確實有點狀況，直到很晚才去發送指定的藥物。儘管卡迪希爾維持了將男、女性治療分區的作法，但分隔各區域的安全門卻已經被人動過手腳，無法發出警報聲。這不是第一次發生男女區隔規則遭破壞的情形：就在上次的探視中，希拉就經常

看到男性輔導員出現在女性區域中。（希拉反應該情形的一週後，該男性職員即被開除。）

管理人同時試圖轉移注意力，並只是簡單告訴希拉說，莉又在施用藥物了。建議希拉應該把關心投注在其他的家庭成員，而不是莉身上。然而，莉再返回戒治康復中心時，所接受的強制性尿液藥物檢驗，結果卻表明了相反的情況──藥物檢驗結果中，並未測出任何管制藥物反應。

當塔米與莉回到卡迪希爾的混亂中時，金仍在那裡。她週六早上就打包好的包包還沒有動過。根據中心其他女性的說法，週六和週日，金一直坐在沙發上搖晃、安慰自己，並要求服用她的抗憂鬱藥物。在卡迪希爾發生的這麼多事情的週末之後，為什麼金還留在這裡呢？

或許這早該是被預料到的事──金的男朋友迪基沒有要來接走她。他在金待在卡迪希爾時，從未來探視過她。

塔米、莉與她們在卡迪希爾結交到的朋友莎曼珊（Samantha）決定離開。她們把東西扔進莉的卡車裡，準備離開卡迪希爾。

「我也能一起走嗎？」金問道。說完，他們便一起離開了。

但這並非一場對康復後的愉快慶祝，而是一種充滿挫敗感的憤怒。藥酒癮戒治康復中心讓他們失望了，特別是這群試圖保持清醒的人。

她們並不是唯一要離開的人，另一位朋友凱西（Kathy）也決定要離開。在參加完一場卡迪希爾的戒酒匿名會議後，她與德彼（DB）一起離開。德彼是另一位卡迪希爾的病患，他在與莎曼珊（Samantha）一同參與團體治療後成為她的男朋友。他們六人約在密西西比州立大學的所在地斯塔克維爾見面。在一個近乎

無人的停車場，莎曼珊從莉的卡車後取出她的物品後，便與德彼、凱西一起上車，他們將與德彼的叔叔一起過夜，除此之外他們別無其他計畫。而事實上，莎曼珊在二十四小時之內又重返回了卡迪希爾。

塔米、莉和金前往哥倫布市的一家旅館過夜。他們決定由莉開車送塔米去她母親位於路易斯安那州和密西西比州邊境的德賴普朗（Dry Prong）的家，而沿途他們會把金送到迪基位於密西西比州薩米特（Summit）的家，然後，莉就會前往科林斯市找媽媽希拉、看望她的雙胞胎妹妹，並且找一份工作。

隔天，3月6日，他們動身前往迪基位於薩米特的家，車程超過五小時。幾週後，莉告訴她媽媽：「我無法離開我的朋友。」

## 在離開戒治康復中心的途中，開始各自的旅程

詹姆斯・艾爾文和艾米特・艾爾文（James and Emmit Ervin），更廣為人知的名字是「迪基（Dickie）」和「皮納（Peanut）」，他們是兄弟，與他們的媽媽一起生活在密西西比州的薩米特。

金明白為什麼迪基沒有把她從卡迪希爾接回家。當金說出她不希望她所在的環境被她所施用的嗎啡給圍繞時，迪基則表示這是不可能在他家發生的。正如迪基後來承認的，他的計畫自始就未包含將金接回他家生活。

想像一下，當迪基在週一晚上發現金敲著他媽媽在薩米特的家門，這離卡迪希爾有兩百英里遠，而且身邊陪伴了兩名陌生女性莉和塔米，他會有多驚訝。女人們說可以使用金的七人帳篷讓她們紮營。經過迪基、莉和塔米三十分鐘的找尋後找到了帳篷，但是卻缺少帳篷桿，無法搭起帳棚。於是，塔米和莉走到走廊，

經過討論之後，決定離開。金則在後方臥室跟迪基一起抽著大麻看世界冠軍摔角，已經沒有理由讓莉和塔米繼續待著了。他們走向卡車，並等待金取回她的個人物品。那是金和迪基幾個月以來第一次見面，迪基大多數的時間在他的床上，因為他的臀部中有置換過的人工髖關節，並且不良於行。幾年前，他遭遇過一場車禍導致脊椎受傷，且需要進行手術。迪基在最初的幾個月都會收到殘障福利支票，他會服用止痛藥、安眠藥和抗憂鬱藥物。儘管他曾因吸食大麻而被逮補並定罪，但仍然繼續服用以緩解疼痛。

在迪基的黑色大藥包裡，有羥考酮、舒痛停（Ultram）[3]、贊你眠（Sonata）[4]、硝化甘油舌下錠（Nitroglycerin）[5]及300元美金，而包包裡有一些東西是屬於金的。迪基替金準備了一張贊安諾（Xanax）[6]的處方籤，與一整瓶滿滿的贊安諾。

金做了一個決定，她要結束跟迪基之間的關係。她拎起迪基的黑色大藥包就跑向前門，金跳上的莉的卡車並告訴她們計畫改變了——快開車走。當她們開到主要道路並離開城鎮後，金說她無法再待在迪基那裡了，塔米馬上也告訴金說她可以待在塔米跟她媽媽在德賴普朗的家一陣子。

---

[3] 一種鴉片類藥物，屬作用於中樞的鎮痛藥，可緩解普通到嚴重的疼痛。

[4] 可有效的作用在神經傳導物質 GABA-A 受體上，讓腦神經放鬆，而有良好的安眠效果。

[5] 耐絞寧錠（英文為 Nitroglycerin，簡稱 NTG）是商品名，學名為硝化甘油，此藥有「擴張血管」（包括冠狀動脈和周邊血管）的作用，民眾使用耐絞寧的時機，往往都是需要藥物「快速」發揮藥效的緊急情況，例如：心肌梗塞，心絞痛等，因此才將耐絞寧做成舌下含錠的劑型讓藥品可以快速作用。

[6] 用於短期治療焦慮症、恐慌症和化療引起的噁心等。

當她們駛離薩米特後，金透露她有一整個背包的藥且隨時可以跟其他人分享。

幾天過後，一個意想不到的訪客來找迪基。金的叔叔，沃爾索爾縣警察局副警長特魯特・西蒙斯（Truett Simmons），駕車三十英里來到薩米特拜訪迪基和皮納。

在金離開後，迪基向薩米特小鎮警方提起刑事告訴，指控金偷走他的藥物。但當西蒙斯副警長出現在迪基家門口時，他並未詢問那袋失竊的藥物，反而是問起了金是否出了什麼事情。迪基後來承認他確實認為金的叔叔以一名鄰州副警長的身分登門拜訪他很是奇怪。迪基說道：「我不確定，難道這種事情應該發生嗎？你怎麼說明這種情形？一位家庭成員在調查犯罪？所以我很困惑，根本無法思考。」

西蒙斯副警長想弄清楚那兩位跟著金一起行動的女人是誰。迪基告訴金的叔叔，他從未見過她們，但那個塔米是個「女同志」。那時，事件的車輪開始轉動。

迪基在密西西比州布魯克海文市（Brookhaven）警方進一步的詢問下告訴他們，他對塔米的第一印象是「看看這女同志，看看這女同志對我寶貝做了什麼。」，不過其後他說他發現塔米和莉原來是一對情侶：「她們看起來，呃，就像你知道的，在男女關係中男性往往佔主導地位，而她們看起來是那個叫做塔米的女孩比莉更佔據主導地位。」

「在你跟金在一起的時間裡，塔米有看你一眼或看著……你和金，好像她感到嫉妒或者怎樣？或者她不喜歡這樣？或……？」布魯克海文市警察局長阿魯斯特拉・亨德森（Arlustra Henderson）

問道。

「你懂的,那可能是一種忌妒的表情,」迪基回覆。

「我就是想知道那個,」亨德森說道。

迪基又說:「但這只是讓你覺得『她到底有什麼毛病』的其中一件事而已。」

當之後警方詢問塔米時,他們特別問她「她為了性在卡迪希爾做了什麼」。

迪基也跟警方說道「塔米和莉在走廊不斷來回走動,樣子怪異、緊張。」迪基的媽媽之後說塔米和莉在黑暗門廊上竊竊私語。

迪基也告訴警方,金是誠實且值得信賴的。而且他本來已經計畫與她結婚,可惜她染上毒癮。儘管金過去曾因商店竊盜遭逮並起訴,且她也曾服用過他的嗎啡,但是迪基還是堅稱他對金偷走了他的藥包的事感到驚訝。他告訴警方他知道金會偷其他人的東西,但他沒想到金也會從他那裡偷東西。

迪基相信金在卡迪希爾時談論過他藏匿的藥物,並且認為三位女人來到薩米特就是計畫要取走那些藥物並且開個派對。他對莉和塔米持懷疑態度,認為她們沒有「標準密西西比口音」,儘管他根本沒有聽過莉說幾句話。他認為她們聽起來像是從路易斯安那州的皮埃爾帕特(Pierre Part)來的,當地居住的是卡津人(Cajun)的後裔,而他們被粗俗地稱呼為「卡津佬」。對於卡津人來說,這是一個最具貶義和侮辱性的詞。

「她們有口音,比較偏卡津佬一點,你能發現的。」迪基說著,「從一些她們的用詞你就知道她們是卡津佬。我看得出來她們不是從附近來的。」

# 第二章
# 打擊毒品的戰爭

在擔任性侵受害者的辯護律師後，我知道自己想成為檢察官，我明白暴力是如何影響倖存者，我想要終止這暴力循環並阻止犯罪，而我認為監獄就是答案，我能夠成為一名守護者。

故事都有一個開始，我的故事源於美國中西部。我在印第安納州長大、在伊利諾州上學，又在俄亥俄州工作。我的父親和祖父在印第安納州安德森和科科莫（Anderson and Kokomo）的汽車零件製造商德科（Delco）公司工作。科科莫被譽為「第一之城」，是一個汽車先進小鎮，他們的德科無線電部門開發了第一台按鈕式汽車收音機。我們是通用汽車家族的一員，我們依賴這家公司，用我們的話來說，「公司讓我們有飯吃」。我媽媽是印第安納波利斯公立學校的高中教師，她在那裡教家政課和兒童發展。我是個純正美國中西部人，在我的家族歷史也是如此。

我二十七歲時，我搬到了華盛頓特區，在那裡，我終於開始了聯邦檢察官的職業生涯。憑藉我新獲得的法律學位和聯邦法官書記官的工作經驗，我自信、正義且興奮。我很自豪能夠成為美國首都的助理檢察官，也很自豪能夠為他人而戰。

然而那不見得就是工作的樣貌，擔任檢察官的這一年讓我親眼目睹起訴並非都能幫助到受害者。

而事實上，受害者經常怨恨我。他們怨恨我也是理所當然。因為我很快就學會了讓警察拘捕受害者，以確保他們能夠出庭作證指控被告。這還只是辦公室裡常見的冷酷手段之一，但我仍繼續把自己掩蓋在正義外衣之下。

我從來沒想過自己是錯的，我沒有想過是否起訴錯誤的被告，或認為監獄是錯誤的解決方案。

基於我的成長經歷，我認為監獄就是標準答案。小時候，我並沒有看到家庭裡或親戚間有多少男人被送去監獄，在我的社區，我看不到遠方的監獄和警方過當行為所帶來的傷害，所以我把自己的過去和自己的觀點強加在倖存者身上，認為他們無疑地能夠因為加害者被監禁而從中獲益。

我記得有一次，一名受害者打電話給我身邊的檢察官，受害者是從我們樓下辦公大樓打來的，她的男朋友在她身旁，而他正是在她的家暴案件中被起訴的被告，他們想一起與檢察官討論撤回起訴的事宜。

當時，華盛頓特區有一項強制性逮捕法案，要求警察在接到家庭暴力報案電話後必須逮捕某人，在逮捕後，當地法院經常會下達禁止接觸令。作為檢察官，我們會對違反這些禁止接觸令或保護令的人起訴，因為當一個被告去接觸「我們的」被害人時，就要進入刑事訴訟程序。

本案中，在家暴案件警方逮捕後，法院即頒布民事保護令，因此被害人的男朋友並不能合法與她接觸，更別提與她肩並肩站在檢察官辦公室的大廳。

檢察官通知了警方，警方也馬上逮捕他。現在，他多了一項罪名——違反保護令罪。

我們將警察和監獄視為家庭暴力和性暴力的解決方案。

我忽視被害者的擔憂，家暴者終究是他們孩子的其中一位家長，我忽略家暴者對家庭所提供的經濟支助，也減少了他們對家庭提供及所能提供的陪伴和支持。

除了少數我認為值得的人或情況，我通常不會對任何人表示憐憫或同情。

相反的，一個常見的說法是，如果被告沒有犯下這項罪行，他們也會犯下其他罪行，總之他就是一個壞傢伙。而若被害者不協助辦案，她就是一個「嗑藥妓女」。

**全國性的危機——藥物過量使用的問題**

當金、塔米和莉在藥酒癮戒治康復中心的時候，一場全國性藥物過量危機正要開始。值得注意的是，塔米、金和莉都是白人女性——這場危機主要集中在白人的群體中。同時，媒體和社會對這場危機的關注焦點，也關注在白人族群的成癮問題，和他們因此所承受的痛苦上。

此外，他們當時也正住在密西西比州的鄉村地區。而「鄉村」這個詞經常被認為是白人所居住的地方。人們通常會錯誤地將鄉村地區與白人聯想在一起，並且忽視了那些住在鄉村地區的有色人種和他們遭遇的問題。密西西比州的人口幾乎有百分四十的比例是黑人，該州最大的「城市」有十萬居民，例如像黑帶這種郊區，其大多數的居民就是黑人。然而，儘管被粉飾的鴉片類藥物過量危機引起了人們對郊區的關注，但有色人種過量服用的受害者卻被邊緣化了。

藥物使用受到污名化，而戒治康復中心也是。聯邦法律禁止

醫生在非醫院門診的治療機構開立美沙酮（methadone）[7]或丁基原啡因（buprenorphine）[8]來治療鴉片類藥物使用疾患，例如：像卡迪希爾這樣的酒癮戒治康復中心。因此，只能完全仰賴無戒癮藥物的處遇模式：戒酒匿名會十二步驟、團體治療和個別化心理會談治療。當時所盛行且反科學的觀點是，物質使用障礙是一種道德墮落，因此，治療方式就是強調用個人的意志力去克服藥酒癮。

然而，所謂成癮的定義是：不惜一切後果代價，使用一切方法取得該成癮物質。事實即證明，意志力在治療鴉片類藥物使用疾病上缺乏效果，甚至會造成比酒精成癮患者更嚴重的後果。

在 2000 年代，潮流逐漸轉向支持有實證的醫療處遇方法。現在，酒癮戒治康復中心針對鴉片類藥物使用疾病的治療方式，包含了藥物治療，患者會接受一定劑量的處方鴉片類激動劑，這能夠打破成癮的循環。而卡迪希爾酒癮戒治康復中心，雖然是以提供機構（環境隔離）戒治治療計畫為主，但也有融合了藥物治療在其中。

某部分的成癮戒治從業人員仍然對藥物治療的方式抱持敵意、偏見，批評它只是一種「從使用這一種藥物換成另一種藥物」的方法。更糟的是，在社會上，對美沙酮的污名化甚至比丁基原啡因還要嚴重，美沙酮是一種最常被用來治療有色人種鴉片類藥物使用疾患的藥物，而比丁基原啡因是一種白人使用的效果較差的止痛劑。

---

[7] 一種鴉片類藥物。適用於緩解疼痛以及維持治療，或用於幫助戒毒人士擺脫鴉片依賴。

[8] 一種可治療鴉片類藥物上癮的藥。

自莉、塔米和金在成癮戒治康復中心以來，藥物戒治策略就發生重大轉變，假設她們都接受了藥物治療並克服成癮，這些進步會對這些女人帶來多大的改變？如果有人過量用藥，等待他的現實會是殘酷的，他會被倉促地丟在醫院或者公園內。更糟的是，有時候他會被放著不管直到獨自死去。任何一個與藥物過量者一起服藥之人都可能被以持有毒品罪、轉讓毒品罪起訴，或者更嚴重的：藥物誘發致死罪。

藥物誘發致死罪是指，個人因提供藥物予他人致他人服用過量死亡，則應該為此結果負責，無論該人是否有用藥過量致死的意圖。換言之，意圖並不重要，重要的是行為。毒品刑法並不鼓勵通報用藥過量的這件行為，反而導致了更多人的死亡。

**停止禁毒戰爭**

「惡習」——例如：毒品、酗酒、性交易——在過去是社會上受到譴責的行為，但並非一開始就以刑事化處理。

然而，開始把禁毒成為刑事化後，刑法成為維護社會秩序與定義誰是罪犯的工具，警方迅速成立了打擊罪惡小隊，檢察官也馬上針對社會邊緣人起訴並予以定罪。

因為禁毒刑法化的制定，檢察官現在擁有巨大、影響人們生活的權力，警方每年大約逮捕一百五十萬人，大多起因於持有毒品。而檢方會決定是否提起刑事訴訟、以何種罪名以及求處何種刑度。在這一方面，檢方可說是擁有莫大且不受監督、覆審的權力，美國每年約花費四百七十億美元在禁止毒品的刑事案件上面。

不過，檢察官是擁有權力可以選擇——究竟是要以毒品刑事

案件起訴、並請求法院以宣判監禁的方法來處理，或是選擇用公衛的解決方案。檢察官具有酌情權和能力，可以將形勢再次扭轉。但這需要檢察官們有意願來推廣非監禁的解決方案。

許多檢察官沒有進一步去思考過，他們所採取的政策與行動會對被害人、藥物使用疾患者和社區成員安全造成傷害。然而，這是有改變的可能性。檢察官可以邀請這些因毒品而遭受刑法判決的人，來談論他們因藥物、毒品使用而所遭受到的痛苦和監禁的親身經歷、也可以為被害人提供空間，讓他們向檢察官講述家庭成員入獄所造成的影響。民選檢察官也可以聘請醫療專家來解釋藥物使用疾患與處遇方法的基本原理。當地的減少危害專家也可以分享有罪判決的後果以及討論不同種類的治療措施與救援服務，以提供一個更好的結果。

檢察官卻有過度起訴的趨勢。一份最近的國家報告顯示，檢察官經常針對未造成人員傷亡且無財產損失的初犯提起重罪指控或者多項輕罪指控，事實上，大多數接受調查的檢察官都建議使用刑罰，儘管他們也承認該事件只是輕罪，或者用他們的話來講，「這沒什麼了不起」。

檢察官可以提議納入藥物治療方法，以治療鴉片類藥物使用疾患。

檢察官可以不再僅憑受污染的尿液檢驗結果而把人送回監獄，在州立監獄裡面有將近四分之一的人是因為技術性違反假釋規定。相反的，藥物測試可以作為在治療中衡量進展以及透過健康視角重新評估行為人情況的方式。

民選檢察官[9]可以支持擴大公共衛生治療與服務的倡議，特別是因為不監禁用藥行為人所節省下來的資金。

正當有些民選檢察官選擇不去起訴使用和持有藥物之人，更多的州議會決定終止這些毒品法律。俄勒岡州透過一投票議案將少量持有毒品行為除罪化，改以罰金處理，並且在州內成立成癮戒治康復中心。三位民選檢察官公開表示支持該議案，其他州也將持有毒品罪除罪化。

最後，現在有更多的檢察官對因毒品相關犯罪被判處長期徒刑之被告進行重新量刑，有許多檢察官在這些「回看」當中做出釋放被告的決定，他們正在糾正過去因藥物使用而遭到過度監禁的危害，他們可以糾正這些我現在才知道我過去擔任檢察官時犯下的錯誤。

現今，大多數的州都有「善良的撒瑪利亞人法（Good Samaritan laws）」（行善人保護法）[10]——給願意提供傷者、病人的救助者，可以免除責任的法條。用來鼓勵通報者——當發現身旁有人因毒品、藥物使用過量時，即使本身也涉及毒品、藥物

---

[9] 在美國，檢察官多為民選，以密西根州為例，根據密西根州憲法的規定，檢察官是民選官員，任期四年。選舉在總統選舉時進行，在政黨選票上進行。在我國，並沒有檢察官民選制度，檢察官主要由經法官、檢察官考試及格、律師轉任者等任命之，詳細規定請見法官法第87條。

[10] 此典故源於「新約聖經」耶穌基督對門徒說的寓言，一名猶太人出外經商，被強盜搶劫，身受重傷躺在路邊，但神職人員及猶太人路過卻不理不睬，唯有撒馬利亞人不顧和猶太人的仇恨，加以照料，還為猶太人付了住宿費，讓撒馬利亞人成為基督教文化裡，好心人、見義勇為的代名詞。

罪行，仍願意撥打 911 電話通報尋求醫療救助，或者是願意將傷者送到醫院救治的人。在本法保護之下，那些通報者並不會被以持有毒品罪起訴。這是另一種形式的去刑事化。

但當時（在 2000 年），當塔米、莉和金剛離開戒治康復中心時，密西西比州並沒有行善人（保護）法。在那個時候，藥物使用過量的通報者必須冒著失去自由的風險。

# 第三章
# 駛向布魯克海文市的「漫長」道路

　　原本在前往迪基家途中,他們曾停下車來買了啤酒及野火雞波本威士忌[1]。在離開迪基家,重新上路之後,金和塔米打開野火雞威士忌,而莉則保持清醒地開著車。她們將野火雞威士忌和金的贊安諾定以及迪基的羥考酮混在一起,金和塔米準備好興奮起來,把所有的麻煩拋在腦後。

　　這群女人在卡迪希爾期間接受抗憂鬱藥物的治療,這似乎只是協議的一部分。抗憂鬱藥物與鴉片類藥物併用,或者是酒精與鴉片類藥物合併使用,可能會導致呼吸困難。野火雞威士忌、贊安諾錠及羥考酮是最麻煩的搭配。金和塔米吃了羥考酮藥片後,很快就昏倒了。她們才開了不到二十英哩。

　　天黑之後,車裡坐著兩個喝醉的人,莉開著車前往路易斯安那州的德賴普朗,這是一個位於薩米特以西一百五十英里約有四百人口的村莊,金會和塔米一起待在那裡。但是在黑暗之中,因為沒有 GPS 衛星導航,所以莉只能在原地繞圈子。她不知道如何看地圖,直到那天之前她從未開車經過哈蒂斯堡,但就在幾小時前就已經經過了。到了晚上 10 點,幾乎開了一整天的車,莉

---

[1]　一種美國歷史悠久的威士忌酒。

已經精疲力盡了,也承認她迷路了,並且在薩米特以北的小鎮布魯克海文停下來。她開了兩個小時的車,但距離薩米特僅有二十英里。

早在布魯克海文鎮有名字和居民之前,它已是喬克托人（Choctaw）的領土,喬克托人曾經住在美國東南部——喬治亞州、阿拉巴馬州和密西西比州。1817 年 12 月 10 日,密西西比地區成為密西西比州,百分之五十五的人口淪為奴隸,白人園主從棉花中獲利。喬克托人擁有的土地很有價值,能夠用來種植棉花和賺錢。在 1818 年,紐約人塞繆爾・傑恩來到這裡發家致富,他建立布魯克海文,並以長島上的布魯克海文命名。

1830 年代,美國國會通過「1830 年印第安人遷移法案（Indian Removal Act of 1830）」,為白人定居者騰出空間,喬克托人被迫離開自己的土地。他們長途跋涉前往印地安人允諾給他們的領地——奧克拉荷馬州,這是美國原住民跨越數千英里流離失所的一部分。這就是著名的「眼淚之路（Trail of Tears）」。

布魯克海文鎮與南方其他城鎮一樣,有一段不光彩的過去。1955 年的某天中午,在縣法院的草坪上,白人男子槍殺了拉馬爾・史密斯（Lamar Smith）,他是一位黑人農民及第一次世界大戰的老兵。史密斯一直在組織黑人公民進行選民登記,是一名倡導民權的退伍軍人。沒有人因為謀殺他而被起訴。

晚上十點,布魯克海文鎮上的康福特旅館的空房燈亮了。莉把塔米和金留在卡車上,停好車後進去預定房間。她發現夜班服務員很健談,並提醒服務員卡車上有兩個昏倒的人。「別擔心,我會拖兩個人進來,但她們只是睡著了,沒有死掉。」她開玩笑的說。

莉向服務員詢問旅館是否有攝影機對著她的卡車。並要求一間位於一樓的房間，這樣她就可以自己監看著卡車，因為她會擔心卡車車斗上的個人物品，以及她從卡迪希爾帶來的衣服。前台服務員向她保證，停車場有安全的監控，旅館本身也很安全。她告訴莉，旅館的工作人員會從攝影機上看到每個人。

　　莉把車直接停在一樓房間的正前方，正是在監視器的視線範圍內。她把金和塔米扶進房間，放到床上。隨後，她一趟又一趟地把她們的東西搬進去，疲憊不堪的她倒在了床上。

　　莉在半夜被塔米在廁所嘔吐的聲音吵醒，而金還在睡覺。莉在床和浴室之間來回好幾次，幫助反覆嘔吐的塔米。莉從走廊盡頭的機器中取出冰塊讓塔米降溫，並讓塔米咀嚼冰塊以免她脫水。最後，三個人又都睡著了。

　　莉和塔米在深夜醒來，因為肚子餓了，她們決定去吃早餐，然後打電話給爸媽，她們推了推金把她叫醒。金沒有任何動靜，她們決定吃完早餐後再叫醒她。這時，莉很想回家，於是給媽媽希拉打電話並要她拿一份報紙回家，這樣莉回家後就可以開始看招聘廣告。

　　當她們回來時，金不再只是在睡覺，而是呼吸困難。她用藥過量了。

　　過去金常使用羥考酮，並且知道自己應該服用多少才能達到興奮狀態。但是，她已經接受了至少兩個月的戒癮治療。在一般的情況下，當人從監獄或戒毒所被釋放時，他們對毒品、藥物的耐受性會下降。因為，他們已經有一段時間無法獲取他們之前使用的毒品或藥物。這是藥物濫用症患者最危險的時刻。法官可能會說，他們把人送進監獄是為了「戒斷他們」，但是這個人最有

可能在獲釋後立刻以之前使用的劑量服用他們喜歡的藥物，從而導致用藥過量。把患有鴉片類藥物使用障礙的人送進監獄，會讓他們面臨最危險的處境——無論是戒斷或是出獄後再次使用。

莉立刻撥打旅館櫃檯的電話，接電話的正是前一天晚上遇到的那位服務員。

「快打 911！我們的朋友用藥過量了！」

塔米和莉輪流對金進行心肺復甦。她們能聽到救護車駛近的聲音。

當醫護人員趕到舒適旅館時，他們發現金躺在旅館房間的地板上，莉和塔米則擠在她身旁。她們一次又一次地按壓金的胸口，希望讓她的心臟恢復跳動，試圖讓她甦醒，等待聽到喘息聲。醫護人員接手心肺復甦及胸外按壓，爭分奪秒地讓金能夠自主呼吸。他們偵測不到脈搏及心臟跳動，客觀上，金已經死亡。

醫護人員隨身攜帶了一種救命藥物。在 2000 年，這種藥物僅供緊急救援人員使用。二十多年後的今天，警察、社會工作者，甚至一些學校都將它裝入過量用藥應急包中，成為全國性應對鴉片類藥物過量危機的一個重要部分。這種藥物在藥局有販售。醫護人員為金注射納洛酮（Narcan）[2]，這是一種可以逆轉過量用藥效果的藥物。

納洛酮發揮作用了：金的心臟開始跳動，血液也開始在她身體裡流動，微弱地，她又開始呼吸了。

在緊急救護技術員急救過程中，莉和塔米解釋著她們從哥倫

---

[2] 一種急救的藥物，可以緩解鴉片類藥物攝入過量的情況。有鼻腔噴霧劑或注射劑等方式，可以使攝入過量鴉片類藥物並停止呼吸的人恢復正常呼吸。

布市的復歸中心出院後，停留在薩米特看望金的男朋友迪基，在那，金偷了迪基的藥袋，而莉和塔米在裡面發現了羥考酮的瓶子，於是她們把所有的藥都交給了急救人員，還將自己的家庭地址告訴急救人員，並表示他們會留在布魯克海文市直到知道金會康復為止。

緊急救護技術員把金固定在擔架上，並將她抬上了救護車。救護車穿過沈睡的布魯克海文街道，在幾分鐘內抵達附近的國王之女醫療中心。實際上，這已經是金在過去四個月內第二次來到布魯克海文市的國王之女醫療中心急診室了。她的媽媽住的不遠，而金在 12 月時也一直和她住在一起。當時，莉和塔米都不知道金的家就在附近。醫院立刻給金的家人打了電話。

這段曾經充滿希望的公路旅行，即將變成一場長達十二年的惡夢。

# 第四章
# 重新審視定罪後的人身保護令法律
# （Habeas Post-Conviction Laws）[1]，
# 以實現司法的正義

　　有一年夏天，我住在一棟高層公寓裡，從我們的窗戶可以看到另一棟正在蓋的高層建築。它的頂樓略低於我們的視線高度。每天早上，我都會看到穿著霓虹夾克、頭戴安全帽、裝備齊全、自信滿滿的人走在敞開的金屬欄杆之間的狹窄木板上。整棟建築

---

[1] 人身保護令為英美法傳統上作為人民受不法拘禁之即時救濟途徑，亦可作為被告受不法確定判決與罪刑執行之救濟管道，以判刑違憲為由向原審法院申請撤銷、廢除或變更原判決，可稱為定罪後之救濟。我國憲法第 8 條第 2 項「人民因犯罪嫌疑被逮捕拘禁時，其逮捕拘禁機關應將逮捕拘禁原因，以書面告知本人及其本人指定之親友，並至遲於二十四小時內移送該管法院審問。本人或他人亦得聲請該管法院，於二十四小時內向逮捕之機關提審。」以及提審法第 1 條「人民被法院以外之任何機關逮捕、拘禁時，其本人或他人得向逮捕、拘禁地之地方法院聲請提審。但其他法律規定得聲請即時由法院審查者，依其規定。」等有類似之規定，但對於已遭判決有罪確定後之救濟，則採如刑事訴訟法內之「非常上訴」（第 441 條以下），或是憲法訴訟法之「裁判憲法審查」（第 59 條以下）等制度。

物上都覆蓋著像橘色蚊帳的東西──距離地面有 22 層樓高。工人們無憂無慮地走著，在離街道兩百多英尺高的薄桌上工作。我這個旁觀者一直擔心有人會被絆倒，橘色蚊帳除了把他們包裹起來以外，什麼作用也沒有。

　　法庭上的法律人，無論是檢察官、辯護律師還是法官，經常都處於相同處境。就像建築工人一樣，他們每天按部就班地完成看似平凡的任務，最終一磚一瓦、一個人一個人地為監獄建造一個人口眾多的世界，而不考慮潛在的成本。他們熟悉法庭裡的黑人、棕色人種以及大量認罪者。檢察官、辯護律師和法官解釋法律是什麼、法律意味著是什麼以及法律將是什麼。他們擁有強大的權力，然而，法庭上絕大多數的法律工作者每天都是不假思索的工作。

　　我們被社會化、被教導不要看到我們所看到的，我們忽視任何會破壞標準政策的現實。當我們看到暴力和骯髒的監獄條件時，我們受到的教育只是將其視為必要和不可改變的。當我們看到一名變性婦女被警察逮捕、虐待和侮辱時，我們被教導要忽視這種不公，並假設這是警察對罪犯做出的必要反應。

　　「罪犯」、「監獄」。語言可以把一個人或一個地方變成一個平面的詞、一個抽象的概念、一個名詞、一個沒有維度的世界。這些名詞免除更深層的思考，免除對於隨之而來的羞恥與不適的審視，甚至理解。我們堅持這樣的說法：我們的刑事制度能夠識別、懲罰並將「真正危險」的人與社會隔離。然而，兇殺案（可以說是最危險的暴力犯罪）的破案率很低，掩蓋了犯罪者的身分。高比例的入獄率給人一種錯誤的印象，也就是被懲罰的人是「真正的危險分子」。

是時候從一個充斥明顯不公的體系轉向善用各種工具來實踐司法正義的體系了。

我們可以對於明顯不公正的判決——即司法誤判——提出補救措施，讓法院可以有機會推翻錯誤的定罪。

什麼是明顯又不公正的誤判？即指控或定罪上的不公正。法院如何來判定這是個不公正的定罪？可以透過綜合考慮多種因素——審判和定罪後的所有不公正的證據，而不是簡單提出個別因素，從而逐一剔除。我們可以透過這種方法來綜合考量多種因素，而不是將重點放在有限的事實無罪論據上。這些單獨被駁回或被重新考慮的因素合在一起後，就會顯示出明顯的不公正。

我們還要考慮更廣泛的變革、系統性變革。國會和州立法的變革。我們可以創建第三次司法上的變革，讓國會改革毒品政策法、量刑法和聯邦人身保護法，如同「反恐怖主義暨有效死刑法（Anti-Terrorism Effective Death Penalty Act）」。要做到這些，先讓我們回顧歷史。

### 創建第三次的司法變革

美國黑人一直面臨著自由的威脅，在美國歷史上，聯邦政府曾經採取過兩次廣泛行動，透過變革司法來對抗種族不平等。第三個司法變革時期即將到來。

第一次變革發生在南北戰爭之後，當時國會修改「美國憲法」，廢除奴隸制、將公民身分擴大到黑人公民並賦予黑人投票權。

然而，美國南方出現了強烈的反彈，由白人暴徒暴力支持，創建了合法的種族隔離、對黑人男女的合法與非法暴力，以及新

起草的「黑人法典（Black Codes）」，用以監禁黑人男性並從他們的勞動中獲利。

第二次變革是由1950年代和1960年代的民權運動發起的。最高法院廢除了從交通、住房、就業到教育等各種領域的種族隔離。法院在布朗控告教育委員會（Brown v. Board of Education）一案中裁定，公立學校必須實現種族融合，引發了一場抵制和變革的風暴。國會於是通過「民權法（Civil Rights Act）」和「選舉權法（Voting Rights Act）」。

強烈反對擴充公民權利的做法，是透過監禁來剝奪這些權利。

現在是第三次變革的時候了。毒品戰爭和1990年代國會嚴厲打擊犯罪的時代精神扭轉了種族正義的步伐。我們可以終結毒品戰爭，我們可以創造安全，而不只是依賴監禁制度。我們可以肯定，當某人被定罪時，正義並不一定是完整的。在第三次變革的時刻，我們可以恢復人身保護令（habeas corpus），並重新審視法院對定罪和終局性、判決和懲罰的陳述。

人身保護令——釋放被拘留者的權力——在美國一直與種族問題緊密相連。在1860年代和1960年代美國發生關鍵的種族動亂後，擴大了釋放被定罪者的權力。人身保護令是作為不公正定罪和判刑的補救措施而存在的。

**我們的歷史：人身保護令與奴隸制**

人身保護令在拉丁文的意思是「生產身體」。人身保護令的重要內容是對非法拘留或監禁個人的挑戰。正如刑滿釋放者魯賓

「颶風」卡特（Rubin "Hurricane" Carter）所說[2]：「人身保護令不只是一張紙，也不只是一句古雅的拉丁短語。這是我獲得自由的關鍵。」

然而在南北戰爭之前，人身保護令被用來延續奴隸制。

國會於 1793 年通過「逃亡奴隸法案（Fugitive Slave Act）」，同年喬治・華盛頓總統為美國國會大廈奠基。「逃亡奴隸法」授權地方政府綁架並帶走逃離奴隸制的黑人。然後，當地政府可以將這些人「送回」他們的奴役地。奴隸獵人（Slavecatchers）經常綁架自由黑人（free Black people）、恐嚇黑人。

奴隸獵人可能會因為暴力和恐怖主義而受到指控和定罪。但在 1833 年，國會通過「武力法案（Force Act）」，允許聯邦法院撤銷北方各州監禁的奴隸獵人的定罪。聯邦法院可以審查這些針對黑人的虐待和暴力犯罪，決定奴隸獵人的行為是否是為了促進「美國的法律」，例如「逃亡奴隸法（Fugitive Slave Act）」，然後釋放奴隸獵人。

1850 年的妥協案（Compromise）[3]因為允許加州作為自由州加入聯邦而廣為人知，這使得奴隸獵人在北方綁架黑人變得更加容易。南方白人種植園主對地面鐵路的成功感到沮喪。這些園主奴役人們耕種農作物，而他們卻在賠錢。1850 年妥協案修訂了「逃亡奴隸法」，迫使所有公民協助奴隸獵人追捕和綁架據稱逃

---

[2] 魯賓「颶風」卡特是一位美裔加拿大中量級拳擊手，因謀殺罪被錯誤定罪並入獄，直到入獄近 20 年後，藉由聲請人身保護令才被釋放。

[3] 美國國會於 1850 年 9 月通過的包裹法案，在美國南北戰爭前的幾年裡暫時緩解了奴隸制和自由州之間的緊張關係。重點是如何處理不久前從美墨戰爭（1846-48）中獲得的領土上的奴隸。

離奴隸制的黑人。

那些被指控為逃亡奴隸的人在未經陪審團審判、無法作證，也沒有人身保護令質疑拘留的情況下被逮捕和定罪。法官都是白人，如果被告被認定為逃犯，他們可以獲得十美元的報酬，如果以前曾被奴役的證明不足，則只能獲得五美元。綁架自由黑人並將其強徵為奴的行為不斷升級。

在 1857 年德雷得・史考特控告桑福德案中（Dred Scott v. Sandford），奴隸史考特根據人身保護令提起訴訟，要求獲得自己和家人的自由。史考特出生於維吉尼亞洲的奴隸家庭，根據法律他們屬於財產。他被當作財產賣給一名軍醫，這名軍醫把他帶到自由州伊利諾伊州，之後到了另一個自由州威斯康辛州。這些地方的法律不同，在威斯康辛州，史考特與被奴役的婦女哈麗特・羅賓遜（Harriet Robinson）在民事儀式上結婚。史考特和羅賓遜曾多次試圖購買他們的自由，但都被軍醫拒絕了，並在搬到密蘇里州一個奴隸制州時帶走了他們。

1846 年，史考特和羅賓遜舉根據密蘇里州的一項法規提起訴訟，要求獲得自由，該法規規定，任何被帶到自由領土的人都自動獲得自由，並且當他們重新回到奴隸制州後不能再被奴役。1850 年，他們接受審判並獲得自由。

軍醫的妻子艾琳・愛默生（Irene Emerson），為此提出了上訴。

之後，密蘇里州最高法院推翻下級審法院的判決，重新使史考特及其家人為奴。1853 年，史考特一家向聯邦法院提交人身保護令，要求獲得自由。聯邦地區法院作出敗訴的裁決，使史考特一家繼續處於奴隸狀態。史考特一家再向最高法院提出上訴。

最高法院在德雷德·史考特訴桑福德案中發表了一項如今遭批評的見解，此見解最終代表了憲法的本質。法院裁定，黑人，無論是自由人還是奴隸，都不是「憲法」規定的公民，無權享有憲法的任何保障。法院裁定，任何法院都不能審理為黑人提出的人身保護令申請，因為黑人無權在聯邦法院提起訴訟。撰寫該意見書的羅傑·托尼大法官強調，「憲法」保護財產所有人對作為其合法財產的奴隸的權利。

艾琳·愛默生最終將史考特、羅賓遜和他們的兩個女兒賣回了史考特原來在維吉尼亞洲的主人家。在最高法院判決拒絕釋放史考特一家後，這家人卻很快地釋放他們。

### 從內戰到現在的公民權利：第一次和第二次變革

南北戰爭和正式廢除奴隸制後，國會在第一次變革期間修改人身保護令狀。南方各州正在制定「黑人法典」[4]，以繼續控制黑人並限制他們新獲得的自由。事實上，南方一些州在其黑人法典中納入「公民逮捕（citizen's arrest）」的法律。這些公民逮捕法允許白人平民對剛從奴隸制中解放出來的黑人進行人身暴力拘留。「黑人法典」禁止黑人從事那些對白人來說合法的行法，如超過州規定的宵禁時間外出或一般旅行。自由人還必須工作，如果他們沒有工作證明，可能被指控犯有流浪罪。黑人有時會被判處長達數十年的監禁，意味著國家可以通過一種新的罪犯租賃制度，把他們租給富有的種植園主，讓他們從事勞動。

---

[4] 黑人法典是指美國經歷南北戰爭後，戰敗的南部邦聯各州為了讓「白種人優越」得以繼續，頒行的許多歧視黑人的法律。

作為對「黑人法典」的回應，意見嚴重分歧的美國國會在「憲法」中增加了第 14 修正案[5]，要求不分種族平等對待所有人。該修正案明確推翻德雷德・史考特訴桑福德案，並宣布所有在美國出生或入籍的人都是美國公民和所在州的公民。

第 14 修正案禁止各州未經正當法律程序剝奪任何人的「生命、自由或財產」。各州不能再拒絕給予任何人「法律的平等保護」。

國會還通過「1867 年人身保護法（Habeas Corpus Act of 1867）」，將人身保護救濟擴大到「違反憲法或美國任何條約或法律而限制任何人自由的所有案件」。這意味著聯邦法院現在可以推翻根據新通過「黑人法典」定罪的被解放奴隸的判決。這些改革擴大任何人均有向聯邦法院尋求救濟的資格，從而消除了南北戰爭後的種族不公。

第十四修正案與 1867 年人身保護法案是對「黑人法典」和有色人種的種族主義刑事迫害的回應。

民權運動和隨之而來的第二次變革，是對南方吉姆・克勞法（Jim Crow laws）[6]的回應，該法透過國家批准的種族隔離和法律上的不平等保護，使黑人處於從屬地位。

---

[5] 第十四修正案規定任何在美國出生的兒童生來就是美國公民，不需考慮其父母的國籍。主要目的是保證之前出生或歸化於美國並受其管轄之奴隸皆為美國及其所居之州公民，且必須保障他們不受各州的歧視與不公平待遇。

[6] 吉姆・克勞法是 19 世紀末和 20 世紀初在美國南部推行的強制種族隔離的州和地方法律，吉姆・克勞是對非裔美國人帶有貶義的詞彙。這些法律直至 1965 年才失效。

警察殘暴對待並逮捕試圖整合公共交通、公立學校和餐廳的民權抗議者。在第二次變革時期，人身保護令再次被擴展為一種補救措施。在吉迪恩控告溫賴特案（Gideon v. Wainwright）中，在吉迪恩已經被定罪後，經由人身保護令的審查程序提起後，最高法院保障被告（包括被錯誤逮捕和指控的民權抗議者）有獲得法院指定律師的權利。法院還賦予被監禁者和抗議者尋求人身保護救濟的憲法依據。20世紀60年代提出的人身保護申請導致最高法院作出關鍵的判決。

　　時至今日，監禁制度經常壓迫並疏遠貧困的有色人種（這種現象反映了刑事司法系統中的不公平和歧視）。普遍的假設是，遵守法律的人不會受到執法部門的打擾，也不會被送入刑事司法體系。但這種假設會忽視了那些無故被攔下和搜身的人，還有那些會抗議自己權利被侵犯時而遭受逮捕的人。許多警察暴力下的受害者都遵守法律，或者只是違反輕微的法令，並且確實遵守警察的要求。貧窮的有色人種不受執法保護，而且常常處於政府決策的邊緣，他們可能覺得自己真的是無政府可依靠的人。

　　刑事法律系統不僅只對應犯罪，它還監視和控制有色人種中的窮人以及具有非主流身分的人，例如變性人和跨性別者。處於這些身分交叉點的人面臨執法部門最強烈的敵意和控制行為，以及最高的監禁率。即使是輕微的犯罪，他們也會受到刑事法律系統的標記、記錄和控制。

　　正如之前的每次重建一樣，第三次重建可以改變人身保護法，以恢復被告在定罪後的憲法、法律和條約的權利。人身保護審查的目的是確保政府不侵犯個人的憲法權利。應該改變「反恐怖主義暨有效死刑法」等現行法規的拘束，以便聯邦法院能夠推

翻過重的刑罰和違憲定罪。

## 人身保護法和目前的終局故事

在美國，被監禁者面臨優先考慮最終結果的定罪後法院系統。為了維持定罪，該系統有時會過度彎曲。最終的敘述與政府反對定罪後審查人身保護令的行動緊密相連。當檢察官反對檢查新發現的證據或允許 DNA 檢測的請求時，他們堅持終局決定。國會在限制聯邦法院審查各州定罪的管轄權時也主張終局性。甚至連最高法院也對現狀表示讚許，因為它擔心實際無罪的主張會「破壞關於終局性的需求」。

1993 年，最高法院在赫雷拉控告科林斯案（Herrera v. Collins）中裁定，法院不一定要審查無罪證據。儘管該判決假定赫雷拉先生可以獨立提出無罪主張，但他並未滿足此一要求。幾個月後，他被處死。正如布萊克蒙（Blackmun）大法官在反對意見所說，拒絕讓被定罪者用新證據證明自己無罪，然後將其處決，這「危險地幾乎等同於單純謀殺」。

如果一個人是無辜的，即使他已被定罪，當國家殺死他們時，仍然是謀殺。事實上，即使他們有罪，他們的死亡證明上也會寫著「死亡方式：他殺」。

我們的聯邦法規，特別是「反恐怖主義暨有效死刑法（Antiterrorism and Effective Death Penalty Act of 1996，AEDPA）」[7]，

---

[7] 指回應世界貿易中心和奧克拉荷馬市的爆炸事件，由比爾・柯林頓總統簽署的一項法律。目的在於「威懾恐怖主義，為受害者伸張正義，提供有效的死刑，以及用於其他情況」，因其對前述美國人身保護令的修改而引發爭議。

規定被告必須克服重重障礙，才能獲得定罪後的人身保護救濟。獲准的人身保護令申請不到百分之一。此外，法律制度還限制並經常拒絕認罪者（絕大多數被告）獲得法院公正審判權。作為認罪的條件，檢察官要求被告放棄上訴權。被告可以放棄了解檢察官所掌握的現有無罪證據的權利。根據國會於 1966 年通過的「反恐怖主義暨有效死刑法」，聯邦法院進行定罪後審查的最大希望，也就是對州法院的定罪提出質疑的機會，已經縮小到如針孔般大小。

　　終審制也消除了道德上的不安和恥辱。終局性抹殺了「為什麼」的重要性。為什麼我們要拒絕新的無罪證據？如果一個人有罪或無罪會讓法官及檢察官感到道德不安，那麼所有人都被處罰的情況又該如何安心呢？不論有罪與否，我們何必透過危險又殘暴的監禁措施處罰任何人？

　　終審制消除了這種道德上的不安，聲稱一旦有人接受了「公平」審判或認罪，定罪和懲罰是自然而然的事。對於個人和過程的關注也就到此為止。非人道化現象顯然貫穿整個法院的程序當中，包括被害人、被告及證人，他們之中沒有一個人像法庭上真正的參與者「律師」那樣受到關注。

　　無辜者冤罪平反運動揭示了作為一個社會，我們不能制定嚴厲的剝削性懲罰，並期望只有「罪有應得」的人才會遭受痛苦。

　　然而，即使有越來越多的人被證明無罪，刑事法律體系中更多的參與者，尤其是檢察官和警察，仍然否認無罪。否認無罪者試圖控制誰「應該」入獄的說法。檢察官對於重新獲得審判的人再次提出指控，並要求被告認罪，以換取檢察官承諾不再增加服刑的時間。法院裁定即使涉及到無罪的案件，其重點並不在於被

告是否真的是無辜的,而在於案件的審理過程是否遵循了法律規定的正當程序。目前的決定性問題是法庭和法庭參與者是否遵守規則,而不是審判的公平性。目前的情況是追求定罪的最終性。

要改變這種情況,我們需要修改各州和國會的人身保護法。

## 定罪後人身保護法的作用及修訂「反恐怖主義暨有效死刑法」的必要性

人身保護法,或者一般來說,在刑事法律體系中某人被定罪後適用的法律,是訴訟當事人獲得自由的最後手段。人身保護令的年代久遠,早於英國「大憲章」。該令狀要求法院審查一個人是否被政府透過拘留的方式非法控制。

從歷史上來看,人身保護令審查與無罪或有罪無關,而是與自由及合法性有關。人身保護令是一種強而有力的補救措施,且已在美國憲法中規定:「人身保護之權利不得暫緩,除因叛亂或被入侵而公眾安全有需要時,不在此限。」根據美國憲法,複審定罪的權力掌握在聯邦法院手中,而根據各州憲法,複審定罪的權力也掌握在各州法院手中。

美國國會於1996年通過「反恐怖主義暨有效死刑法」,以應對美國人蒂莫西・麥克維和特里・尼科爾斯(Timothy McVeigh and Terry Nichols)在奧克拉荷馬城製造的致命爆炸事件。該法規大幅限制聯邦法院在「終審」定罪或判決後重新審理定罪或判決的方式、時間和原因。根據「反恐怖主義暨有效死刑法」,即使被告有證據證明自己無罪,也可以因為終審制而被忽略。

被告可以請求州法院或聯邦法院推翻對他們的定罪,但是根據「反恐怖主義暨有效死刑法」,在州法院被定罪的被告必須先

向州法院提起救濟,並「用盡」州法院的救濟措施。當州法院駁回其救濟時,被告可以向聯邦法院提起訴訟。但聯邦法院必須極其尊重州法院駁回的理由。

正如國會可以限制令狀的範圍一樣,國會同樣也能擴大令狀的範圍。國會可以改革或廢除「反恐怖主義暨有效死刑法」及其對聯邦法院的限制。

州法院也可以自行制定自己的定罪後審查標準。

**關於修改聯邦和州人身保護法的想法**

聯邦人身保護法至少存在三個問題:時間限制、尊重州法院的裁決以及未能承認和補救不公正的定罪。

「反恐怖主義暨有效死刑法」的目的就是駁回以程序錯誤為由案件,因此聯邦法院很少根據案情來評估案件。「反恐怖主義暨有效死刑法」對有效救濟設置了以下的主要障礙:被告必須在其定罪成為終局判決後一年內向聯邦法院提起救濟;被告不能直接向聯邦法院提起救濟,而必須透過州法院提出;聯邦法院必須尊重州法院的判決,而非以新的視野看待案件;救濟被駁回後,未經上訴法院明確許可,被告不能提出一次以上的定罪後聲請。對於被監禁者來說,要求其在一年內提出聲請是不合理的,因為他們無權聘請律師,只能透過有限的途徑獲得文件、調查和其他手段來支持自己的訴求。當年提出聲請的被監禁者經常發現他們不完整的聲請被駁回,然後在沒有法院許可的情況下無法再次向聯邦法院提出聲請。最後,聯邦法院預計將維持判決並遵從州法院的判決——即使他們認為判決是錯誤的。

## 1. 允許聯邦法院重新審查各州的裁決

許多州法院在審查定罪後案件時徹底失敗。「反恐怖主義暨有效死刑法」的前提是，定罪後的被告在州法院能夠獲得公平對待。州法院未能履行協議，導致重要的聯邦憲法權利被有效剝奪。根據「反恐怖主義暨有效死刑法」，聯邦法院尊重州法院粗略、不完整或有偏見的案件處理。然而，介入正是聯邦法院的職責所在。國會應修訂「反恐怖主義暨有效死刑法」，使聯邦法院能夠「從頭開始」，並以全新的視角審理案件。

雪莉・利・史密斯（Shirley Ree Smith）是加利福尼亞州的一位黑人祖母，她被錯誤的法醫證據指控誤判為謀殺罪。1996年，她七週大的孫子停止了呼吸，她急忙把他送到醫院。醫生判定他死於「嬰兒猝死綜合症（Sudden Infant Death Syndrome）」[8]。然而，當地的法醫卻說死因是搖晃——即便該嬰兒的頸部沒有受傷，也沒有任何標準的搖晃診斷症狀。檢察官指控史密斯謀殺她的孫子，且陪審團認定她有罪。

十年後，史密斯的定罪後律師提出證據，反駁「嬰兒猝死綜合症」診斷之證據，並駁斥嬰兒死於搖晃的說法。但加利福尼亞州上訴法院維持原判，而加利福尼亞州最高法院拒絕複審。最後，聯邦上訴法院受理了史密斯的案件。美國第九巡迴上訴法院中的一個法官小組審查了審判中對史密斯不利的醫學證詞，並將其與科學進步的知識進行比較，結果發現，曾經被完全歸因於

---

[8] 嬰兒猝死綜合症是嬰兒不明原因的死亡。嬰兒通常不到一歲，而看起來很健康。經常在睡眠期間發生，有時被稱為嬰兒床死亡，因為嬰兒經常死在嬰兒床裡。嬰兒猝死綜合症的病因尚不清楚，可能是由嬰兒大腦中控制呼吸和從睡眠中醒來的區域的問題引起。

「嬰兒猝死綜合症」的傷害還有其他原因,並非完全是故意搖晃導致。上訴法院撤銷對她的定罪,並認為這是司法不公。

州檢察官將此案上訴至美國最高法院。他們主張,聯邦法院必須尊重州法院的判決。檢方認為史密斯應繼續在獄中服刑,刑期為十五年至終身監禁。

出乎意料地,聯邦最高法院同意重新檢視該判決,露絲・貝德・金斯伯格(Ruth Bader Ginsburg)大法官指出,有關嬰兒猝死綜合症的新科學資料對本案的史密斯「抱有重大懷疑」,而且「對檢方的專家證人而言,幾乎也無法在今日堅定地做出如同 1997 年的證言。」可惜的是,露絲・貝德・金斯伯格大法官是本案的不同意見。

最高法院的大多數法官同意檢察官的意見。法院認為,雖然對史密斯的定罪存在「可以理解的懷疑」,但「反恐怖主義暨有效死刑法」要求聯邦法院維持州法院對史密斯的定罪。事實上,最高法院認為,「法官有時會遇到他們認為錯誤的定罪,但他們仍須維持原判決。」儘管有大量確鑿的證據證明雪莉・史密斯事實上無罪,但最高法院仍於 2011 年 10 月依據「反恐怖主義暨有效死刑法」恢復對她的定罪。

直到 2012 年 4 月,加利福尼亞州州長傑瑞・布朗(Jerry Brown)屈服於社會壓力,為雪莉・史密斯減刑至已服刑期,她才得以重獲自由。

## 2. 取消「反恐怖主義暨有效死刑法」的一年聲請期限

對「反恐怖主義暨有效死刑法」另一個主要批評是,該法規沒有讓有效主張有發展與提出的時間。沒有律師的受羈押被告常

常無法在時限內提出有充分依據的無罪主張。因此，被告在沒有律師的情況下，逐一提出零碎的主張，而這些連續的主張往往被聯邦法院以不足以推翻定罪為由草草駁回。

　　如果有必要避免明顯的不公正，法院擁有人身保護管轄權來審理訴求並繞過程序障礙。「反恐怖主義暨有效死刑法」創設冷酷的程序性要求，經常只因為程序問題而剝奪被告被聽見的機會。但是，如果認為有必要避免明顯的不公正，法院可以選擇免除程序障礙，並審查主張的實質內容。

　　「反恐怖主義暨有效死刑法」的一年聲請期限限制了受羈押被告向聯邦法院聲請複審。然而，當比爾·柯林頓（Bill Clinton）總統簽署「反恐怖主義暨有效死刑法」為法律時，他發表了以下聲明：「我之所以會簽署這項法案，是因為我相信將來聯邦法院會以一種能夠保障司法獨立審查以及維護司法獨立性的方式，來解釋這些條款。」

　　傳統上，如果被告的憲法上權利沒有得到保護，他們可以在法庭上接受聽證。此外，在審查「根本上不公正的監禁（fundamentally unjust incarceration）」時，程序性障礙將被擱置一旁。例如，假設檢察官提供虛偽證詞或證據，無論其是否知情，該定罪都缺乏正當程序。

　　從歷史上來看，無罪是人身保護程序的附帶條件。相反的，重點在於違反憲法和正當法律程序。然而，2013 年，美國最高法院創造了一個狹窄的窗口，也就是實際無罪例外。聲稱實際無罪的被監禁者即使超過一年的聲請期限，仍然可以提出聲請。這也是「基本誤判例外（fundamental miscarriage of justice exception）」，它賦予法院公平裁量權來審酌人身保護令的聲請，以

避免錯誤定罪。

### 3. 州法院：綜合因素審查

人身保護令審查在州法院層級和聯邦層級都會發生變化。儘管州法院經常未能履行審查明顯不公正定罪的職責，但這將是一個充滿了變革和實驗潛力的領域。

為了避免明顯的不公正或司法不公，一些州法院採用不同的審查程序，對各種因素進行綜合考慮。這些州包括麻薩諸塞州、肯塔基州、伊利諾伊州以及康乃狄格州。

這一種定罪後審查的新方法意味著，當被告提出人身保護令申請或根據本法院糾錯令狀要求重新審判時，法院會全面審查顯示出錯誤定罪的審判錯誤和證據。為了司法公正，這種集體而非零散的審查著眼於箇中因素的靈活融合，而非隨意地單獨審查個別的錯誤。

從調查、審判到定罪後，法院可以根據許多錯誤的綜合影響進行審查和裁決。在審查了所有證據後，法院可以以「存在誤判的重大風險（the substantial risk of a miscarriage of justice）」為由而推翻判決。

對於司法誤判時，或存在顯而易見的不公正時，採用新方法非常重要。因為，這新方法提出了，當法醫和調查出現錯誤，以及一個錯誤將會影響其他證據並導致錯誤的連環效應。這些錯誤可能會影響整個調查過程，並可能導致確認偏誤——檢察官和警方只考慮支持其案件的證據。

人身保護法之外的誤判調查也集中在侵犯實質權利。它們可以為定罪後法律的修改提供指導。如果被告的「實質權利（substantial rights）」受到侵犯，「聯邦刑事訴訟程序規則（Federal Rule of Criminal Procedure）」第 52(b) 條允許透過直接上訴推翻定罪。最高法院和聯邦法院都明確指出，規則第 52(b) 條的目的是「提供一種及時糾正誤判的手段」。

4. 聯邦法院：「全部證據」審查

適用綜合因素審查的一個必然結果是，有些聯邦法院在定罪後程序的「整體證據判斷部分」會更加細膩地審查「反恐怖主義暨有效死刑法」的要求。「反恐怖主義暨有效死刑法」於 1996 年在控制性法規中加入「整體證據（evidence as a whole）」條款[9]。這一規定和標準來自「反恐怖主義暨有效死刑法」前的最高法院判決，在這些判決中，訴訟當事人需要證明「原因和偏見」或「事實上無罪」，這牽涉到「根本性的誤判」。

聯邦法院在審查「全部證據」時，可以審查原始和後續聲請的證據、在審判中被排除的證據、先前定罪後程序中未成功獲准提出的證據以及新發現的證據。簡單地說，「全部證據」指的是：將所有證據都納入法院審查時須考量的範圍。引用最高法院在人身保護案舒勒普控告德羅（Schlup v. Delo）一案中的判決指出「法院必須考慮所有證據，『無論新舊也不論其是有罪或無罪』。」

---

[9] 有些類似我國刑事訴訟法第 420 條（為受判決人利益聲請再審之事由）第 1 項「有罪之判決確定後，有下列情形之一者，為受判決人之利益，得聲請再審：……六、因發現新事實或新證據，單獨或與先前之證據綜合判斷，足認受有罪判決之人應受無罪、免訴、免刑或輕於原判決所認罪名之判決者。」

最後，法院擁有撤銷定罪以防止誤判的固有權力。儘管「反恐怖主義暨有效死刑法」在某些情況下限制了這項權力，例如連續申請，但是這一普通法權力依然存在。在麥奎金訴柏金斯（McQuiggin v. Perkins）案中，最高法院承認在「反恐怖主義暨有效死刑法」保持沈默的情況下存在誤判例外，例如首次申請人身保護。它必須存在：這一權力「基於人身保護法院的公平裁量權，確保聯邦憲法錯誤不會導致無辜者被監禁。」

## 現在正是時候：第三次變革和修改人身保護法

第一次和第二次司法變革是由於反對種族不公的廣泛行動：南北戰爭和民權運動。第三次變革將承認我們現行刑事監禁制度存在種族不公，並以通過或廢除相關法律的方式停止毒品戰爭、終結過度判刑並扭轉大規模監禁。在 1860 年代和 1960 年代的種族動盪後，人身保護令釋放被定罪者的權力有所擴展。我們不該不採取任何行動直到 2060 年才去修正或廢止「反恐怖主義暨有效死刑法」、才去釋放遭到錯誤判決的人們（不限於事實上無辜之人）以及才去廣泛在定罪後救濟程序中採用顯然不公正的作法。

現在就讓我們實現正義。

# 第五章
# 警方調查以及案件的開始

「藍色代碼！」

當金被送到密西西比州布魯克海文市的國王之女醫療中心時，她已處於昏迷狀態，呼吸停止。她服用過量藥品，再加上酗酒和吸毒，生命危在旦夕。

在給沃爾索爾縣治安官辦公室副警長特魯特・西蒙斯的一份書面陳述中，金的姑姑珍妮特・西蒙斯（Janet Simmons）講述她在候診室時，一名護士是如何呼叫與金・威廉斯有關的任何人。接著便有一通電話。

「你好？」

「嗨，金還好嗎？」一個沙啞的女聲問道。

「妳是誰？是妳和金一起離開卡迪希爾的嗎？」

「是的。」

「嗯，妳應該留在那裡，不是嗎？」

「我可以去醫院嗎？」

「不行。」

「我沒吸毒了，我愛金。」

西蒙斯掛斷電話。

過了一陣子，西蒙斯又接了一個電話，這次是一個聲音更

輕、聽起來較年輕的女人打來的。這個女人自稱是為金叫救護車的人，她很擔心金，並希望能夠保持聯繫。西蒙斯同樣地突然結束通話。

## 性侵害的最初徵兆

當國王之女醫療中心的醫護人員穩定金的病情後，準備用救護車將她轉送到距離北部不到六十英里的傑克遜醫院。一名護士為金洗澡並從她的陰道裡取出衛生棉條。此時，急診室醫師喬・莫克（Dr. Joe Moak）和呼吸治療師注意到金身上的瘀傷。莫克醫生將它們分類為身體虐待：乳頭周圍的瘀傷、臀部的擦傷，「好像她被木板或皮帶擊中一樣」，以及陰道區域腫脹和紅腫，莫克醫生描述為「像在陰道區與直腸區域受到性虐待一樣。」

金的家人，包括她的叔叔沃爾索爾縣副警長特魯特・西蒙斯（Truett Simmons），很快就聚集在醫院。莫克醫生告訴他們，他認為金遭受性侵犯。莫克醫生向西蒙斯副警長報告了有關金的情況，並考慮通知相關部門。副警長特魯特・西蒙斯立即開始調查。

後來，莫克醫生打電話給布魯克海文警察局。他與諾蘭・瓊斯（Nolan Jones）警官進行交談，該警官因為比起收錢更加關心是否把事情做對而聲名遠播。瓊斯警官在酒店找到了塔米和莉並與他們交談。當晚，莉打電話給媽媽希拉時，她最擔心的是金的家人拒絕和她說話。希拉打了電話給瓊斯。

「瓊斯警官，莉試著要和金的家人說話，但他們說這都是莉的錯。他們掛了她的電話。」希拉媽媽說。

「不用擔心。」瓊斯向她保證。「這不是莉的錯，金不論如何都會康復回家的。我會親自幫妳向莉解釋。」

## DNA 數據庫與暴力犯罪

第二天，瓊斯警官再次要求與莉和塔米談話，而這次是當面。他透露，護士前一天晚上幫金洗澡時看到她身上有傷。這是第一次莉和塔米有線索讓當局懷疑發生服藥過量以外的事。

然而，該護士幫金洗澡結束後才提醒呼吸治療師和莫克醫生，即使有任何物證，也被沖走了。儘管醫院當時可以而且也確實按照標準流程獲取性侵害測試包，但希望渺茫。瓊斯警官將所掌握的證據送往密西西比犯罪實驗室，並將金的牛仔褲和內褲連同性侵害測試包一起送去檢驗。

密西西比犯罪實驗室當時正在更新他們的 DNA 技術，好讓他們的結果與 FBI 建立的國家 DNA 資料庫相容。這就是現今被稱為 CODIS（DNA 聯合索引系統）的大型追蹤系統的開端。未破案的犯罪證據以及已定罪或被捕罪犯的基因指紋分析會被上傳。州和聯邦的執法部門和檢察官都可以搜尋這些檔案。到了 2021 年，CODIS 系統內有將近 2000 萬份 DNA 資料：其中包含 1454 萬 1796 份已定罪罪犯的資料、434 萬 1863 份被逮捕者的資料以及 110 萬 3683 份未破案罪犯的資料。

只有警察、檢察官和實驗室工作人員可以使用 CODIS 系統。正如後來北卡羅來納州無罪辯護律師克莉斯·慕瑪的經歷所證明的那樣，也就是在任何情況下，都可以明文禁止辯護人採用和警察同樣的方式採取 DNA。如果辯護律師確實掌握 DNA 證據並獲得 DNA 分析，他們也不能將樣本上傳到 CODIS 系統比對看是否有匹配結果。辯護律師必須徵得檢察官的同意，但檢察官經常拒絕。

這種情況在定罪後無罪訴訟中非常常見。辯護律師在證物櫃

中發現未經檢驗的 DNA 證據——也許是被害人指甲下的指甲刮痕，或者是犯罪現場的香煙，甚至是性侵害測試包。他們可能會請求許可提出這些證據進行 DNA 測試，並將檢測出的 DNA 光譜與辯稱無罪的當事人進行比對。如果當事人被排除在外，辯護律師還可能要求將身分不明的 DNA 分析檔案上傳到 CODIS 系統，以查看該 DNA 是否與系統內的人相符，並確定犯罪者。這些請求可能會在法庭上訴訟多年，因為檢察官通常會拒絕，因為他們擔心比對後會與真正的罪犯相符，而這樣的結果本質上會使得那些聲稱無罪的人無罪。

另一方面，執法部門與 CODIS 系統以及地方、州和聯邦實驗室結果相連。

2013 年，美國最高法院審查警方是否能在逮捕某人時自動收集 DNA，並將樣本上傳到全國數據追蹤庫。在馬里蘭州控告金案（Maryland v. King）中，警察以傷害罪逮捕阿隆佐·金爵士（Alonzo King Jr.），並在逮捕過程中用棉花棒擦拭他的臉頰來採集 DNA。金先生沒有受到起訴，更沒有被定罪，因此被推定無罪。當警方透過 CODIS 系統對金先生的棉花棒進行測試時，其特徵與 2003 年的一起未偵破的強制性交案件證據吻合。

成功找到在馬里蘭州犯強制性交懸案的犯罪者後，最高法院做出削弱人民隱私權的判決。最高法院認為，對於任何嚴重的逮捕，警方都可以提取 DNA，將其上傳到 CODIS 系統，並永久保存 DNA 光譜。在一些州很快地將此一判決擴展到所有犯罪行為，而警方只需要逮捕所有當事人即可，例如酒後駕車、違反宵禁規定、在抗議活動中擾亂秩序或家庭暴力等。在逮捕過程採集 DNA 可以讓警方永久獲得一個人的 DNA。

CODIS 系統已經成為警方大規模追蹤人民和收集資訊的一部分，其中包括挖掘手機資訊以及與谷歌和臉書合作。由於我們在手機中輸入個人資訊，我們每個人都可能被執法部門發現和追蹤，如果我們在遊行或抗議活動中被逮捕，我們的 DNA 同樣會被加入我們無法使用的國家數據庫，但警方和檢察官可以使用。

隨著越來越多的民眾透過一些 DNA 檢測公司同意分享 DNA 訊息，警方也因此取得了更大的成果。當一個人分享自己的 DNA 進行檢測，以便了解自己的遺傳史或與親屬的關係時，警方就可以獲得這些資訊。

幾十年來，金州殺手（Golden State Killer）的身分一直無人知曉。金州殺手是一名連續強暴犯和連續殺人犯，1970 和 80 年代在加利福尼亞州至少犯了十幾起謀殺案和五十起性侵案。他侵入民宅，經常在裡面待幾個小時，偷竊私人物品，翻閱女性內衣抽屜並攻擊女性。

如果家裡有男性伴侶，被害女性就被迫將他綁起來，並在他背上放盤子。兇手表示，如果盤子掉下來，他就會殺死那個女人。

根據被害人的描述，警方知道行兇者是一名身高五呎九寸的白人男子，並且接受過軍事或執法訓練。然而幾十年來，即使在發生了五十起性侵案後，警方仍然無法查明他的身分。直到 2018 年，也就是第一次襲擊發生近四十年後，警方才終於使用私人 DNA 檢測網站而有了進展。這是一個備受矚目的案例，說明警方可以強行進入私人 DNA 檢測中心，而遭錯誤定罪的被告卻不能。警方將犯罪現場的 DNA 與公共基因族譜資料庫進行比對，很快就與 72 歲約瑟夫‧詹姆斯‧迪安傑洛（Joseph James DeAngelo）的親屬匹配。他被逮捕後認罪。

他曾是警察。

不幸的是,警方無力偵破這些性侵案和謀殺案並不令人意外。研究表示,在過去三十年中,執法部門僅在百分之十的重大犯罪案件中發現並逮捕了犯罪嫌疑人,而檢察官僅在百分之二的重大犯罪案件中將犯罪嫌疑人定罪。絕大多數的暴力犯罪都沒有破案。

莉和塔米的案件並非如此。事實上,故事幾乎是立即根據紙上的記錄寫成:金服藥過量,到達醫院時有可能受到性侵的跡象,而且她剛剛和兩個女同性戀在一起過夜。這兩名同性戀就在街上,而且願意、主動和警方交談,此外,她們還向警方提供了自己的真實家庭地址和電話號碼。

這是縣裡執法機構和檢察官有意要解決和起訴一起性侵害案件。

但送到密西西比犯罪實驗室的性侵檢測包並未揭示任何DNA,因為在取樣前金的身體已經被清洗過了。儘管如此,檢察官鄧恩・朗普頓(Dunn Lampton)——他後來因起訴一件民權時代的謀殺案並成功讓一名白人至上主義者被定罪而獲得讚譽——仍然計劃定罪莉和塔米。在他眼中,她們是暴力、惡毒的女同性戀者。他認為缺乏 DNA 證據不是問題。他只是告訴陪審團,沒有 DNA 證據恰恰證明這是一宗女性間的同性戀攻擊。

**瓊斯警官對莉進行詢問**

3 月 9 日,金入院三天後,莉和塔米離開布魯克海文的舒適旅館,驅車前往媽媽在科林斯市的家。莉在卡溫頓縣醫院接受了藥物檢測,這是她一周內第二次接受檢測,而結果又是陰性。她

和家人待在一起直到下週二，諾蘭·瓊斯警官再次找莉和塔米談話。這是第三次，這些女人自願同意和瓊斯警官交談。第三次面談後，塔米聘請了一名律師，而他將出席與瓊斯警官的第四次面談。

現在，他們和希拉一起擠進莉的白色雪佛蘭皮卡車，驅車五十五英里前往布魯克海文市。

他們在下午一點左右抵達警察局。瓊斯警官向他們打招呼，並建議希拉去吃點東西。「這可能需要一段時間」他說。

「謝謝你，警官，但我不餓。」希拉回答。

「希拉，不用擔心。我會像對待親生女兒一樣對待莉。」

「我們需要律師嗎？」希拉問道。

「這只是例行詢問。」瓊斯回答。

希拉留在等候室，與被帶到警局後方的莉和塔米分開。當她聽到一個男人大吼大叫時，她沒有意識到那是瓊斯警官，也沒有意識到他是在對莉大叫。最後，希拉走到莉的卡車旁，小睡了一會，當她醒來時，已經是四個小時後的下午五點了。

「希拉，請到我的辦公室來。」當她再次走進警察局時，瓊斯警官對她說。

「我知道這不是莉做的。」他說。「但我們需要她的牙齒印模。莉曾告訴我她很樂意提供。事實上，她還跟我開玩笑說，如果我需要的話，我可以拿走她的牙齒。」

「好的。」希拉說。

「那測謊儀呢？」

「為什麼？警官，這應該沒問題。」希拉說。

「你知道嗎，希拉，金的家人要我查出是誰對金做了這些。

我必須調查清楚。」

「我明白，警官。」

「妳知道塔米和莉」，他停頓了一下，「在交往嗎？」

「什麼？」

「她們在談戀愛？」

「誰告訴你的？」希拉問道。「是她們自己告訴你的嗎？」

「大家都知道。」瓊斯說。「對不起，希拉，但我還得把莉的卡車留在這裡。我可以送你們回家。」

「什麼？我需要文件證明你們留著卡車嗎？」

「不，不用。當妳再次取回卡車時，我會給妳。然後我會列出我從卡車上保留的東西了。」瓊斯說道。

「妳知道的，希拉，莉在——週一或週二她沒有喝酒或吸毒。但我認為塔米才是真正的兇手，而莉也知道這件事。」

「我討厭對吸毒者的道德準則。」希拉回應道。

兩週後，當希拉打電話詢問莉的卡車時，警方告訴她可以來取卡車，但警察會保留後車箱。

**後車箱理論**

瓊斯警官現在對金的受傷提出一個比簡單的性侵犯更誇張的理論。他看過康福特旅館的監視器畫面，並且相信這段影片是有證據效力的，他在影片中看到卡車內有一具身體。在他看來，影片顯示有人走到莉的卡車後面，迅速地從卡車後面的後車箱裡拉出一具身體，並快步抬著身體走著旅館房間。瓊斯打電話給他的密西西比州牙醫朋友邁克爾・韋斯特（Michael West），並讓他查看康福特旅館的監視器畫面。他要求韋斯特醫生把影片帶回

家。韋斯特醫生在他的家用電腦「增強」影片，並放大了靜止影像。瓊斯則拿到了莉的後車箱，從後車箱裡的一條藍色毯子上收集了毛髮，並將毛髮送到了犯罪實驗室。這些證據將與金的性侵證物進行比對。

不吻合。毯子上的毛髮不是金的，但瓊斯仍堅持他的理論。韋斯特從影片中看到的影像顯示，他認為莉從後車箱取出的是人，而不是東西。韋斯特醫生和瓊斯在理論上達成一致，他們確信這些靜止影像顯示了金的身體、腿以及她的長髮。瓊斯得出的結論是，金不只被侵犯過一次，而是多次被侵犯，第一次是被丟進卡車後方的後車箱裡。韋斯特醫生認為他們必須立刻逮捕莉，因為影像證明莉從後車箱中取出金癱軟的身體。

韋斯特醫生最終在此案中發揮的作用遠比查看康福特旅館的監視器錄影帶畫面還多。

## 莫克醫生的意見：任何性侵犯都不是最近發生的

當瓊斯警官第二次與喬・莫克醫生談話時，莫克醫生的意見變得更加堅定。此時，他說他注意到的「性侵犯傷害」強烈表明曾遭性侵犯，而非出於自願的行為。他還說，「這些傷害看起來像是男人才會做的事。」莫克醫生根據傷口的「顏色」追溯金受傷的日期為到達醫院前二到四天。受傷「是幾天前的事，而不是立刻發生的。」──遠在金抵達布魯克海文前。

醫生的陳述與諾蘭・瓊斯的時間線及理論不一致。

# 第六章
# 改變定罪後人身保護法，實現種族正義

　　我妻子的家庭文件攤開在我面前。首先是她母親的出生證明，1956 年在德拉瓦州南部農村出生。出生證明將她的父母歸為：印地安人（Indian）。她母親的父母是南蒂科克（Nanticoke）人，她的父親是南蒂科克部落的首長。時至今日，南蒂科克民族仍未得到聯邦政府的承認。然而，這份政府文件卻將她的父母歸結為這項特徵。在 1940 年的人口普查文件中，她的父母被附加了標籤：農民、已婚、德拉瓦州⋯⋯黑人。我很困惑，看著姨婆、丈公的出生證明：「婚生，有色人種」、「婚生，混血兒」或者乾脆「混血兒」。

　　這個在歐洲白人登陸之前就生活在東海岸社區的家族，早在美國或人口普查之前他們就已經是農民，卻被貼上非白人的標籤，並被納入白人種姓制度。她的家族常常不被承認為美國原住民。非白人的群體描述是黑白混血兒或黑人。在人口普查頁面上，列出了數以百計的姓名，1940 年只有黑人或白人這兩種識別標誌。

　　在這個種姓制度中，有色人種過去和現在都被去個體化，並

在刑事法律制度中面臨歧視和懲罰。

　　新的定罪後法律和法院判決承認種族主義並推翻基於偏見的定罪。定罪後，我們可以利用這些新的法律以及古老的令狀來擴大無罪範圍，並推翻誤判的定罪。即使「反恐怖主義暨有效死刑法」等聯邦法律沒有改變，州法律和法院也可以實現正義，而且有些州已經這樣做了。

### 法院：在定罪中考慮「綜合因素審查」，包括種族主義

　　2003 年，在麻薩諸塞州布羅克頓市，一場大火燒毀蔡・法蘭西絲（Frances Choy）的家，當年 17 歲。她的雙親不幸在那場大火中喪命。這位高中生是一名倖存者，現在成了孤兒，無家可歸。但警察們卻以不同眼光看待法蘭西絲：她是犯罪嫌疑人。他們逮捕法蘭西絲，檢察官指控她犯有縱火罪與謀殺罪。

　　在對法蘭西絲的第一次審判，陪審團無法就判決達成一致。

　　第二次審判也以懸案陪審團（hung jury）而告終[1]。

　　檢察官對法蘭西絲第三次起訴，2011 年，在火災發生八年後，陪審團終於作出有罪判決。

　　波士頓學院無辜者冤罪平反計畫主任莎朗・貝克曼（Sharon Beckman）與我討論如何努力推翻法蘭西絲的定罪，並提出種族不公正的指控。

　　莎朗告訴我：「我很清楚，她被錯誤定罪的原因是種族主

---

[1] 指陪審員意見分歧而無法作出一致裁決或可達到法定票數裁決的陪審團。

義、種族和性別刻板印象的結合,以及對她的完全非人化處理（complete dehumanization）。」

「很明顯,對婦女錯誤定罪的一個重要因素是非人化。」

在法蘭西絲的審判過程中,公務不當行為和種族主義極為猖獗。原檢察官間的電子郵件顯現了他們在審判過程中對亞裔人的偏見,以及莎朗所說的,他們是如何將法蘭西絲非人化的。法蘭西絲遭定罪後團隊認為,基於原審檢察官蓄意的種族和性別歧視,法院應撤銷對她的定罪。

他們還提出其他十四個撤銷定罪的理由,包括讀者熟悉的理由:新的無罪證據、錯誤的法醫證據以及受鼓勵的虛偽證詞。

麻薩諸塞州法院對「明顯不公正」的實施標準:他們會考慮所有影響因素來確定定罪是否錯誤,以及正義是否得到伸張。在這種定罪後審查方法中,法院全面審查審判錯誤以及揭示錯誤定罪的證據。他們稱之為綜合因素審查,並且他們還審查法庭訴訟中的種族偏見。

為了公正起見,這種廣泛的審查採用了靈活的綜合因素標準,而不是單獨地針對個別錯誤進行還原性審查。這一標準修正了法院歷來採用的「無害錯誤（harmless error）」方法。（傳統的「無害錯誤」方法認為,如果一個錯誤不會對案件的最終結果產生重大影響,那麼這個錯誤可以被忽略。而綜合因素審查標準則不會忽視這些錯誤,而是全面考量所有可能影響案件公正性的因素,無論這些錯誤看起來多麼微小。）

根據「無害錯誤」原則,法院會單獨分析所提出的每個問題,並將該問題與其他「充分有罪證據」進行權衡。正如美國東北大學法學院教授、新英格蘭無罪計畫受託委員會成員史蒂芬

妮‧羅伯茲‧哈通（Stephanie Roberts Hartung）所分享的那樣：「透過綜合因素審查標準，法院認識到每一個錯誤本身都會影響整個程序，並導致錯誤。」

法蘭西絲和她的律師主張，她提出的十五項理由都應該根據綜合因素審查標準與種族和性別歧視一併考慮，以確定正義是否得到伸張。

2020年9月，法官利用綜合因素審查標準推翻了對法蘭西絲的定罪。現任檢察官同意撤銷原判決。不久後，檢察機關決定不再起訴法蘭西絲，並永久撤銷指控。

麻薩諸塞州正在引領州法院不再透過單獨審查單一錯誤來評估定罪後之聲請，因為這可能會掩蓋錯誤的定罪。相反地，麻薩諸塞州法院關注的是上下文和整體證據。綜合因素審查對於認識和扭轉明顯不公正的現象至關重要。

## 立法：禁止因種族、民族或國籍而對被告指控、定罪或判刑

2020年，加利福尼亞州成為第一個反對麥克里斯奇控告坎普案（McCleskey v. Kemp）遺產的立法機構。最高法院1987年對麥克里斯奇案的判決保護法律和司法判決，使其不會因為數據顯示存在種族差異影響而受到質疑。相反，「加州種族正義法（The California Racial Justice Act）」禁止被告因種族、民族或國籍而被指控、定罪或判刑。

無論種族偏見的證據是在審前還是定罪後提出，加州法官都可以透過多種方式作出回應。法官可以根據案件的進展駁回控訴、重新任命陪審團、宣布審判無效或撤銷定罪或判刑。如果被告能夠證明，他們被判定的罪行比其他種族類似情況的被告更嚴

重，或者被判處的刑期更長，這樣的證明足以在任何時間點推翻定罪。

「加州種族正義法」允許被告在服刑期滿並重返社區後仍可以提出人身保護令申請。該法承認，遭受定罪，尤其是錯誤定罪生活在這個世界上是非常艱難的。

對於有前科的被告，該法允許被告申請人身保護令，以揭露「可能違反該禁令的相關證據」，只要被告有充分理由相信證據存在。

用該法案發起人、加州眾議院議員艾許．卡拉（Ash Kalra）的話來說，「是時候制定一項全州政策，規定該州刑事司法系統中歧視有色人種為非法行為。」

**警方：承認對身障人士的偏見是造成錯誤定罪的原因之一**

在刑事法律系統中，我們的多重身分可能會被用來對付我們自己。我們的自閉症讓警察認為我們行為古怪、危險，他們會用暴力對付我們；我們的充耳不聞被解釋為不服從，並迫使我們服從的正當理由；我們的身心障礙加劇我們自身在執法過程中的危險性，尤其是在我們已經因為種族而被定性為危險分子時。警方在忽視或利用我們的心理狀況下獲取口供。

有身心障礙的年輕黑人極易遭受警察暴力、警察脅迫和錯誤定罪。美國疾病控制與預防中心將身心障礙定義為「身體或精神上的任何情況，使得患有這種疾病的人更難以進行某些活動以及與周圍世界互動。」然而，用身心障礙社運人士杰．賈斯特（Jay Justice）的話來說，「我的身心障礙並沒有增加種族不公正帶來的挑戰。由於我國政府制定的政策，制度化的健全主義和國家規

定的貧窮與身心障礙有著密不可分的關係，這加劇了種族不公正帶來的挑戰。」

有色人種的身心障礙人士必須在一個很少試圖理解他們的刑事司法系統中面對更多的困難和不公平待遇。反觀，我們的法律制度用懲罰和定罪來應對不同的行為。警察幾乎沒有接受過如何識別身心障礙人士以及與之互動的培訓，他們會把身心障礙人士不能舉手、不能快速移動或不能理解警察命令誤認為是不服從和違抗命令。因此，這種看法就成了對一個人使用武力、逮捕並對他貼上罪犯標籤的理由。

在美國的監獄中，50%以上的被監禁者患有精神疾病，身心障礙率普遍比監獄外高出三倍。監獄中的身心障礙率比社會認知高出四倍。其中有許多人都不應該入獄，監禁對他們沒有任何幫助。數以百計的智能障礙人士在錯誤地承認未曾犯下的罪行後被定罪。他們取悅權威人士的渴望，使得他們特別容易受到警察的審訊。

透過承認錯誤定罪的交叉比對，我們可以釋放更多被錯誤定罪的人，並努力防止未來的冤案。

## 檢方：撤銷種族歧視指控

如果更多的州和聯邦政府意識到基於種族偏見的指控和定罪是錯誤的，其影響可能是深遠的。例如，對亞利桑那州人道主義組織「不要再有更多死亡（No More Deaths）」成員的指控和定罪。

這一組織的總部距離美墨邊境四十英里，靠近川普邊境圍牆。組織成員們將水留在沙漠中，提供從墨西哥穿越索諾拉沙漠

（Sonoran Desert）前往美國的移民者飲用。2019 年，聯邦檢察官以幫助無證移民的罪名對組織成員提出刑事指控。他們的犯罪行為是什麼？在沙漠中留下水。

當時在圖森市開車，很容易就能通過院子裡掛著的「人道主義援助不是犯罪」的牌子認出支持者。但聯邦檢察官卻將其定為犯罪。

2017 年 8 月，「不要再有更多死亡」組織的志願者娜塔莉・霍夫曼、烏娜・霍爾科姆、瑪德琳・休斯和薩奇拉・奧羅斯科・麥考密克（Natalie Hoffman, Oona Holcomb, Madeline Huse, and Zaachila Orozco-McCormick）駕駛一輛道奇卡車在荒野保護區的公路上行駛，並在牛奶箱中留下一加侖的水瓶。檢察官起訴「一神論普世主義協會（Unitarian Universalist）」四位成員犯下聯邦罪行。這些指控包括未經許可進入國家保護區以及遺棄財產——水瓶。在一個更受關注的案件中，檢察官也起訴「不要再有更多死亡」組織的人道主義者史考特・華倫（Scott Warren）協助移民。

試圖穿過索諾拉沙漠的人們會經過其他逃離自己國家的移民的屍體。自 2001 年以來，已有 3000 多人在沙漠中死亡。德克薩斯州聖馬科斯項目行動識別中心等組織進入沙漠收集遺骸並試圖識別他們的身分。他們這樣做是為了讓離世者的家人知道他們的親人已經去世。人道邊境組織有一張亞利桑那州移民死亡地圖，其中紀錄穿越索諾拉沙漠的移民遺骸的位置。這張地圖有助於引導「不要再有更多死亡」的志工前往留水地點。

水是救命的。史考特・華倫的律師艾米・奈特（Amy Knight）表示「（水的放置）不是隨意的，也不是故意無視障礙，而是根

據需要來放置的。」、「他們在查看有人經過和死亡的痕跡。」藝術家艾拉羅・恩斯素建造並安裝九百多個十字架，在人們遺骸被發現的地方明顯標記死亡。他將自己正在進行的計畫稱為──「夢境消逝的地方」。恩斯素在安裝標記時，同樣會在標記附近留下一加侖的水瓶。

對陌生人的人道救援行為不應該被定為犯罪。人道救援行為不應該因為陌生人是非白人或特定種族而被定為犯罪。這些起訴表明檢察官廣泛濫用權力，其指控受到種族主義的影響。

「不要再有更多死亡」組織成立於 2004 年，多年來一直與邊境巡邏隊和平共處。歷史上，「不要再有更多死亡」組織的婦女們經常到沙漠中為移民者留水。這些志願者之所以成為攻擊目標，並不是因為他們是美國公民。

但最近，美國魚類和野生動物管理局官員發現這些水後，開始將其倒在乾旱的土地上。當官員抓獲正在留水的婦女時，官員逮捕了她們。聯邦檢察官指控她們犯了聯邦罪。

與此相反，川普政府免除了類似被指控的違法行為，例如遺棄財產，以促進索諾拉沙漠邊境牆的建設。用辯護律師艾米・奈特的話來說，「他們並沒有把（移民）當成人，當成有生命、有家庭、有目標、有夢想的人。」他們就是不這麼認為。

在「不要再有更多死亡」案的庭審中，檢察官提出一個可怕的說法，即增加沙漠中移民的死亡人數將對移民形成威懾作用。然而，他們沒有提供任何證據表明，發現屍體和骸骨的移民被震懾而不敢進入越境進入美國──尤其是當他們已經在亞利桑那州圖森市附近。檢察官沒有證據表明，2017 年，也就是他們指控這些婦女的那年，荒野避難所中三十七人的遺體阻止了其他人的

非法進入。

儘管如此，檢察官的推論還是佔上風。美國地方法院法官貝爾納多・貝拉斯科判定這兩名婦女在沙漠中棄水的聯邦罪行成立。

一年後，美國地區法院法官羅斯瑪麗・馬爾克斯對該定罪進行復審。她質疑被告留水的行為是否進一步加劇並鼓勵非法走私活動：「政府主張就防止被告擾亂邊境管制措施之事存在迫切的政府利益，該管制措施透過可能死亡的警告加以嚇阻不法分子。這種毛骨悚然的邏輯極度令人不適，且只是出於臆測及欠缺證據支持。」

馬爾克斯法官寫道，未經許可而違規進入難民營與丟棄財產的行為，「是發生在他要把食物、水等基本物資留置在沙漠荒野地區的過程中，而該區域是個人們經常死於脫水及暴露之地。」留下水的目的是為了減少死亡和痛苦。法院認為起訴範圍過於廣泛，沒有實現政府的迫切利益。

馬爾克斯法官推翻原判決。在這一判決之後，聯邦檢察官撤銷對其他四名具有同樣行為的志願者的類似指控。

這些錯誤定罪提供了檢察官可能濫用權力的一個例子，這種權力與種族主義相互交織。這些女被告向非美國人提供人道主義援助——事實上，是在向沙漠中任何有需要的人提供人道主義援助。檢察官將他們在沙漠中留水的行為轉化為刑事起訴。這些檢察官利用聯邦刑法作為放大鏡，根據人道主義行為所幫助的對象而將其認定為犯罪。

在這些情況下，我們的工具就會發揮作用。在加利福尼州，這些被告本可以根據「加利福尼亞州種族正義法」推翻對他們的

指控和定罪。在麻薩諸塞州、肯塔基州、伊利諾伊州和康乃狄克州，法官在定罪後進行復審時，可以運用綜合因素審查，將種族主義視為一個因素，並確定定罪是否明顯不公正。而在這，馬爾克斯法官推翻了定罪，因為起訴範圍過於廣泛，且沒有實現國家的迫切利益。

現在已經不是檢察官可以在道德義憤上大作文章的時候了。現在是恢復公平的時候了，並認識到，與種族主義、警察和檢察官不當行為、過度量刑和虛偽證據有關的定罪是錯誤的。

現在是撤銷這些錯誤定罪的時候了。

# 第七章
# 邁克爾・韋斯特醫生和咬痕證據

應瓊斯警官和地方助理檢察官傑瑞・拉辛的要求，邁克爾・韋斯特醫生在 3 月 10 日前往傑克森市。金從布魯克海文轉院到傑克遜的浸信會紀念醫院。檢察官和警官要求韋斯特醫生對金進行檢查並拍照。

金處於昏迷狀態。然而，韋斯特醫生還是在徵得金的母親的同意後，為她拍攝了照片及影片。這些不僅僅是普通的照片——韋斯特醫生對金的裸體進行紀錄和檢查。他對金的乳房和外陰進行了特寫拍照和錄影。他要求護士打開金的雙腿，並分開金的外陰唇，以便拍攝更多照片。

韋斯特醫生拍下了他所說的外陰創傷、瘀傷和紅腫，以及「右大腿外側的傷痕」。他用數位錄影的方式錄下金的裸體，並用寶麗來三十五毫米（拍立得）相機拍攝照片。

邁克爾・韋斯特是一名牙醫，同時也是一名法醫齒科學家，也就是說他有研究咬痕。兩家醫院的醫護人員，包括重症監護室的醫生，都沒有在金・威廉斯身上看到咬痕。然而，韋斯特醫生立即表示，他在金的大腿上發現人咬過的痕跡。

韋斯特醫生還仔細檢查金的乳房，他發現了更多的咬痕。他還表示在金的乳房上發現了煙頭燙傷。在影片中，韋斯特醫生舉

起香菸,將不同大小的香菸與金乳房上的燒燙傷痕跡進行比對。他找到一個「吻合處」,並且將香菸放在金的乳頭旁邊,以向最終會看到錄影帶的人「證明」該被指控的傷口就是香菸造成的,他認為曾有個人把香煙熄滅在金的胸部上面。

韋斯特醫生回家後擬了草稿。當瓊斯警官收到後,他知道韋斯特醫生有個驚人的發現:他認為金的部分外陰被咬掉了。

用他的專業知識和偽科學語言來說,「金的陰道損傷,似乎是因為咬傷而導致左側大陰唇的咀嚼傷,和右側大陰唇撕裂傷。陰蒂、龜頭血腫與嚴重負壓一樣,這些都和嚴重口交相符。」

換句話說,兇手咬嚼了金的左陰唇,咬住並撕下她的右側陰唇,然後吸吮她的陰蒂而導致腫脹。

官方面臨的情況是:一名二十三歲女性因為前一年的創傷事件而陷入更嚴重的藥物使用障礙,並接受治療。在治療中心或治療後的某個時點,她遭遇了一次肢體攻擊的性行為。沒有證據顯示是否為雙方自願的,而金的記憶因用藥過量而受損。一名年長的白人男性牙醫在未經她同意的情況下檢查她的身體。當那個對她而言完全是陌生人的牙醫在檢查她的身體、翻看以更清楚查看「咬痕」,並仔細端詳她的陰部、在胸部上比對香菸時,她都是陷入昏迷的。他這樣做是為了讓之後的人可以從影片看到她的裸體。

當天晚上,韋斯特醫生打電話給檢察官傑瑞・拉辛要求他提供牙齒印模,五天內,他就收到了莉、塔米、迪基和皮納的牙齒模型。

在傑克遜醫院的這五天裡,護士們發現在國王之女醫療中心未曾被檢查到的頭部傷口。在從國王之女醫療中心乘坐救護車到

傑克遜醫院長達一小時後才發現這一傷勢。當韋斯特醫生得知頭部受傷時，他立刻想到了後車箱。在他的指示下，瓊斯警官撬開後車箱上的閂鎖，並將其交給了韋斯特。隨後，他拿著後車箱門閂、牙科模具和電剪，回到醫院第二次檢查並記錄金的身體。

韋斯特醫生走到金的病床前，她的棕色長髮在腦後盤成一個圓髮髻，他讓護士把金的頭髮放下來，然後韋斯特開始剪頭髮。

在金的母親允許下，韋斯特醫生剃掉金一部分的頭髮。當頭部的傷口完全顯露，金的大片頭皮上已經沒有頭髮時，韋斯特醫生拿出後車箱的門閂。

對韋斯特醫生而言，比對結果是吻合的。

他現在確信是莉把金放在後車箱裡的，而且他還創造證據來證明這一點。

迪基・艾爾文在接受警方訊問時只有一次哽咽。金的男友自從車禍並植入人工髖關節後，就一直服用止痛藥。多年來，他一直忍受著慢性疼痛。儘管聽說了金的傷勢，迪基只有在警察說到要剪掉金的頭髮時才流淚，他說金喜歡她的頭髮，她的頭髮是「她之所以是她」的一部分。

迪基告訴警方，金從來不會把頭髮盤成髮髻或「任何類似的鬼東西」，她喜歡把頭髮放下來。金的深棕色長髮垂下來通常會到腰部。她不喜歡剪頭髮，甚至不喜歡修剪髮尾。現在，一位牙醫拿著電剪來到她的病房，緊貼著頭骨把她的頭髮剃下來。

金昏迷了十二天，醒來後，她已經不記得當晚發生了什麼。因此，舒適旅館的監控影像變得非常重要。停車場的監控影像顯

示,莉將卡車停好後,從敞開的車床上的後車箱中取出一些東西。是什麼?

3月15日,當韋斯特把後車箱門閂與金頭上的新傷口進行比對時,他又重新檢查了金的身體。這一次,他說他將後車箱的門閂與金身體的另一個部位——她的臀部——進行比對。草莓狀的瘀傷面積很大,韋斯特利用這塊瘀傷不僅辨認出咬痕,而且還在咬痕旁邊看到了後車箱門閂的痕跡。他認為「金右側太陽穴的傷口和她右大腿上咬痕的內側部位,與後車箱門閂一致」。韋斯特醫生還確認了另一起攻擊事件。

韋斯特醫生還沒結束,他翻出帶來的四套牙模:迪基・艾爾文、皮納、塔米・萬斯和莉・斯塔布斯的牙模。然而,在這五天裡,草莓狀的瘀青和所謂的咬痕都消失了。沒關係,在第二次就診時製作的影像中,韋斯特醫生把莉的牙模按在金赤裸的臀部上。然後,他拍攝了一張「相符」的照片——這就是他剛剛創造的視覺效果。

莉說那是她裝在垃圾袋裡的衣服,但韋斯特醫生看到了不同的東西。他在家裡的電腦上觀看原始影像時,看到莉把金從後車箱中抬出來。

作為後續行動,韋斯特醫生決定把牙模與五天前他拍攝的所謂的受傷照片進行比對分析。韋斯特醫生再次找到匹配的對象:莉・斯塔布斯。用他的話來說,莉的牙齒與咬痕一致,他排除了其他人。

檢方因為邁克爾・韋斯特的影像以及咬痕的專業知識而支付3千多美元。後來,另一筆將近6千美元的帳單將直接向莉和塔米收取。

## 對莉的威脅

接下來的一個月裡，一位身分不明的婦女打了三次電話給斯塔布斯一家。她哭訴指控莉殺害了金——僅管金並沒有死。接著一個陌生男子開始打電話，他說他就在附近，他要用她殺死金的相同方式幹掉莉。那個男子繼續撥打電話，播放歌曲歌詞：「你無處可逃、無處可藏。」然後電話裡傳來他的聲音：「你在幹什麼？我知道⋯⋯。」

起初，莉和父母住在家裡，塔米則和繼父及母親珊蒂住在德賴普朗。塔米的繼父在埃尼石油公司進行海上作業，珊蒂媽媽則是在路易斯安那州的派恩維爾擔任口腔衛生師。

但在接到那些令人不安的電話後，莉和塔米一起搬到哥倫布市，在卡迪希爾附近，他們在那裡遇見並結交共同朋友。他們回到與卡迪希爾有共同之處的地方。在那個時候，他們可以只與重視清醒的人、面臨毒癮的人與吸毒過量的人為伍。這個社區認識他們，也認識吸毒過量前的金。

夏天過了，警方和地方檢察官辦公室都沒有任何消息。也許暴風雨已經過了。

## 九月的刑事控訴

金出院了，在她康復期間，林肯縣檢察官鄧恩・朗普頓和傑瑞・拉辛向大陪審團起訴莉和塔米。韋斯特醫生是他們的關鍵證人。

當大陪審團（grand jury）[1]於 2000 年 9 月 20 日投票通過決

---

[1] 大陪審團通常 12 至 23 人組成，受理刑事指控，聽取檢方提出的證據後，

定起訴時，金被認定為「不予起訴的共犯」。只有莉和塔米要面臨刑事追訴。

莉和塔米被控訴共同持有嗎啡、重大竊盜罪、非法持有嗎啡以及加重的企圖傷害罪。對於前兩項罪行，州政府指控塔米和莉與金共同持有迪基的羥考酮藥丸、偷竊藥丸，然後在知情的情況下持有這些藥丸。最後一項指控是傷害，指控塔米・萬斯和莉・斯塔布斯對金造成嚴重的身體傷害。

無論是起訴書還是檢方在庭審中的陳述，都沒有具體說明何謂嚴重身體傷害。不過檢方向陪審團提供數個不同的可能性，包括咬掉金的外陰、啃咬金的臀部、用香煙燙她的乳頭，以及把金塞進後車箱。而這些假設是基於邁克爾・韋斯特醫生的證詞而來。

法官最初將莉的保釋金定為 10 萬美元，而莉的律師則表明應調降至 5 萬美元。莉的父母向巴西恩爾保釋公司支付一定比例的費用，該擔保人將繳納 5 萬美元的保釋金，讓莉得以回家等待審判。

**審前問題**

莉的爸媽委任布魯克海文當地律師約翰・歐特（John Ott）代表莉。約翰安排莉接受地方檢察官的測謊，檢察官說如果她通過測謊，就不會成為犯罪嫌疑人。

---

決定是否將犯罪嫌疑人交至法院審判，但不是認定其是否有罪。稱為大陪審團，係因其成員的人數較通常審理案件的陪審團（小陪審團）為多。美國憲法第五條修正案規定，對可能判處死刑的犯罪和不名譽罪的控告，原則上必須經由大陪審團起訴。我國並無此制度。

## 第七章　邁克爾・韋斯特醫生和咬痕證據　73

「你的名字是薇琪嗎？」

「是的。」

「你打算如實回答我所問的每一個問題嗎？」

「是的。」

「你知道是誰傷害金嗎？」

「不知道。」

「金的咬傷是你造成的嗎？」

「不是。」

「你出生於密西西比州嗎？」

「是的。」

「是不是你把金放在卡車後座嗎？」

「不是。」

「你的朋友都叫你莉嗎？」

「是的。」

「在撥打 911 之前，你處理過金的傷勢了嗎？」

「沒有。」

「自從你坐在那張椅子之後，你是否試圖隱瞞任何資訊？」

「沒有。」

莉通過測謊。

2001 年 1 月，歐特律師與莫克醫生進行會談，莫克醫生將金受傷的時間定為抵達醫院前三至四天，也就是在前往薩米特和布魯克海文的公路旅行之前，也有可能是在卡迪希爾的週末。歐特似乎對於莉被撤銷控訴感到興奮。

但之後，與歐特的聯繫都中斷了。

5 月 30 日，莉從塔米那裡得知，他們的審判日期訂在 6 月

20 日。歐特不再回莉以及希拉的電話。6 月 4 日，也就是開庭前的 15 天，約翰・歐特打電話給希拉，告訴她莫克醫生改變他的時間線：現在，受傷的時間只有一天。

同時，歐特告訴希拉「他無法承受壓力」，他將辭去此案的律師委託。希拉懇求他不要這樣做，因為他們不認識其他律師，而且距離審判只剩下兩週的時間。約翰・歐特不為所動，第二天再次確定自己不會繼續接手此案，並且向莉發出解任信。6 月 11 日星期一，希拉和莉親自去見，懇求他繼續擔任莉的律師。他堅決地拒絕了。相反的，歐特把莉的案件卷宗交給他們，以換取她簽署同意他的辭職。

現在距離審判日期還有一個星期。

希拉打電話給哈帝斯堡一位名叫吉姆・杜克斯（Jim Dukes）的律師並與他見面，隨後該律師打電話給此案的主審法官，要求延期審理。林肯縣巡迴法院法官麥克・史密斯（Mike Smith）被指派負責審理塔米和莉的案件。史密斯法官以其態度強硬而聞名，不出意外地，他拒絕延期，審判日期已經確定。

接著，杜克斯打給檢察官抗議，他說若準備時間不夠這就不會是一場公正的審判，對斯塔布斯家族來說也非常不公平。傑瑞・拉辛簡單地回答道，法官是唯一可以更改審判日期的人，而檢方不會提出延期的請求。

得到這個答覆後，杜克斯告訴希拉，他不能接這個案子，「任何稱職的律師都不會在這麼短的時間內接案」。

開庭前一天，史密斯法官同意與歐特、莉以及莉的父母舉行聽證會。莉仍然沒有律師。在聽證會上，史密斯法官譴責斯塔布斯一家試圖操縱密西西比州。他只延期了一週，日期改到 6 月 27

日。

當約翰・歐特推薦比爾・巴奈特（Bill Barnett）律師時，斯塔布斯夫婦當場就委任他。審判將於 6 月 27 日開始，比爾・巴奈特開始工作。

6月25日，地方檢察官鄧恩・朗普頓向巴奈特提出對莉的認罪建議。在開庭前兩天的早上，這份認罪協議被傳真到比爾的辦公室。協議的內容為，如果莉認罪，則會建議判處她在密西西比州立監獄服刑十年。

莉拒絕。

審判開始前，巴奈特要求舉行聽證會，對韋斯特醫生的咬痕證據提出質疑。當巴奈特看到韋斯特錄製的影像時，他感到震驚。3 月 10 日的錄影顯示臀部有一處瘀傷；而 3 月 15 日的錄影也呈現瘀傷，但明顯較輕微。然後錄影停止了。當它重新啟動時，出現了凹痕。韋斯特直接將莉的牙齒印模壓在處於昏迷的金的瘀傷上。

巴奈特主張，當韋斯特醫生將牙齒印模直接按在金的皮膚上製作印模時，她身上可能存在的任何「證據」都被改變了。

巴奈特更表示：「醫生所做的就是把某人的牙齒模型植入她的身體。」「一個活生生的病人的身體，他在那裡留下了牙齒的印記，然後繼續播放錄影並說：『咦，看這裡，我找到咬痕。』」

巴奈特繼續說道：「他改變了證據」、「他破壞了證據」。他破壞了她的身體。我的意思是，那，那實在是絕對不被允許的事。絕對不允許有人去破壞證據。

「在那個東西被按上去之後，陪審團應該會有什麼想法？」他補充道。「有一個咬痕，而且在十秒鐘之前還不存在。」

檢察官鄧恩‧朗普頓馬上為他的主要證人韋斯特醫生辯護。「只要他解釋他做了什麼，說明他將模具放在皮膚上以與他看到的印記進行對比，這就是他們的方式。」巴奈特打斷他：「那裡沒有痕跡，但他把它按進去了，現在那裡就有個痕跡了。那裡沒有痕跡，他把它壓進她的皮膚。」

鄧恩反駁：「我不相信醫生會這樣作證。他會說那裡有一個咬痕的輪廓，他把模具放在他確定是咬痕的地方來比對是否相符。」

法官做出決定。「我會讓他陳述他所做的事情，並由陪審團來做出判斷。」

塔米的辯護律師肯‧麥克尼斯隨後插嘴道：「如果他那樣做了，那就太危險了。他不會這麼做的。」

法官同意說：「我不──你知道的，根據我對這個人的了解，說他做了這種事簡直令人難以置信。」

就這樣，韋斯特醫生被證明是清白的。他拍攝的金身上的咬痕影片將呈現給陪審團。審判訂於當天下午開始。

# 第八章
# 錯誤的法庭科學與未來的真相

　　在華盛頓特區擔任檢察官的期間，我的一位摯友保羅・基爾布魯（Paul Killebrew）在新奧爾良無辜者冤罪平反計畫工作。有時候，當我從法庭拖著裝滿案卷的大滾動公事包回來時，我會停下來，在長椅上休息一下，然後給他打電話。他總是在外出調查，或是在監獄會見客戶，又或是在腦海中構思案件理論。他的工作充滿生氣，賦予了生命，而我的工作就像站在不斷灌注並上升的水泥中，逐漸凝固在我周圍，讓我變得更加僵硬、冷漠和無感。

　　保羅告訴我密西西比無辜者冤罪平反計畫有職位空缺。我原本不認為我會為了那份工作離開華盛頓特區前往密西西比鄉下，但我還是想為了我自己去了解他們的工作，這就是為什麼我現在出現在密西西比的諾克蘇比縣，跟里馮・布魯克斯（Levon Brooks）在一起。

　　在密西西比州，歷史可能與當地的現實密切相關，例如1960年代在諾克蘇比縣僅45英里外的費城市，發生三名民權工作者的死亡事件。

　　我第一次在諾克蘇比縣見到里馮，是在他母親的葬禮上。那是炎熱的七月，但有一陣令人心曠神怡的微風，是個適合她休息

的日子。在過去的幾個月裡，里馮一直和他的母親住在梅肯，這是一個偏遠地區，年輕人通常週六就會離開，開車前往最近的大城鎮哥倫布，到沃爾瑪購物和參加社交活動。但是里馮已經五十多歲了，過去十八年他因為一起他犯下的可怕罪行而在監獄裡度過。他的母親這些年一直在為他的自由和清白努力奮鬥。

當我向里馮詢問他母親的死因時，他只是說，她終於可以放了。她見證了他的釋放，在她生命最後的日子裡兩人得以團聚。里馮是一位藝術家，在監獄裡他透過繪畫來提振自己和母親的精神，並將畫作寄回家。她一直在為他奮鬥，現在她可以安息了。

出乎意料地，密西西比無辜計畫中里馮的律師邀請我去參加喪禮，而當時我人在密西西比牛津進行一場為時數天的工作面試。第二天，我和密西西比無辜者冤罪平反計畫的導演塔克・卡靈頓和他的朋友一位紀錄片製作人，一同開車兩小時前往梅肯。我只有工作西裝可以穿。

但在葬禮那天，不僅僅是因為我不合身的衣服，更是因為我是一個闖入者。走進那座教堂，身處一群穿著白喪服的哀慟女性中，她們手持扇子安慰著家屬，周圍是寧靜、靜謐且稀疏的景象，我彷彿是一位站在後方的陌生人。涼爽的木椅、紀念品，然後我們起身為逝者祈福，也離開了這個地方。

我沒有參加葬禮。我冷靜下來，準備參加葬禮後的招待會和社交活動。我，那位尷尬的白人女性，檢察官。

但我在北方的成長背景誤導了我。人們熱情、善良且慷慨，不同於華盛頓特區的第一個問題，他們並沒有問我是什麼做什麼的。因為我的口音，他們問我從哪裡來，當我說是來自沒有爭議的中西部時，他們就放了我一馬。人們通常對中西部不會有太大

意見。

他們要我多吃一點，當時我作為一位素食者，吃了綠豆裡的肥背肉，逗笑了幾個人。我有些尷尬地大喊：「我以為那是馬鈴薯！」我感謝自己看起來可愛且有些笨拙，而不是像平常工作中的我。家人和朋友慷慨地與我共享食物。慷慨，這是我在目前的工作中對待被害人和被告所缺乏的。

葬禮結束後，我和密西西比無辜者冤罪平反計畫的其他人一起去了里馮的家，與他、他的家人、他的女友葛洛莉雅和他的女兒交談。當我們上車返回牛津時，天空中出現了一道彩虹，那天晚上在我的日記中，我寫道：

> 今天可能是我一生中最感人的日子之一⋯⋯參加葬禮時，我覺得說的每一句話都有雙重意義——扛起十字架，放下負擔，他這麼多年來一直背負著這樣的重擔，在給母親的信中他從未放棄希望，一直相信自己會被判無罪。他是如此溫暖。

兩個月後，我搬到了密西西比州。

## 法庭證據問題一：證詞不確實

里馮因為他一項他沒有犯下的罪行而在監獄裡度過了十八年。在諾克蘇比縣的農村地區，他沒有 DNA 證據證明自己無罪，但另一個黑人男子有。

在里馮定罪三年後，甘迺迪・布魯爾（Kennedy Brewer）也因為在同個農村一宗非常相似的罪行被判處有罪，且處以死刑。

在甘迺迪的案件中，DNA 鑑定出真正的犯罪者：賈斯汀・阿爾伯特・詹森（Justin Albert Johnson）。詹森在兩名受害者被綁架時就住在她們附近，他承認了這兩起罪行。他曾是里馮案和甘迺迪案的嫌疑犯名單，是唯一一位有性侵前科的嫌疑人。如果警方在里馮案中找到了真正的罪犯，第二起犯罪就不會發生。

里馮・布魯克斯和甘迺迪・布魯爾都是根據牙醫邁克爾・韋斯特和法醫史蒂文・海恩（Steven Hayne）的咬痕證詞被定罪的。在這兩個案件中，所謂的咬痕實際上是昆蟲叮咬造成的，因為詹森將兩名受害者藏在一條小溪中，他們的屍體過了幾天才被發現。

韋斯特和海恩曾是密西西比州的法醫搭檔，他們經常一同為檢察官作證。

韋斯特和海恩最為人熟知的，或許是那些根據他們的證詞和證據而被送進監獄或成為死刑犯的黑人。

密西西比州錯誤地根據有問題的法庭證據定罪了里馮・布魯克斯。這意味著兩件事，首先，海恩醫生和韋斯特醫生的證詞超出科學範圍。錯誤的證詞不僅涉及到證據的有效性。其次，科學證據本身，也就是咬痕證據，缺乏科學的有效性。咬痕證據，也被稱為法醫口腔學，現在已經被廣泛質疑。

海恩和韋斯特是密西西比州各地檢察官在各種案件中常常找來作證的專業人士。在其中的一些案件中，雖然科學證據是有效的，但他們的專業證詞卻超越了科學所能證明的範圍。

當警察殺害黑人女性黛比・洛金斯（Debbie Loggins）時，海恩被要求為他們辯護。洛金斯女士 33 歲，身高 5 呎 4 吋，體重 220 磅。卡洛爾縣治安官在她家門口逮捕了她，原因是她在早

上六點與鄰居發生爭執，有人報了警。兩名副警長將黛比的雙手反銬在背後，並銬住她的腳踝，然後用第三副手銬將另外兩隻手銬連接起來。嚴格來說，這叫做四點束縛（four-point restraints）；警方將其稱為「綁豬」。警長們把黛比・洛金斯舉起，放在巡邏車的後座上，讓她臉朝下躺著。警長們讓黛比保持這種姿勢，臉朝下，他們則坐在前排座椅上，開車前往密西西比州格瑞那達的監獄。

半小時後，當他們抵達監獄時，黛比已經死了。她無法呼吸。醫生發現她死於窒息。黛比並非個案；許多人在被警察拘留期間，在警察在場的情況下被四點式束縛帶綑綁致死，包括黛比自己的兒子，他多年後死在格瑞納達的監獄裡，也是被四點約束帶束縛致死的。

海恩醫生進行了屍檢，並證實了不同的死因：黛比死於過度勞累，海恩將黛比的死因歸結為意外事故。

當黛比的家人根據民權法第 1983 條控訴縣政府和治安官時，法院裁定警方沒有責任。法院認為黛比的死亡是「意外的」，從治安官的角度來看，將她綁在四點上並不構成嚴重的醫療傷害風險。

在黛比・洛金斯死亡時坐在汽車前座的警察被認定沒有責任。

在另一起案件中，密西西比州默爾迪恩市的檢察官指控琳達・格里芬（Linda Griffin）謀殺她的丈夫弗蘭奇。當警方姍姍來遲請海恩醫生進行屍檢時，太平間已經在殯儀館對弗蘭奇進行防腐處理。海恩在弗蘭奇的眼液中發現防腐液的常見成分乙二醇，它同時也是防凍劑的一種成分。

在庭審中,海恩證稱弗蘭奇心臟病發作。他陳述了屍檢結果如何顯示弗蘭奇患有嚴重的心血管疾病和動脈阻塞。

海恩還證實了弗蘭奇眼液中乙二醇的科學發現,然而,海恩認為檢驗出的乙二醇不是太平間使用的防腐液,而正好就是檢察官認定謀殺犯罪理論的證據。

丹・安傑羅(Dan Angero)檢察官:「現在我要你們假設死者在死前一晚8點15分或8點30分左右吃了一碗裡面包含玉米麵包、我稱之為黃油豆的皇帝豆和雞翅的食物。那頓飯,或者可以這麼說,這樣的飯菜裡可以包含足夠的乙二醇來毒死一個人嗎?」

史蒂文・海恩醫生:「如果有足夠的液體,律師。通常需要大約一百毫升的液體,所以我希望裡面會看到一些液體。我不認為雞肉或玉米麵包裡會有液體,除非是在烹飪後才放進去的。皇帝豆內也應該有些液體,才會有足夠的劑量殺死一個人。」

檢察官:「但是有可能在雞肉煮熟之後再將乙二醇放入其中,這樣它就不會蒸發,對嗎?」

海恩:「沒錯。」

檢察官:「你之前說過它有一點甜味;但除此之外,沒有任何氣味或其他跡象表明,換句話說,如果你把它放進嘴裡,會有一種微甜的味道,你真的會注意到你吸收了有害物質嗎?」

海恩:「不是的。」

檢察官:「海恩醫生,在閱讀你的屍檢報告時,我注意到你將乙二醇中毒列為直接死因?」

海恩:「是的。」

檢察官:「所以,如果不是乙二醇進入他的體內,你的專業意見是,在合理的醫學確定性之外,他不會死?」

海恩:「是的,沒錯。」

檢方指控琳達將炸雞和皇帝豆放在有毒的防凍液中。不管弗蘭奇是否因心臟病發作致死的可能性。

海恩的證詞超出科學範圍。琳達・格里芬的辯護律師提出了一個清楚的論點:乙二醇只是防凍劑的一種成分,因此琳達必須在炸雞、豆子或玉米麵包煮熟後再將其浸入防凍劑中。根據海恩自己的證詞,弗蘭奇至少需要攝入半杯乙二醇,因此很可能需要攝入雙倍的防凍劑,他也會開始出現中毒症狀,而不是不慌不忙地搭共乘車去上夜班。

陪審團聽取了海恩醫生的證詞並作出裁決:琳達成立謀殺罪名。

結果出乎意料,法官採取有別以往的作法。

萊斯特・威廉森(Lester F. Williamson)法官:用我的見解取代陪審團的判斷是不適當的,但我必須負責使本案有一個公平的結果,且我不能接受陪審團的裁決。儘管陪審團已有裁決,但法院作出了不同的判斷,這是我認為我應該要在本案中做的事情。

法官拒絕援引陪審團裁決的情形甚為罕見,萊斯特・威廉森法官這麼做是為了防止誤判發生。很少法官會做出像他一樣的事情,頂多就是在做出判決後聯繫冤獄救援團體,告訴他們有件

「感覺怪怪的」案件需要他們調查。

相反，檢察官則在阻止冤案發生這方面扮演關鍵角色，他們可以在進入法庭之前，仔細調查與瞭解他們即將要提出的法庭證據。

**法庭證據問題二：錯誤的科學證據**

法醫學最初是由警察創建的。幾十年來，檢察官所依賴並提交給陪審團的大部分證據都缺乏科學依據。美國國家科學院在其2009年「加強美國法醫科學：前進之路」報告中批評了法醫證據，特別是毛髮匹配、血跡模式和咬痕。這種法醫證據在刑事審判中被普遍採納，部分原因是檢察官缺乏強而有力的審前證據開示。

美國國家科學院的報告懇求法官們重新審查在審判時輕率地接受法醫證據的問題。報告甚至提出建議，確保刑事法庭只接受科學上有效和可靠的證據。

美國國家科學院報告對咬痕對比分析這一法醫牙科學分支學科提出了特別嚴厲的批評。

咬痕分析法在北美的應用可以回溯到臭名昭著的塞勒姆女巫審判。麻薩諸塞殖民地的一名「女巫獵人（witch hunter）」指控當地一名牧師招募年輕女孩來從事巫術活動。作為唯一的證據，他宣稱牧師的牙齒與女孩身上所謂的咬痕吻合，控方在庭審中強行掰開牧師的嘴巴以露出牙齒。柏洛茲牧師被定罪並被處死，他被吊死在塞勒姆人民面前。之後，他被追認為無罪。咬痕分析師的目的在於通過比較咬痕和嫌疑人的牙模，將咬人者與人體皮膚上的咬痕互相配對。咬痕分析依賴於一種信念，即每個人都有獨特的牙齒，而人的皮膚能夠準確記錄這些獨特的牙齒特徵。但這

兩種觀點都沒有得到科學證明，相反，美國國家科學院報告發現，皮膚上的咬痕會隨著時間的推移而發生變化，並可能因腫脹、癒合和皮膚的自然變化而失真。咬痕分析師也缺乏指示咬痕的標準，而且他們的研究結果差異很大。

總之，美國國家科學院的報告得出了令人震驚的結論：沒有科學證據表明咬痕對比分析可以將咬痕與咬人者相匹配。分析人員無法正確且可靠地識別咬痕是人為而不是動物所造成。分析人員根本無法準確識別咬痕，他們自己的內部研究也表明了這一點。

相反，咬痕證據卻造成了數十起的錯誤定罪。

## 誤判和虛假的咬痕證據

1992 年，密西西比州洛恩德斯縣陪審團根據虛假的咬痕證據和證詞判處甘迺迪・布魯爾（Kennedy Brewer）死刑。邁克爾・韋斯特醫生告訴陪審團，他在這名三歲的受害者身上發現了十九處咬痕。他證稱，布魯爾的牙齒造成了許多咬痕，「在醫學上具有合理的確定性」。根據韋斯特醫生所述，甘迺迪・布魯爾只用上牙反覆咬這孩子。

辯方傳喚理查德・蘇維龍（Richard Souviron），他是一名牙醫，也是美國法醫牙科委員會的創始成員。蘇維龍對基本證據提出質疑，他認為孩子身上的傷口都不是人咬的痕跡，因為沒有相對應的下牙印。

審判結束後，陪審團判定布魯爾犯有強姦和謀殺兒童罪，密西西比州最高法院在上訴審中維持了原判。

但警方在審前謀殺案調查期間發現並收集了受害者屍體上的

DNA。在凡妮莎・波特金（Vanessa Potkin）定罪後向紐約無罪計畫提出的人身保護令申請中，布魯爾成功地要求初審法院命令州政府重新檢驗證據。

DNA 結果排除了甘乃迪・布魯爾的嫌疑。隨後，他的律師請求就 DNA 證據舉行證據聽證會，並對咬痕證據提出質疑。密西西比州最高法院認為，由於新發現的 DNA 證據具有令人信服的性質，所以布魯爾有權接受聽證。法院駁回布魯爾對韋斯特醫生的咬痕鑑定證詞和咬痕證據本身的質疑。

有了 DNA 證據，布魯爾的律師確定了真正的罪犯。甘迺迪・布魯爾最終被無罪釋放。

然而，法庭從未重新審查過咬痕證據的可靠性。

在密西西比州最高法院批准對布魯爾進行重新聽證的近一年前，辯護律師克里斯托弗・普勞德發起對韋斯特醫生進行一場埋伏行動。普勞德先生的私家偵探詹姆斯・里克斯（James Rix）將咬痕照片和里克斯先生自己牙齒的模型寄給了韋斯特。里克斯告訴韋斯特，模具來自案件的主要嫌疑人。韋斯特滿懷自信地斷定，來自里克斯先生的牙模與受害人的咬痕吻合。

現今的檢察官對於傳喚咬痕分析專家作證的意願不高，然而法院在法庭上仍然持續將咬痕做為證據，如同也會承認其他不可靠的法醫證據一樣，這麼做只是因為其他法院在先前案件中也同樣承認，也就是所謂的「判決先例」。法院只會去跟隨同層級其他法院的做法，或者僅因為檢察官主張該證據已經被其他法院所承認而不假思索地依賴這樣的說法。這就是為什麼檢察官檢視和理解自己的法醫證據至關重要的部分原因。根據「現代科學證據」的專論所述，「與其說法醫口腔學領域成功說服了法院他們

擁有足夠的知識技術分析咬痕，不如說法院對於咬痕證據的承認這件事本身，反過來讓法醫口腔學社群相信他們確實是有能力實施咬痕分析以分辨不同人的咬痕，儘管這件事情仍然存疑。」

## 終結因為法醫證詞或證據錯誤而造成的誤判

科學或所謂的科學把無辜的人送進監獄。他們在監獄中等待著未來真相的最終揭曉。但是，即使虛假證據或虛假證詞被揭露，法院也不一定會釋放被送進監獄的人。

案件在定罪當時就被凍結。我們的法律不鼓勵法官重新審查證據和定罪。科學的前提是對假設進行檢驗和再檢驗，然而我們的刑事法律制度的前提是勝者為王，敗者為寇，最終能否定罪高於其他考慮因素。

法庭證據同樣被困在法庭上。

即使事實發生變化，即使科學證據被證明是錯誤的，法院也拒絕改變結果。科學是一個不斷發展的故事，而刑事訴訟程序卻竭力控制或禁止在定罪後還有其他的可能。

我們需要兩個解決方案：防止錯誤的法庭證據和證詞在審判中出現，以及解決定罪後發現的錯誤法庭證據和證詞。

## 想法一：
### 為審前法庭專家提供資金，防止出現瑕疵、劣質科學證據

檢察官經常不能嚴格審查自己的法醫證據，而法官主要由前檢察官擔任。他們延續著接受證據的模式，當他們在審判中承認證據時，陪審團可以認為證據是準確的。無論法醫證詞其科學可靠性和準確性為何，都可以被採納。在絕大多數的刑事案件中，

雙方都不會在審前質疑法醫證據，被告通常也沒有自己的法庭專家。法官承認他們在民事案件中會拒絕的證據。

艾莉莎‧卡普蘭（Aliza Kaplan）是紐約無辜者冤罪平反計畫最初的律師之一，也是俄勒岡無辜者冤罪平反計畫的創始人，她創建了法醫司法計劃，以及在審判前幫助被告，法醫司法項目是被告受審時申請 DNA 檢測和申請專家證人的資源庫。俄勒岡州議會資助他們的工作，因為用艾莉莎的話來說，「我們是資助公共辯護的一部分，因為我們的辯護律師不了解法醫學，他們在案發前、案發中以及案發後的各個階段都需要幫助，而州政府擁有犯罪實驗室。」

為被告提供接觸專家的機會意味著審判時或提交給陪審團的錯誤證據會減少。理想情況下，這些案件永遠不會成為錯誤定罪。

## 想法二：定罪後承認有問題的法庭證據：
### 明顯的不公正、垃圾科學訴狀和全州審查

法醫科學是造成錯誤定罪的主要原因。2009 年，美國國家科學院發表了「加強美國法醫科學：前進之路（*Strengthening Forensic Science in the United States: A Path Forward*）」報告：促使科學家和立法者對法醫科學學科提出批評和挑戰。甚至美國最高法院也承認，「在刑事審判中使用的法醫證據存在嚴重缺陷」。根據國家免罪登記處的數據，在過去的三十年裡，我們的刑事法律系統定罪並監禁了六百多名無辜者，其中部分原因是法醫證據有誤。

但對於無罪辯護律師來說，推翻確定的定罪總是比檢察官一

開始就給人定罪更難。

　　無罪辯護律師必須提出新證據並向法院證明如果這個新發現的證據曾被呈現在法庭的話，陪審團很有可能不會認定被告有罪。法院通常，舉例來說，只會推翻那些以虛假或偽造的咬痕為基礎做出的判決。但最近，法院可能會認為該證據不夠新而拒絕推翻原判決，因為自從法醫口腔學創立以來，針對咬痕的爭論不曾中止。被告處於第 22 條規則的情況：在這世界上大概是存在一些證據足以去挑戰咬痕證據。這就代表即使絕對可以證明被告是被基於虛假證據誤判，該證據也不是新發現證據而且不能被用來推翻判決。理由是被告應該在審判階段就爭執，而不是確定後。

　　法院可以拒絕就審判證據是否為無效科學以及被告是否被錯誤定罪而舉行定罪後聽證，即便當今更為發達的科學已明確顯示審判當時的證據是虛偽的。這是一個問題。

　　但我們有解決辦法。首先，法庭需使用「明顯不公正」的標準來審查並推翻定罪。其次，立法機關應設立「無效科學令狀」，為被定罪者提供一個向法院提出聲請的管道，來重新審查科學並審核定罪。第三，各州對法醫科學中特別有問題的領域（如縱火、毛髮顯微鏡檢查和咬痕等）的定罪啟動自己的全州案件審查。

## 法院根據「明顯不公正」標準，
## 撤銷因錯誤的法醫證據而造成的誤判

　　一個不稱職的法醫分析師或專家可能會導致數百名無辜者入獄。不過一但被發現有類似的情形，法院可以採取應對措施，亦即藉由審查主張以及根據「明顯不公正」的標準撤銷定罪。

數十年來，實驗室分析師佛瑞德‧贊恩（Fred Zain）警官偽造血液樣本結果。作為西維吉尼亞州警方犯罪實驗室的一名分析員，他經常在沒有看過證據的情況下就出庭指控被告。他還經常獲得晉升，直到成為血清學部門主任。贊恩經常能夠「解決（solve）」最具挑戰性的案件，因此在檢察官界中享有盛譽。

格倫‧伍道爾（Glen Woodall）定罪後的人身保護申請最終揭露了贊恩的不當行為。格倫的律師朗尼‧西蒙斯（Lonnie Simmons）堅信格倫是無辜的，並為 DNA 檢測進行了一場艱苦的鬥爭。朗尼和格倫贏了，DNA 證據證明他們是對的。格倫被釋放出獄，而不久後地方檢察官開始對犯罪實驗室進行刑事調查。西維吉尼亞最高法院任命了一名法官和一個由律師及科學家組成的小組協助調查。他們發現佛瑞德‧贊恩一系列令人震驚的虛偽證詞和偽造的證據。因調查出上述許多錯誤的法醫證據，西維吉尼亞州上訴最高法院後裁定，數百名被告可以請求撤銷對他們的定罪，或撤銷有罪認罪，來糾正明顯不公正。

**法庭上的垃圾科學（偽科學，JUNK SCIENCE）[1]與司法錯案研究中心的成功案例：**
**德克薩斯州和史蒂芬‧錢尼（STEVEN CHANEY）**

德克薩斯州在法醫學改革方面處於全國領先地位。德州立法機構與州律師共同資助無辜計畫和法醫學教育，並成立了德州法醫學委員會。該州還進行了三次全州範圍的定罪審查。

---

[1] 垃圾科學（偽科學）一般指的是那些缺乏科學證據支持、方法學上不嚴謹或普遍不被科學界接受的科學聲稱或理論。

第一次定罪審查是關於頭髮分析證詞,在此之前,聯邦調查局公開承認其毛髮檢驗員誇大陳述並對被告成為科學上無效的不利證詞。主要認證機構告知州犯罪實驗室主任:「如果由於已發現的情況、不稱職的做法或瀆職行為而可能或已經發生誤判,我們有道德義務採取適當的行動。」

第二次全州性的定罪審查涉及火災科學或縱火證據,此前,德克薩斯州基於縱火虛構理論對卡麥隆・托德・威靈漢(Cameron Todd Willingham)定罪並執行死刑。在隨後的政治風暴中,該州審查了所有縱火定罪。

第三次的全州性定罪審查涉及咬痕證據。德克薩斯州法醫科學委員會審查了已發表的科學文獻和研究,並得出結論:目前沒有足夠的數據支持在刑事案件中使用咬痕比對。委員會根據多方面的因素,包括人類皮膚反應和變化的不一致性,認為咬痕證據並不可靠。正如委員會的法務長告訴我:「德克薩斯州第一個咬痕案涉及一位名叫道爾的人,他闖入一間房子並咬了一塊奶酪。那個案子是在 1954 年發生,而那塊奶酪比起皮膚是更好的紀錄印記的媒介,更好。」

德克薩斯州法醫科學委員會的最終報告指出,在很多刑事案件中,無論是在德克薩斯州內還是外,咬痕證據經常被提出和採納,但「現在很明顯,咬痕比較在我們的刑事司法系統中沒有任何合理的支持數據,因此不應被採納。」

德克薩斯州刑事上訴法院法官芭芭拉・赫維(Barbara Hervey)表示:「在科學方面,存在很多指責,這是荒謬的,因為如果出現問題,那是系統的問題,而不一定是某一方的問題。要解決這個問題,你們確實需要共同努力。」2018 年,赫維法

官撰寫了開創性的錢尼意見，對咬痕證據的使用提出質疑，並釋放一名無辜男子。

錢尼案的判決是德克薩斯州法醫科學委員會、錢尼的定罪後律師和達拉斯縣地方檢察官定罪誠信部門（the Dallas County District Attorney's Conviction Integrity Unit）獨立工作的共同結果。帕翠西亞・卡明斯（Patricia Cummings）是費城地方檢察官定罪誠信部門的主管，當時，她負責指揮達拉斯的定罪誠信部門；錢尼案是她的第一個案件。

她與辛西雅・加爾薩（Cynthia Garza）一同參與了錢尼案的工作，後來辛西雅・加爾薩成為達拉斯定罪誠信部門的主任。

卡明斯和加爾薩在擔任檢察官時就法醫證據及錢尼的無罪主張進行調查，他們處於一個手握權力卻有時會讓人不安的位置。卡明斯記得「一開始參加決策團隊會議時，不得不發了瘋似地爭論咬痕證據是否是垃圾科學，或者我提出卻被駁回的各式各樣類型的證據是否就是有利於被告的證據。這些爭論都結束在其中一個檢察長的訕笑聲中，他基本上再說『喔！你絕對不可能在這件案子中得到真實無辜的結論，不可能，絕對不可能。』」

為什麼不？因為史蒂芬・錢尼在他的案件中沒有足夠的DNA 證據。相反地，他擁有的是州檢察官出示的虛偽法庭證據，而陪審團正是利用這些證據將他定罪。

「辛西雅和我必須不斷地、不斷地、不斷地推動，因為我們相信可以找到我們需要的東西來驗證我們的共同感受，那就是他被錯誤定罪了，而不僅僅是基於無效科學和咬痕。但我們擔心，如果沒有 DNA，我們永遠無法獲得真正的清白。」

卡明斯和加爾薩與州內的專家進行交談，然後重新審視了他

們的發現。這些專家拒絕與無罪組織對話。「我們只是做了各種真的很酷、有趣、必要的事情，而且最終也是必要的。如果我們沒有這樣做，我不確定我們是否會有現在的結果。」

對於有瑕疵的鑑識技術提出的反駁，特別在該反駁是由檢察官辦公室提出時特別強而有力。當錢尼的律師們代表他提出定罪後申訴，卡明斯和加爾薩向德州刑事上訴法院提出了報告支持錢尼的申訴。

2018 年 12 月，德克薩斯州刑事上訴法院同意了定罪後請願書，認為「錢尼已經證明他實際上是無辜的。」

對於定罪誠信部門的檢察官而言，撤銷錯誤定罪參雜著複雜的情緒，辛西雅·加爾薩說：

> 這既是喜悅，也是悲傷。為受害者、受害者的家人感到悲傷，也為制度在此案中起不了作用感到悲傷。
>
> 因被冤枉入獄而悲傷，為他們在獄中失去親人而悲傷，對所有的這些事情感到悲傷，又因為能夠看到他們被釋放而感到喜悅。這些感受可能是矛盾的，因為當一個人被無罪釋放時，雖然每個人都在慶祝被錯誤定罪的人獲釋，但受害者或受害者的家人可能獨自坐在家裡，這是令人難過的，因為如果真正的犯罪者無論出於何種原因都無法被起訴或找到，他們可能永遠無法從一開始就得到應得的正義。在錢尼案中，我讀到錢尼先生的意見時哭了。我為錢尼先生和他的妻子感到高興，也為他最終得到公正的審判而感到高興。與此相對的是，當我打電話給受害者家人並告知他們一切時感到的悲傷，其中包括真正殘忍謀殺他們

家人的兇手尚逍遙法外。

當史蒂芬・錢尼被釋放出獄時,他與當初定罪他的檢察官見面,並一同祈禱。據琳恩・賈西亞表示:「他針對咬痕證據比對做出數個假設並主張錢尼應被判有罪,且這是他結辯時的關鍵陳述,但錢尼先生原諒了他。對我來說,人類擁有寬恕他人、愛人的能力並不是人類所能做的,其中必定有比人類更偉大的東西使這些事情發生。」

## 州立法機構制定針對垃圾科學(偽科學)人身保護令
(UNK SCIENCE WRITS OF HABEAS CORPUS)

錢尼先生之所以能夠重獲自由,部分原因是德克薩斯州立法機構於 2013 年設立一項人身保護令:「垃圾科學(偽科學)」人身保護令。德克薩斯州立法機構成為全國第一個頒布改變科學或「垃圾科學(偽科學)」令狀的機構。現在,其他州的立法機構也在制定這些令狀,允許被定罪者向法院提出申請,主張科學證據削弱了在審判中呈現的證據,這些令狀賦予州法院真正而實質地重新審查科學證據的權力。

德州的垃圾科學令狀並不要求被告證明到真實無辜的門檻才能推翻判決,不過其他州卻有這樣的要求,例如:2018 年懷俄明州議會通過定罪後真實無辜認定法案。好消息是有罪被告可以針對有瑕疵的法醫證據表示不服,且無期間限制;壞消息是,近期懷俄明州法院認為「該法案的範圍僅限於主張自己真實無辜的聲明。」

記得史蒂芬・錢尼一案中所有律師的擔憂:我們能夠證明自

己真的無罪?向陪審團說謊的證據足夠嗎?這些令狀應該為人們提供救濟,而不需要以「證明」實際為標準。我們的憲法和正當程序權利不支持基於虛偽證據或謊言的定罪。

我認為標準應該是法庭是否發現明顯的不公正或誤判,而不是實際上無罪。

在「顯然不正義」的標準之下,法院只會判斷最終判決是否不公平,而不會判斷證據是否能確實證明無罪。法院可以採取全方位檢驗標準來全面審查案件中的所有錯誤,如同麻薩諸塞州法院在蔡・法蘭西絲縱火案的違法判決中做的一樣。這樣的全方位檢驗標準會考量各種各樣的因素,而不會單一專注在科學證據或者有瑕疵的證詞,這樣做的目的是為了追求正義。單獨來看,虛偽證詞可能會因為只是無害的錯誤而被駁回,不過法院會結合其他錯誤進行綜合判斷,以認定正義是否實踐。

在加利福尼亞州,立法機構制定了一項廣泛的無效科學令。加利福尼亞州立法機構之所以採用這種廣泛的措辭是因為另一個咬痕案例——威廉・理查茲案。

檢察官以威廉・理查(William Richard)殺害妻子為由對他進行了四次追訴。在第四次審判中,檢察官的法庭法醫牙科專家作證稱他在理查的妻子身上發現一個與理查吻合的咬痕。他告訴陪審團,這種「異常的齒列只在 2% 或更少的普通人口中發生。」最終,陪審團將理查定罪。

多年後,這位法庭法醫牙科專家在一份宣誓聲明中推翻了他的審判證詞,聲稱他對於「有關理查齒列統計數據的證詞並非基於科學數據。」

此外,他不再相信受害者手上的傷口是咬痕。

理查在法庭上提出了這項新發現的證據,但上訴法院和加州最高法院的最終裁定,認為審判中專家證人的新證詞並不是「新證據」。法院認為改變後的證詞「未能動搖檢方的整個案件,並且無法準確無誤地證明他是無辜的」。

加州律師批評理查案的判決是當年最糟糕的判決。加州立法機關透過頒布「比爾理查茲法案(Bill Richards Bill)」來回應這一判決,該法案修改了州人身保護法,允許在不要求實際無罪的情況下考慮有缺陷的法醫證據。2016 年,根據新法規,理查的定罪終於被撤銷。他的案例證明了在法醫鑑定瑕疵案件中實行「實際無罪」標準的危險,以及法院實現正義的替代方案。

**想法三:犯罪實驗室直接向檢察官和辯護律師公布科學發現**

海恩醫生和韋斯特醫生的行為與典型的犯罪實驗室大相逕庭。犯罪實驗室通常不進行驗屍或分析咬痕證據,也不深入調查縱火案件。然而,犯罪實驗室的檢查品質可能不足。從體制上來看,令人擔憂的是,犯罪實驗室只向檢察官提供案件調查結果。

以下只是警方犯罪實驗室僅為檢察官工作的幾個例子。辯護律師不能要求實驗室測試不同的項目,只有檢察官可以;辯護律師不能要求透過資料庫進行 DNA 分析以進行匹配,只有檢察官可以;辯護律師不能要求透過 DNA 進行家庭搜查來為當事人開脫罪責,只有檢察官可以;辯護律師不能要求存取公共 DNA 資料庫,但執法部門可以。

辯護律師只能獲取檢察官選擇交付給他們的科學證據,犯罪實驗室僅向檢察官披露其發現,然後由檢察官決定將何種資訊披露給辯護方,這種透明度的欠缺導致人們在未充分了解法醫診斷

的情況下，不公平且不公正地接受認罪。

當僅有檢察官能夠查閱科學檔案，而他們也是唯一能決定披露哪些信息的人時，被告將面臨風險。「隧道視野（Tunnel vision）」，是一種描述了人類自然傾向於專注於所期望的結論，然後以支持該結論的方式解釋所有證據的心理行為現象。經由狹隘帶有偏的角度，檢察官和警方可能會聚焦於一名嫌疑人，然後篩選掉任何與他們對案情的理論不一致的證據。「確認偏誤（Confirmation bias）」，也是一種心理現象，描述人們傾向於尋找或解釋信息以支持自己已有的信念或假設，檢察官在執行職務時也可能受到這種偏見的影響。這些自然偏見可能意味著檢察官未能向被告披露關鍵的科學信息。如果去掉檢察官這個中間人，讓實驗室直接向檢察官和辯護律師提供科學證據，至少可以解決這些偏見帶來的一個問題。

如果排除掉檢察官這個中間人，實驗室直接向檢察官和辯護律師雙方提供科學證據，至少能夠排除檢察官偏見。

許多犯罪實驗室現在都有線上網站，分析人員可以上傳他們的科學成果，檢察官可以透過該網站存取它們。現在，犯罪實驗室也應該向辯護律師提供他們的科學成果。休士頓法醫科學中心可能是全國唯一向檢察官和辯護律師開放其網站的犯罪實驗室。

休斯頓法醫科學中心在其網站上建立了一個受密碼保護的門戶，允許與案件有關的律師直接搜尋完整的實驗室報告，包括深層文件。該網站節省了中心員工原本花在提供這些文件上的時間，同時確保公開透明和準確性。根據前董事會成員桑德拉·格拉·湯普森（Sandra Guerra Thompson）教授和妮可·布萊姆納·卡薩雷斯（Nicole Bremner Cásarez）教授的說法，中心追求公開

透明以加強公眾信任,而「公開透明帶來了一個額外的好處:創建了一個更高效、節省時間和金錢的刑事司法體系,進而造福了所有參與者。」

實際上,檢察官甚至可能不知道他們擁有能夠證明被告清白且具有實質性的證據。根據「布雷迪控告馬里蘭州(Brady v. Maryland)」的要求,檢察官在審判前必須披露這些證據,但他們可能直到審判前夕,或者事實上在被告認罪後才知悉這些證據。在全國範圍內,州法院刑事審判僅在案件的百分之六中發生;而聯邦刑事審判的數字為百分之三。相反的,這些科學信息可以在早期系統性地共享,避免任何未在審判前或認罪前進行披露的失誤。

法醫證據對於案件至關重要,但在確定事實無罪之前可能會基於虛假資訊進行定罪。正如佛羅里達州檢察官定罪誠信審查組主任雪莉所說,「我一直在想,法醫證據是否存在疑慮,我該相信咬痕鑑定還是頭髮鑑定?或者有什麼方法可以透過法醫鑑定推動案件的進展?」

# 第九章
# 審判和檢方的案件

### 準備陪審團

　　檢察官朗普頓正在為陪審團準備一場煽情、可怕的審判。他從「預審」（voir dire）開始，即律師和法官可以向應該選擇的潛在陪審員提出問題。法官首先提出以下問題，這些問題將篩選陪審員的資格：

　　「大家都有讀寫能力嗎？」
　　「有人曾被判有重罪或不良罪行嗎？」
　　「過去五年內，你們中有人因非法銷售烈酒而被定罪嗎？」
　　「你們都是常態性賭徒嗎？」
　　「你們當中有人經常酗酒嗎？」

　　當陪審員已經「符合資格」，律師們就開始提問。朗普頓首先透露，他的雙胞胎兄弟杜立住在布魯德郡，而他的嫂嫂在這家醫院工作──這正是金被送往並接受治療的醫院。朗普頓隨後說：「當我起訴一個家庭中的某個人，很多時候家裡的其他人會對我感到不滿。有沒有我做過什麼事情會導致你無法參加這次審

判,或至少無法聆聽我要說的話嗎?」

無人回應。

「這個案子將會有物證。這個案子中會有一些衝擊視覺的照片,陪審團需要看遍所有物證來判斷事實是什麼,發生了什麼事情。」

朗普頓繼續說道:「我老實告訴你們,其中一些照片和一些影片會造成視覺衝擊。我相信證據將會表明,這是一起性侵案。而且會有一些受害者血淋淋的照片。」

最終,陪審團被選定,開場陳述之後,證詞和證據的呈現開始了。

## 金的母親作證

金的母親茱蒂是第一位作證的證人。當她穿過法庭的庭中,經過莉和塔米以及他們的律師,經過陪審團好奇的目光時,人們不禁想知道她在想甚麼。

不難想像,當醫生述說她女兒的身體被辯護席上的兩名女性如野獸般殘忍的撕裂時,一位母親的心理會有多麼的激動。

很可能的,她認為莉和塔米也是吸毒者,就像她的女兒一樣。畢竟,他們都曾住在卡迪希爾。

茱蒂一直是這個家庭的大家長。她的前夫從未能夠像她那樣照顧金。茱蒂已經盡了一切努力,包括將金轉到一所私立基督教高中,帕克・蘭學院,這樣她就能在缺席多日學校課程後仍然能畢業。她送她美麗的女兒去南密西西比大學,一所在哈蒂斯堡非常優異的大學。

當茱蒂努力獲得護理學位時,她的前夫最終死於癌症。而茱

蒂的母親被診斷出患有阿茲海默症。茱蒂在同一學期並不知道金發生的悲劇,當金從學校請假時,茱蒂並未察覺奇怪,因為所有的失落都籠罩在她周圍。她並未發覺金的問題。

在卡迪希爾接受治療後,金受了重傷,陷入生死搏鬥。茱蒂接到了妹妹的電話,告訴她金被送往醫院且陷入昏迷,她們並不指望她能在晚上存活下來。

茱蒂最後知道的是,金在哥倫布的卡迪希爾。

在醫院,茱蒂幾個月來首次看到了她的女兒。她只能無助地坐著,眼看著無數的管子和靜脈輸液器維持著金的生命。不久之後,金被送上救護車,前往醫院,這是一個需要一小時車程才能到達的地方。

事情本不應該演變成這樣,茱蒂讓女兒參加一個又一個的療程,並向阿拉巴馬州的法庭承諾,若金因任何一項商店行竊被指控,將接受戒癮治療。她一次又一次地努力,試圖阻止金陷入痛苦和成癮的生活。

儘管金昏迷不醒,沉浸在藥物之中,對那段可怕的影像毫無記憶,但茱蒂永遠不會忘記。她記得,日復一日,周復一周,她一直鼓勵金重回生活,去讀書,去練習寫作,慢慢地,金開始康復。而茱蒂自己的康復,將從法庭上的證人席開始。那天早上,茱蒂把金帶進車裡;一種不祥的預感令她們窒息。這並不是糟糕的一天,而是為女兒遭受的殘酷行為報仇的一天。

對於誰病態到能做出這樣的事情,並且從中獲得快樂——「性滿足」,茱蒂心中毫無疑問。就是那兩個女同志,現在坐在幾英尺遠的地方,而茱蒂坐在證人椅上,開始專注於檢察官的問題。她相信——不,她深知——是莉和塔米對金進行了殘忍的傷

害。

「當得知她住院之前，你是否意識到有什麼問題或異常？」地區檢察官朗普頓問道。

茱蒂說，當她到達時，醫生告訴她，金是「性侵、毒品以及惡意攻擊」的受害者。

茱蒂留在金的床邊，而她的姐夫、沃爾索爾縣的副警長則去與金的男友迪基交談，試圖了解發生了什麼事。

當韋斯特醫生請求茱蒂允許對金進行檢查時，她也在場。茱蒂簽署了授權書，允許韋斯特醫生拍攝金的身體。她親眼目睹醫生對她進行錄影，當時她赤身裸體，不省人事。

茱蒂看著電動剪刀發出嗡嗡聲，女兒的棕色長髮飄落在病房的地板上。曾經閃亮、充滿活力的頭髮現在毫無生氣，油膩膩的。她的女兒被赤裸裸地翻來翻去。儘管護士們注意維持生命的點滴，以維持氧氣和營養物質的流動，從而維續金的生命，但手術過程的還是冰冷地令人不安。她女兒的雙腿被分開，以便醫生進行檢查。然後，醫生證實了她曾受到野蠻的對待。

「你後來親眼目睹了在布魯克海文發生的事情嗎？」朗普頓問。

「是的！」茱蒂回答。「我人當時就在醫院。」

「我看到了她的胸部，它們的尺寸是正常尺寸的三倍大。她的乳頭呈現紅色，看起來被挖傷或燒傷，」茱蒂說。「在她的私密處，那是鑿痕、咬痕，或者像是野獸襲擊了她，她的臀部有一個巨大的紅色區域。而且她的頭上有三個地方，看起來受到了嚴重的打擊。」

茱蒂為這一天進行了預演，與朗普頓合作確保她能夠冷靜地

按照他的指示,且聽起來專業得像一名護士。

「她昏迷了近兩週。」

她停頓了一下,然後繼續向陪審團描述影片內容。

「正如你們所看到的,她的陰唇部分被咬掉或咬傷了。這些是在那個區域的劃痕或咬痕。而這是當她昏迷時,她的眼睛腫脹,必須依賴呼吸器,且處於昏迷狀態。」

「不,我沒有意識到。」

「那裡的陰蒂區域傷口並不是舊的。而這部分被啃掉或咀嚼掉。這個陰蒂區域受到如此大的破壞力,以至於壞死。」

莉的辯護律師站了起來。「法官大人。」巴奈特說。「我反對他們對傷勢做出醫學結論,而不是僅僅指出傷勢。」

「你會有機會詰問她。」史密斯法官輕蔑地回答。

茱蒂繼續述說。

「這些就像是咬痕一樣。你們看,所有這些在陰部的外觀非常不自然。整個區域受到了嚴重的創傷,而且這麼紅表示這不是舊傷。」

根據這些,茱蒂計算了受傷的時長。

茱蒂回憶起她第一次找到莉和塔米在哥倫布的地址以及他們列出的電話號碼時的情景。茱蒂記得她5月絕望地以匿名電話打給莉的家,她憤怒地啜泣著,在電話裡哭訴莉如何謀殺了她的女兒。她也記得檢察官打電話來,告訴她她和她的家人不應該再打電話給莉。莉使用來電顯示發現這些電話是從茱蒂家的家用電話打來的。夏拉媽媽先通知了警察,然後再通知了地區檢察官辦公室。

她記得在那之後她再次給他們打電話,這次表明了自己的身

分,並詢問他們的情況,她讓她的聲音和舉止保持像高梁一樣甜美,她堅持了一個小時,試圖從他們那裡得到任何訊息,也試圖在不提及先前致電的情況下為自己開脫。

「米爾斯太太,你有機會與莉和塔米交談嗎?」朗普頓問。

「不,我不想和他們說話。」

這不是朗普頓想聽到的答案,所以他再問了一次。

「我想問一下,你是否曾試圖從他們那裡打聽你女兒發生了什麼事?」

茱蒂回頭說:「我想澄清一下,當我說我從未有機會與他們交談時,我確實在我知悉全部情況之前給他們打過電話,問過他們是否知道——是否能幫我找出金是如何受傷的。但他們不知道她是怎麼受傷的。」

「他們有沒有提到她頭部受傷了?」

「哦,沒有。」茱蒂宣稱。「他們沒有提到類似的事情,因為金有毒品問題,因此更容易將其歸咎於毒品。」

辯方詰問很簡短,茱蒂認為這是對方對她的同情與憐憫。

「米爾斯太太,我知道這對你來說很難。」巴奈特說。「所以我會盡量簡短一點。當你女兒入院時,你知道初步診斷是什麼嗎?」

「我想想,一開始他們說這是吸毒過量,」茱蒂回答。

「好的。」巴奈特說。

但顯然,情況並不是如此,至少茱蒂不這麼認為。

「我想,他們之所以這麼說,是因為這兩個藥物成癮者總是告訴他們事實是這樣。」茱蒂宣稱道。「所以醫院方相信了他們的話。」

當茱蒂從證人席上走下來，走過律師們，走過被審訊的女性們時，茱蒂昂首闊步。她內心可能充滿了各種情緒——很可能是對有人竟然如此嚴重地傷害她女兒的憤怒——但這些情感仍然被她掩藏了起來。至少暫時是這樣。

**瓊斯警探出庭作證**

接下來出庭的是在布魯德郡警察局工作了二十七年的瓊斯警官。瓊斯警年輕時曾是一名拳擊手，透過與非正式的空手格鬥來取得獎金。他身材並不高大，但他持續戰鬥，直到一個對手弄瞎了他的眼睛。之後他成為一名警察，最後成為一名警探。

瓊斯受到朗普頓的質問。「我想遞給你一張看起來像是照片的東西，如果可以的話，請告訴陪審團那張照片代表什麼。」

瓊斯知道這張照片；他拍攝過這張照片。

「這是整個陰道腫脹的照片。」

「那是誰的陰道？」

「這是金的陰道。」

「那張照片是否準確地展示了你拍攝那張照片時她的身體？」

「是的。」

「我想再給你一張照片，請你幫我們辨認一下。」

「這是金的乳頭區域，全部腫脹、發紅。」瓊斯作證說。

朗普頓說：「我想再給你看另一張照片，你能否幫我們辨認這張照片。」

「這些看起來像激情留下的印記，還有一些在金的右臀上的瘀傷。」

「那是在你 8 號去醫院的時候看到的嗎？」

「是的。」

瓊斯向陪審團陳述了他的觀點：「那些女孩」將金放進了莉的卡車後面的後車箱。他表示他在康福特旅館的監視錄影中看到了這一幕。

莉知道有監視錄影機，她事前甚至確認了它們的存在，然後才決定在康福特旅館過夜。她想確保她卡車裡的東西不會被偷。

現在，這套監視錄影系統正被瓊斯警採用來對付她。瓊斯相信在卡迪山發生的並非偶然。他甚至不去哥倫布調查；他深信任何襲擊都發生在布魯德郡。

「在你的調查過程中，塔米和莉在什麼時候從無辜第三人變成了嫌疑犯？」莉的辯護律師問。

「當我看了那段錄影的時候。」瓊斯作證道。「我整個周末都花在看那些錄影上。我相信我所看到的事，我相信莉走到卡車後面，舉起後車箱，把一個人從那個後車箱中抱起來，然後下了卡車，走進 109 號房間。」

**卡迪希爾的目擊者**

檢方傳喚了兩位與莉、塔米和金在卡迪希爾交情匪淺的證人。在卡迪希爾居住期間，莎曼珊和凱西開始和治療區的男性約會，雖然男女應該接受分開治療，男女只應在小組談話時互動，但凱西和莎曼珊還是都找到了男朋友。

然而，凱西和莎曼珊被傳喚的目的並非討論男女之事，而是涉及塔米和莉之間的關係。

朗普頓問莎曼珊說：「塔米和莉之間是否存在特殊的關係？

她們的關係是否有什麼不尋常的地方？」

莎曼珊回答說：「我知道那天晚上我們離開的時候，在星期天，她們之間應該發生了一些事情。她們那個週末一起離開，而回來的那天晚上，她們對彼此表現的親密。我認為她們是在交往的。」

「你說你認為她們在一起時，你的意思是她們正在一段感情關係中？」

「可能是。」

「她們彼此之間的互動如何？」

「是充滿感情的。」莎曼珊說。「我看到——嗯，我看到她們親吻對方的嘴唇，然後離開房間去抽煙。」

「這讓你感到不舒服嗎？」

「是的。」

凱西作證說，莉和塔米的友誼發展成為親密關係。

莉的律師試圖減輕證詞產生的影響。「現在你說的另一件事讓我感到擔憂，我想澄清一下這件事。這兩個女孩建立關係對你來說是有問題的嗎？」

「不。」凱西回答道。

**金的男友迪基出現在證人席**

金的前男友迪基短暫出庭作證。

「你的年齡？」

「四十四、五歲」

「你住在哪？」

「住哪不是重要的問題。」迪基回答。

一開始的基本問答有些波折、迪基對個人有些資訊的問答有所保留，檢方決定放棄了進一步的個人基本資料的問答。

「我不知道該怎樣以婉轉的方式提問這個問題。你是否知道金的陰道或陰唇的任何部分是否缺失？」檢察官問道。

迪基回答說：「如果有缺失的話，我會知道的。」

「在你認識她的時候，她的生殖器完全正常嗎？」

「是的，完全正常。」迪基說。

## 莫克醫生的證詞

莫克是最初對金進行治療的急診室醫生，他為檢方作證。他表示，金入院時體溫偏低，並且正在經歷多重器官衰竭。

「這與將冰塊放在某人身上幾個小時是否一致？」檢察官問。

瓊斯警探曾作證稱，莉曾多次前往自動販賣區取冰，他認為這很可疑。他們的推論開始變得明朗。

「是的。做一些如冰凍身體、在你周圍放冰塊以及冷卻身體之類的事情就會符合這種體溫。」

莫克醫生繼續說道：「我觀察到這位年輕女士的傷口，首先，她的乳房和乳頭周圍有很多腫脹，像是牙痕或抓傷一樣。」

他接著說：「她的臀部上有紅印，我在筆記中描述，我沒辦法用更清楚的方式形容，就像有人用皮帶、木條或木棍之類的東西打她一樣——她的臀部上有痕跡。」他承認，儘管相信金遭受了性虐待而進行了性侵害的檢測，但醫院人員並沒有檢查她的肛門。

莉的律師對襲擊的假設提出質疑。「這些雖然粗暴但仍可能

是經過雙方同意的性行為，不是嗎？」

「是的，確實有可能是這樣沒錯。」莫克醫生回答。

「僅僅從檢查患者的角度，您並不能確定是經過同意還是非同意的，是嗎？」

「當我們使用『合意』這個詞時……是指兩個人之間有性行為，他們願意且有正常的性關係。我觀察到的傷害模式不是這樣的，但如果情況是一場粗暴——我想稱之為不正常的性接觸，則有可能是你說的那樣。」

# 第十章
# 將酷兒（Queerness）[1]定為刑事犯罪

　　酷兒在法庭上可能被定位為兩種角色：一個是仇恨犯罪的受害者，另一個是性犯罪者。此外，我們的身分往往被隱瞞，因為酷兒身分在某程度上仍然被視為是種罪過。

　　身為酷兒，我們曾經被關進監獄，失去工作，被拒絕租房。即使我們的身分不再被視為非法，但我們的性取向和性別認同仍然受到污名化，被當作一種怪異的現象。人們會問我和我的妻子如何做愛。

　　安娜・瓦斯奎茲（Anna Vasquez）是國家冤獄網路（National Innocence Network）的董事會成員、無罪的女同性戀，也是聖安東尼四人組（San Antonio Four）的成員。聖安東尼四人組是由拉丁裔女同性戀者組成，他們都曾被莫須有的兒童性犯罪罪行所定罪。

　　只有不到百分之五的女性涉嫌對兒童的性虐待，而且通常是成年人對青少年犯下性侵犯行。檢察官指控聖安東尼四人組對兩名年幼女孩進行性騷擾，該州的兒科專家作證稱所指控的行為與

---

[1] 對所有性取向並非異性戀、性別認同非二元性別或非順性別的人的統稱。

「與撒旦有關」。而這四名女性剛在指控發生前不久向家人出櫃。

當安娜在 1990 年代初接受審判時,她告訴我:「他們對女同性戀很不友善,我甚至受到我的律師施壓,『妳必須穿上裙子,梳理妳的頭髮。』,他說我看起來像個女同性戀,而其他一些女性只是『一個漂亮的女孩』。總之,人們會更願意幫助她而不是我。」

因此,安娜改變了她的外表。「當然了,我在遷就這個男人——他是個徹底的白痴。我感覺我是如此虛偽,這並不是我。」安娜對整個經歷和審判的過程感到非常沮喪。「至少在你憎恨一個人之前應該了解他們。」她對我說。

成年後,小女孩史蒂芬妮撤回了她的審判證詞,表示虐待她的父親對她施壓與威脅——她的父親曾向其中一名被告示愛,但遭到拒絕。十五年後,聖安東尼四人組的冤案終於被平反了。

在每年的全國冤獄網路大會上,我很少看到公開同性戀身分的冤獄者。我和安娜討論過這種現象,她覺得冤獄者中公開出櫃的稀少令她感到孤獨。在全國冤獄登記冊上,公開 LGBTQIA+ 身分的人非常少[2]。是因為他們被忽視,或是他們隱藏了身分,又或者他們被律師強迫隱瞞身分?

在法庭上是否要隱瞞性傾向,是一個不容易的問題。在密西西比州,我穿著淺色裙子套裝和碎花連身裙,穿高跟鞋並化妝,

---

[2] LGBTQIA+ 是由七個英文單字的字首所組成的縮寫,分別為:L女同性戀者、G男同性戀者、B雙性戀者、T跨性別者、Q酷兒、I雙性者、A無性戀者、+則為以上所未提及或尚未找到描述方式的性向所提供的詮釋。

以免我的客戶有對性傾向的偏見。被告被鼓勵以各種方式隱瞞，不僅是在性取向方面——戴眼鏡、穿西裝、男性短髮和女性長髮、顯得富有同情心，最重要的是不要顯得兇悍。

但是隱瞞可能會傷害到自己，冤獄律師兼女同性戀凱倫曾深刻地告訴我：「在體制中，有關較陽剛女性的特定問題通常會被混淆或忽視。對大多數女性來說，當她們的特殊性沒有被看見時，她們真的很難生存。」

## 將酷兒群體病態化

在美國，犯罪痕跡不停地穿梭於 LGBT「L 女同性戀者、G 男同性戀者、B 雙性戀者與 T 跨性別者」人士的生活之中。這是同性戀和性別異類不斷與危險、墮落、混亂、詐欺、疾病、傳染、性掠奪、顛覆、侵犯、背叛和暴力等概念緊密結合的產物……。（《酷兒（非）正義：美國 LGBT 人群的刑事化》）

歷史上，精神科醫生曾將 LGBTQ+ 人士歸類為精神疾病。

他們還將逃離奴隸制度的黑人奴隸標籤為患有一種心理障礙，即「逃奴症」。自由和自我保護——為了他人的目的和控制而重新貼上標籤。

酷兒群體不屬於異性戀，錯誤的標記比比皆是：危險、墮落、暴力。學者們討論了這些標記或「酷兒犯罪原型」，它們直接影響對酷兒或性別難以接受的人的監管和懲罰。

早在塔米和莉的審判之前，女同性戀和女性精神病的緊密關聯就已經長久存在。

在第二次世界大戰期間，犯罪學家透過關注被監禁的女同性戀者，將女同性戀者標記為「具有威脅性的社會類型」。而種族

影響了這些描述，犯罪學家將被監禁的白人女同性戀視為受害者或只是「暫時」的女同性戀。但到了二十世紀 60 年代，犯罪學家將所有被監禁的女同性戀者貼上「性侵犯者」的標籤，尤其是白人工人階級女同性戀者。

女同性戀者在死刑名單上的比例很高。在 1993 年的案例研究中發現，被判死刑的女性經常被描述為「男性化」和「憎恨男性」。她們因為違反法律和違抗性別角色和女性特徵而接受審判和懲罰。即使她們的同性戀身分未經確認，媒體仍將這些女性描述為可能是女同性戀，或者描繪她們為男性化。

媒體很少報導死刑名單上的大多數女性都是虐待的倖存者。

相反的，這些事實通過宣稱受害者是女同性戀，來為男性對女性的暴力行為辯護。

在監獄中發生同性性關係的女性的數量，使得在女同性戀者和非女同性戀者之間劃分變得令人困惑。然而，若她們在監獄之外承認這此事，她們的性行為可能被作為她們入獄的理由。儘管數十年的研究已經證明LGBTQ+人士本質上並非具有掠奪性、病理性或異常性，但LGBTQ+身分仍然被犯罪化、醫學化和病理化。

檢察官和媒體還會描述酷兒為性異常，越過異性戀規範的界線──導致誤判。即使在真正的犯罪者魯迪．格德（Rudy Guede）被定罪後，冤罪者阿曼達．諾克斯（Amanda Knox）仍然遭檢察官迫使接受審判，檢察官指控她涉及與被害人卡去參與一場「失控的性遊戲」。多年後，媒體仍然公開詢問諾克斯是否「迷戀變態性行為」──似乎認為這一點也會證明謀殺的罪行。

法官、陪審團、檢察官和辯護律師順著這些危險、墮落和暴力的酷兒故事情節來解釋並將酷兒定罪。無論個人是否曾犯罪或

造成任何傷害,這些故事都存在。這些故事與種族、貧窮和移民身分重疊且交織。

刑事體系依賴創造二元:無辜或有罪、守法或違法、好或壞。法律將可接受的行為規範與既有偏見一起編入法典,以控制行為。然後,刑事法律系統會排斥和懲罰違反這些法律的人。

但是,定罪只有在——法律和懲罰是公正的——情況下才能維持其正當性。

而事實並非如此。

## 對酷兒身分的入罪化歷史

二十世紀 50 年代,所有州都將肛交定為犯罪。檢察官和警察對那些看起來酷兒和有酷兒性行為的人進行不定期的懲罰。儘管這些法律也適用於異性戀者,但男同性戀者幾乎都因違法行為而受到起訴。1960 年代,肛交罪的刑罰從兩年到十年不等。

對穿著跨性別服裝或「偽裝」自己的法律可以追溯到 1845 年。這些被稱為奢侈法(sumptuary laws)[3]的法律規定了人們應該穿著的服飾,一直實施到 1980 年代。如果人們穿著少於三件符合其出生性別的衣物,他們就會被視為犯罪分子。

1800 年代末,對衣著規範的法律隨著社會中許多階級制度的瓦解而激增——奴隸制的廢除、婦女要求經濟和社會平等,以

---

[3] 奢侈法是規範消費的法律。一般指限制奢侈而制定的法律,特別是針對服裝、食品、傢俱或鞋子等的過度支出,通常是出於宗教或道德原因。法律意旨在藉由限制衣著、食物和奢侈支出來規範和加強社會階級制度和道德,這通常根據一個人的社會階級而安排。這些法律經常禁止平民模仿貴族的外表,並可能被用來對弱勢群體污名化。

及將投票權擴展到富有的白人男性之外。隨著 LGBTQ+ 次文化在大城市出現，立法機構通過了奢侈法，以加強對性別和性行為的控制。警察的目標是酷兒族群等非異性戀者。女同性戀者必須顯示她們穿著三件女性服裝，來避免被警察的窺探和暴力逮捕。在紐約，個人不能在公共場合「偽裝」，法院也會懲罰「異性裝」，因為「保護不受跨性別者欺騙的公共利益優越於跨性別者隱瞞變性的願望」。

這些法律和禁令表明每個人都必須遵守——包括穿著和行為方式——不僅僅是針對酷兒。

在加州，州政府擔心同性戀人口不斷增長，以嚴厲的懲罰和警察暴力作為手段。洛杉磯於 1889 年頒布了最早的奢侈法之一。然後在 1915 年，加州修正了這項法律，並將口交定為重罪。警察會因出於非法目的「偽裝」他人的衣服而逮捕人民。

在「創造同性戀歷史（Making Gay History）」媒體中，伊凡達・史密斯（Evander Smith）和艾伯特・唐納森（Herbert Donaldson）描述了 1965 年警方對舊金山酷兒新年狂歡節舞會的突襲。伊凡達和艾伯特都是律師，組織了這場舞會並抗議警方關閉舞會。而他們隨後被逮捕，且他們的名字被刊登在報紙上。最後伊凡達丟了工作。

艾伯特：「然而有些人感到害怕，尤其是學校老師。我記得有幾位女性是學校老師。他們必須如此⋯⋯他們想從後門溜出去，所以他們⋯⋯因為（警察）對每個離開的人拍照。」

艾伯特：「他們逮捕了那兩個站在椅子上看東西的人，記得嗎？」

伊凡達：「是的，我都忘了這回事，我不記得他們後來怎麼樣了。」

艾伯特：「嗯，我們替他們辯護，但他們被判有罪。」

訪問者：「他們因為什麼罪名被判有罪？」

艾伯特：「猥褻行為」。

訪問者：「在舞會上的兩個人？」

艾伯特：「是的，嗯，因為警方，他們必須證明警方的這些行動⋯⋯。」

伊凡達：「⋯⋯都是合法的。」

艾伯特：「是的，所以他們指控這些人互相撫摸。」但他們並沒有互相撫摸。伊凡達為其中一個辯護，我為另一個。

陪審團裁定後，法官說，他說：「我從未預料到這點。」他以為他們不會被定罪。

然後法官說：「他們已經受夠多的苦了，我裁定罰款他們二十五美元。」

伊凡達：「但你看到那裡的悲劇生活了嗎？因為那兩個可憐的人⋯⋯」

艾伯特：「⋯⋯他們什麼都沒做！」

伊凡達：「他們必須記下，我在一場淫亂的舞會上因與另一個男人進行淫亂行為而被逮捕。」

唐納森：「當時，647a是已經生效了的[4]。記得，根據⋯⋯？」

---

[4] 一個過去存在於加州法典中的法條，它涉及猥褻行為的指控。被定罪的個人不僅面臨法律上的處罰，還必須在性犯罪者登記名冊上登記，這會嚴重影響他們的職業和社會身分，因為這種紀錄是公開的，且與極大的社會污名聯結。

艾伯特：「是的，確實有很多人……」
訪問者：「所以他們無法被聯邦政府僱用。你無法找到工作。」
艾伯特和伊凡達：「哦，不。不，不。」
伊凡達：「絕對沒辦法。而且如果他們有證書……」
艾伯特：「……它會被收回。他們會把它收回。」

「猥褻行為」法律仍然存在，並用於針對跨性別和有色人種酷兒。個別官員決定怎樣算是「猥褻」以及誰應該被逮捕。

## 爭取改變形象

在 1950 年代的美國，新成立的同性戀團體開始努力改變社會對他們的評價。像有團體大聲地主張，酷兒不是犯罪，也不是心理疾病。到了 1960 年代，著名作家羅倫甚至在雜誌「梯子」上發表文章，並在「第一雜誌」上以化名發表文章。

在 1961 年，伊利諾伊州成為第一個合法化合意肛交的州。這標誌著一波除罪化的浪潮，特別是當州採用了「模範刑法典（Model Penal Code）」，該法典未將成年人的合意肛交定為犯罪。

隨著政府將同性戀除罪化，越來越少的精神科醫生將這種行為視為心理疾病。同性戀活動人士利用艾佛德和胡克（Alfred Kinsey and Evelyn Hooker）的實證研究，公開主張精神醫學界取消將同性戀診斷為心理疾病。在 1973 年，同性戀從「精神疾病診斷與統計手冊」（DSM）中被刪除。

1966 年舊金山康普頓咖啡館騷亂和 1969 年紐約市的石牆騷

亂抗議活動推動了合意肛交和奢侈法的除罪化，提高了酷兒群體的可見度。在 1960 年代和 1970 年代，同性戀和非裔活動家共同抗議針對他們身分的執法和懲罰。然而，一些州仍將肛交定為犯罪，且美國最高法院支持這些法律。在伊利諾伊州首次對肛交行為除罪化的 25 年後，最高法院在 1986 年的鮑爾斯控告哈德威克案（Bowers v. Hardwick）中支持了喬治亞州的反肛交法。

最高法院以社會否定同性戀者為由支持這項法律。在附帶意見中，首席大法官寫道：

> 與同性戀行為有關的個人自主決定在西方文明的歷史上一直受到國家的干預。對這些行為的譴責牢固地植根於猶太基督教的道德和倫理標準……黑石將「反自然的可恥罪行」描述為比強姦更「深層邪惡」的罪行，是一種「提及此事已是人類的恥辱」以及「不值一提的罪行……」。宣稱同性戀肛交的行為在某種程度上受到基本權利的保護，就等於拋棄數千年的道德教導。

1986 年的這一判決恰逢愛滋健康危機之際。酷兒族群因聲稱自己是同性戀而遭到唾棄、攻擊，甚至被殺害。

特別是同性戀男性，與注射藥物使用者一同死於愛滋病，後者也是一個被邊緣化的群體。食品和藥物管理局用於愛滋病研究和治療的預算微不足道。雷根總統拒絕提及愛滋病這個詞，並拒絕解決健康危機。

與此同時，因托兒所出現「撒旦儀式虐待（satanic ritualistic abuse）」引起全國憤慨，同性戀男女在這場恐慌中被不當定罪。

人們恐懼酷兒作為性侵犯者的形象。第一個因撒旦儀式虐待而被定罪的是 1985 年的伯納德・巴蘭（Bernard Baran），他是一名男老師，也是一名托兒所工作者，最近才公開表明自己是同性戀。當時，連異性戀也被捲入這些指控的被告行列。但在 1987 年，酷兒團結起來，發聲反對偏見和刻板印象。該年，酷兒活動家組織了 ACT UP（愛滋病釋放力量聯盟），強力打破有關 LGBTQ+ 人群和愛滋病的謠言。組織者帶領「以死示威」活動，收回了納粹時代的粉紅三角形同性戀象徵，高聲宣稱「沉默等於死亡」。

ACT UP（愛滋病釋放力量聯盟）公開了同性戀因愛滋病而死亡的情況，並推動與食品和藥物管理局進行對話。就像前一代的精神科醫生一樣，LGBTQ+ 活動人士也利用數據來改變醫療保健。這次，他們利用研究為愛滋病毒陽性者自願測試實驗藥物提供了可行的建議。他們的激進主義和改革建議的雙管齊下策略，促使政府資助愛滋病研究，使愛滋病毒陽性患者獲得新的治療，並鼓勵新一代公開出櫃。一些法官駁回了對 ACT UP（愛滋病釋放力量聯盟）組織者的抗議控訴，並撤銷了對同性戀者的刑事指控，理由是違反公平原則——「為了正義」。

到了1996年，科學家找到治療愛滋病的方法。到2003年，已有40個州將雞姦合法化。密西西比州是十個沒有這樣做的州之一。

2003年，美國最高法院在勞倫斯控告德州案Lawrence v. Texas中作出裁決，終於使成年人之間自願的私人性行為合法化。法院認為「反雞姦法」違反憲法，因為它們侵犯了個人的隱私權。

勞倫斯控告德州案中法官們並非一致裁決。史考利亞（Scalia）法官尖銳的不同意見，讀起來就像是對酷兒群體刻板

印象的總結:「法院在文化戰爭中選邊站,背離了其作為中立觀察者確保民主參與的角色。許多美國人不希望從事同性戀的人成為他們的生意夥伴、孩子的童軍隊長、孩子學校的老師或家裡的寄宿生。他們認為這是為了保護自己和家人免受他們認為不道德和不正常的生活方式的影響。」

然而,成年人之間的私人性行為現在是合法的,而且有一種爭議性的敘述正在傳達。

儘管上述德州法案使這些法律違憲,密西西比法典 §97-29-59 仍然將同性間合意的口交和肛交認為是犯罪。一些州仍然有法律禁止合意的口交。在法典中,愛達荷州將「影響名譽的反自然犯罪」定為刑事犯罪,佛羅里達州禁止「不自然的行為」,德克薩斯州則禁止「同性戀行為」。

雖然這些法律無法強制執行,但它們可以為警方逮捕同性戀者行為提供掩護,當路易斯安那州巴吞魯日市的一名治安官根據州反肛交法規實施「誘捕」行動逮捕同性戀男子時,他告訴媒體,「這是路易斯安那州目前的一項法律,治安官負責執行路易斯安那州立法機關通過的法律……法律是否有效由法院決定,而治安官將執行已頒布的法律。」

最後檢察官公開撤銷了這些起訴。形象是可以改變的,且掌權者可以選擇做出不同的決定。

## 莉和塔米於審判時期的酷兒身分遭定罪

密西西比法典 §97-29-59:任何犯下與人類或與牲畜發生可憎和可惡的反自然罪行的人,將被判處監禁,最長不超

過十年。

如果你在 2000 年打開收音機，你會聽到魯許・林柏和勞拉・施萊辛格醫生（Rush Limbaugh and Dr. Laura Schlessinger）譴責同性戀，稱同性戀者為「異常者」。勞拉醫生聲稱「很大一部分男性同性戀群體對年輕男孩具有侵略性」，並警告聽眾注意「激進的同性戀」。「新聞周刊」2000 年 3 月 20 日的一項民意調查發現，「57% 的公眾反對同性婚姻；50% 的人認為同性戀不應該收養子女；36% 的人認為同性戀不應該當小學老師。」立法機關提出並通過了「婚姻保護法 Defense Of Marriage Acts（DOMA）」，以防止同性婚姻。

這就是 2001 年六月對莉和塔米進行審判的文化背景。

殺害酷兒的人可以聲稱他們有「同性戀恐慌（Gay Panic）」或「跨性別恐慌（Trans Panic）」為其辯護，受害者做出了性暗示，而攻擊者在恐慌中做出了暴力反應。這個藉口如果被接受，就會減輕攻擊者在法庭上的責任。畢竟，他們無法控制自己的厭惡。然而，如果一個跨性別者或酷兒被懷疑傷害了一個異性戀者，就無法提出這樣的辯護。跨性別者可能會被判有罪，即使他們的行為是出於自衛。

珍妮特・莫克（Janet Mock）製作並導演了電視連續劇「姿勢（Pose）」，重點關注二十世紀 90 年代紐約市舞廳場景中的跨性別女性和有色人種酷兒。許多劇集都展示了因酷兒而被定罪的現實。

在一集中，跨性別女性兼家庭主婦艾麗卡扮演性愛施虐者時，發現她的對象因藥物過量而死亡。她和她的跨性別女性朋友

們煩惱是否要報警,他們擔心艾麗卡會被懷疑殺害了他,並遭指控而被定罪。最後,他們決定給屍體塗上石灰,然後將屍體放入她衣櫃裡的行李箱中。

根據珍妮特的說法,這個故事是根據紐約市的跨性別女性多莉安・科里(Dorian Corey)改編的。多莉安創立了以自己為名的時尚品牌——科里,在時裝大會上贏得了五十多個大獎,並在經典紀錄片「巴黎在燃燒」中進行了介紹。當多莉安死於愛滋病時,她的朋友們在她衣櫃裡的一個行李箱裡發現了她的前情人,包裹在皮革裡,他已經死了十五年了。

無論是有罪或無辜的同志族群都不曾指望從警察、檢察官或法庭訴訟中得到正義。

**偽裝成異性戀**

所有這些歷史都讓我們回到了過去。

塔米有著搖滾風的蓬鬆短髮和工裝褲,符合一些有關女同志的刻板印象。調查警員諾蘭和金的男朋友都稱呼塔米為「女漢子」。

莉因為她的外表獲得了更多男性的同情——一位年輕、無害的傳統女性。他們甚至認為她很天真,只是因為塔米的強迫或操控才參與女同性戀關係。而金,她隱藏——或者被迫隱藏——成異性戀,因此所有的恐同敵意都集中在被告身上。

偽裝成異性戀者對個人來說較安全,但同時也因為減少酷兒的能見度而危害社群。較少的有色人種能夠偽裝成另一個種族。

法蘭・茲方諾(Frantz Fanon)描述了在法國的殖民主義種族主義中,他自己的顯性黑人特徵:

> 我的身體被歸還給我，在那個白色的冬天裡，我穿著喪服，四肢伸展，扭曲，重新著色。

方諾描述有時渴望消失在人群中，成為「與其他的男人一樣」──成為一個中立、普通的公民。

在莉和塔米的審判中，異性戀的白人男性專注凝視著金，他以正常目光觀看她支離破碎且赤裸的身體。而對酷兒被告則有著截然不同的眼神。「不是由我為自己這個人賦予意義，而是已經存在、既定的意義在等待我。」如法蘭茲所精闢地描述的那樣。

我想像了一個平行宇宙，韋斯特醫生決定將塔米的牙齒模具與他想像中的咬痕相匹配。也許檢方不會對莉提出指控，因為她的外表更加女性化，她很年輕，她有一頭長長的金髮而且希拉媽媽亦表示贊同。

塔米無法迴避她的外貌，無法在人群中消失。有關異常、惡性變態、罪犯的刻板印象被強加給了塔米，使她遭受批評、敵意和仇恨，即使塔米是一個如此善良、慷慨、無害的人。

接著，也許莉將會被迫作證指控塔米。被迫作偽證。被迫轉移焦點和責任，將其集中於她親愛的朋友身上，以保全自己。

這正是我們刑事司法體系迫使人們做出的決定。

比起起訴塔米，警方對起訴莉更加猶豫，即使就已有的「證據」顯示，莉的牙齒據稱與咬傷痕跡相符。

# 第十一章
# 韋斯特醫生（Dr. West）出庭作證

　　接下來一天半的時間，審判被一個人的證詞所佔據：韋斯特醫生。韋斯特醫生是檢方專家，負責停車場的影片以及金的屍體。現在韋斯特醫生拍攝金的影片被歸類為醫學影片。

　　韋斯特醫生畢業於牙科學校，然後在空軍擔任法醫牙科官長達三年。離開空軍後，他在密西西比州福雷斯特縣擔任了十五年的法醫，負責參與驗屍工作。

　　韋斯特醫生定期為密西西比州各地的檢察官作證。他曾就咬痕、傷口模式分析和血跡模式分析等法醫學科作證，而這些學科在 2009 年被美國國家科學院批評為不可靠。韋斯特醫生還經常在密西西比州和喬治亞州的警察培訓學院和密西西比檢察官學院講課。

　　在證人席上，韋斯特醫生滔滔不絕地講述了他被譽為咬痕專家的案例，其中包括甘迺迪・布魯爾（Kennedy Brewer）的案例。

　　我的最後一個案例是「班克斯控告國家案（Banks v. State）」，我喜歡稱之為博洛尼亞案。韋斯特醫生宣稱，「他們對我的表現不太滿意。我們收到了一個香腸三明治，這是一起謀殺案的證據。有人咬了兩三口香腸三明治，他們把它交給我，問我這是女

性的咬痕還是男性的咬痕？我們排除了女性咬痕的可能，並鎖定咬痕與男人相符。十八個月後，辯方想看看三明治。但三明治已經充滿黴菌，所以我把它扔掉了，他們說我不應該扔掉它。我總是陷入某種爭議之中。」

在一些案例中，即使 DNA 證據與嫌疑人不符，韋斯特醫生仍堅稱嫌疑人咬了受害者，並稱「確實且毫無疑問」。

史密斯法官接受了韋斯特醫生作為法醫牙科學和咬痕識別領域的專家。

## 韋斯特醫生的後車箱理論

作為一名合格的專家，韋斯特醫生開始概述他的後車箱理論。他表示，他可以在飯店監視器影片中看到金癱軟的身體，特別是他看到金的頭和她兩英尺長的黑髮，並看到莉將金從皮卡車上抬進飯店。

「當然，這讓我感到震驚，」韋斯特醫生作證說。「我告訴瓊斯警探，我說，『天哪，我想看看卡車的那個後車箱。』他說，『我把它放在後面了。』然後我們就出去了，在警察局外面，我們檢查了這個後車箱。」

陪審員們聚精會神地聽著。韋斯特醫生是一位出色的敘事者。

在他看來，後車箱上的鎖扣與金臀部和頭部的傷害相符。

「我們有她被從後車箱抬出來的影片。」韋斯特醫生宣稱。「我們發現她有頭部封閉性傷害，還發現了不只那兩個鎖扣形狀的傷口。那兩個鎖扣相隔三十七英寸。如果你看金，從頭部傷害到大腿傷害正好是三十七英寸。我會再回去檢查她，但這次我會

用電動剃鬚刀剃掉這些頭部傷害周圍的頭髮。」

他表示，他確實這樣做了。

## 播放給陪審團看金的影片

檢察官朗普頓隨後開始播放「醫院錄像」，讓陪審團看到金外陰的靜態畫面。韋斯特醫生解釋說：「我們將展示外陰唇的不對稱性。」

影片接著顯示了三月十日拍攝的金裸體的現場鏡頭。在影片中，護士將昏迷的金翻身，並連接了呼吸機和靜脈注射器，以展示她身體的正反兩面。

隨著影片播放，韋斯特醫生進行解說。他聚焦於金的乳頭，說：「特寫——我不知道那是擦傷、燒傷、還是咬傷導致乳頭斷裂。」

在影片中可以看到他在金的乳房旁邊擺放許多不同的香菸進行比較。「香煙有不同的規格，不同的直徑。駱駝牌的香煙比較寬，大多數香煙是 AA 型的，但維吉尼亞細煙和叫做卡普瑞的香煙，它們非常非常細小」韋斯特醫生告訴陪審團金的乳房上有一個香煙燙傷。

莉的律師提出異議，但史密斯法官允許韋斯特醫生繼續發言。

影片聚焦於金的臀部。韋斯特醫生明確指出，紅色痕跡不只是一個咬痕，還是來自後車箱上的鎖扣的傷害。「只有這個區域，就在這裡，這兩個半圓形的區域，我才認為是人類咬痕，」他說。「剩下的是來自不同類型的傷害。」

在投影機上，韋斯特醫生展示了金臀部上覆蓋的覆盆子大小

的透明片。他告訴陪審團，這個覆盆子大小的傷口是由於後車箱蓋被猛力關上撞擊到金身上造成的。

然而，似乎有個問題，鎖扣的大小與傷害的大小不匹配。

但韋斯特醫生已經想好了答案。他解釋說，鎖扣並不是直接撞擊到金的身上。鎖扣是在她的臀部上進行了「拖曳和滑動」。「想像這個傷害出現在你大腿的側面，當這個東西掉下來時在你身上拖曳而過，很強烈。」韋斯特醫生說。

這暗示著一個清楚的情況——彷彿有人猛力將蓋子砰地合上，將金困在後車箱裡。

然後韋斯特醫生提出了一個令人驚訝的要求。「金有空嗎？」

「有，她有空。」檢察官回答。

就在這時，金從座位上站起來，開始朝法庭前面走去。

當她走近時，韋斯特醫生向她說話。

「親愛的金，你好嗎？」他說。「我可能是多項事情的專家，但髮型設計不是其中之一。」他指的是影片中金的部分剃頭。

他讓她站在陪審團面前。

他指著金的頭開始講解：「如果我們看一下她頭部的這個傷口，位於太陽穴的一側，你會注意到我的捲尺正好延伸——妳可以坐下，親愛的——到我們在醫院拍攝的她大腿上的區域。所以我不僅得知門鎖的大小和位置的資訊，我還知道門鎖的實際長度。」

接著，韋斯特醫生向陪審團提出了他的最終結論。

「我認為有人試圖把金關入這個後車箱，她的頭在這一側，

腳在另一側。在過程中，後車箱被猛力關上，夾傷了她大腿這一端，同時在太陽穴一側造成了傷害。這邊至少有三處，而這邊有三到五處。換句話說，她的大腿受到的打擊比頭部多。」

「還有其他問題嗎？還有什麼你想對金展示的嗎？」檢察官朗普頓問道。

「沒有。」韋斯特醫生說道。「我想就這些了。」

金靜靜地回到了法庭上的座位。

影片畫面轉到臀部傷口，上面有一個咬痕。

韋斯特醫生向陪審團解釋了這個畫面：「現在我在這裡所做的，這是我早期的一些測試，我拿了我不同嫌疑犯的石膏模型，放在皮膚上給它留下一點凹痕。這樣我就可以研究並觀察。」

韋斯特醫生在高架投影儀上展示了臀部傷口的照片。它看起來像是一個模糊的紅色印記，沒有明確的輪廓。

「這個痕跡的很多細節都不見了，是因為它的時間，經過三天了。」韋斯特醫生說。他表示，他能夠確定咬痕是何時造成的。儘管瓊斯警探把這個紅色印記稱為「激情痕跡」或者「吻痕」，韋斯特醫生仍稱其為咬痕。

接著他開始解釋他如何確定誰咬了金。首先，他製作了莉的牙齒印模，並將其放在金臀部的照片上。

他指著高架投影機上的一張放大圖片說：「這三個點代表了三顆牙齒。」「當我將石膏模型放在這個位置，我將第七號牙齒的部分對齊時，第五號和第七號牙齒的尖峰正好落在這兩點。接著是第八號和第九號牙齒，它們在正確的位置、正確的方向和正確的角度上匹配。但由於這個傷害至少有三天的時間，所以我無

法斷言只有這幾顆牙齒,是地球上唯一能夠造成這種印記的牙齒。」

接著,他為這些傷害計時和標註了日期。他聽起來很正式、專業,最重要的是,他令人信服。

韋斯特醫生說,警方告訴他在這個有限的時間內,只有四個人有機會接觸金——莉、塔米、迪克和皮納。而後三者不可能是兇手,韋斯特醫生表示:「從我的觀點,我認為就是這個人,不僅只是可能,我會認為機率很高。」

莉是那個咬傷金的人。不是塔米、迪克或皮納。就是莉。

影片聚焦在的金陰道上。「陰道區域」韋斯特醫生說。「請注意它是腫脹的。我請護士撐開陰唇。注意到左側有陰唇,但右側沒有。」

「這是非常不對稱的,陰唇區域似乎已經被咬傷或咀嚼過,這可能是牙齒留下的痕跡,但我沒有確切的證據,我只是記錄。」他說。「在這裡,我們看到陰唇內側有一些咬傷的痕跡。我們可以看到陰蒂腫脹,形成明顯的扭曲。這些傷害讓我判斷左側的陰唇已經被咬傷,陰蒂區域受到了壓力或極大吸力的影響。」

他繼續說:「當然,缺少了右側的陰唇,我無法斷定,是這個陰唇原本就不存在,或是它被咬斷或被扯掉。我無法斷言。」

檢察官朗普頓插話道:「如果你假設在這些傷害發生之前它們是對稱的——」

「那我更傾向於說它被扯掉或是被咬斷了。」韋斯特醫生作證道。「我在這個陰唇上發現了咀嚼的痕跡,且陰蒂上有嚴重的

吸吮痕跡，正如我所說，缺少了右側的陰唇。如果它存在的話，那麼它肯定是被咬斷的。」

根據他自己的評估，韋斯特醫生將金身上的傷害鑑定為性行為的結果，是口交所造成的：吸吮和咬傷。

韋斯特醫生說金的陰部受傷以科學術語和醫學語言來說是「嚴重的口交」。但他補充說：「是誰咬掉她的陰唇，我不知道。」

### 康福特旅館的監視器畫面

接下來，他們向陪審團展示從康福特監視器中捕捉到的畫面。韋斯特醫生提醒他們：「這不容易看清楚，你們必須仔細看並研究才能知道發生了什麼事。」然後，他聚焦在停在康福特停車場的莉的白色雪佛蘭卡車上。時間標記是在 2000 年 3 月 6 日晚上 10 點 47 分。

「這條銀色或淺色的條紋是卡車上的後車箱蓋，蓋子是打開的。」韋斯特醫生說道。「這是蓋子合上的樣子。」他使用高架投影儀，在兩張監視畫面之間切換，展示後車箱蓋是打開和合上的情況。

「這張圖像畫質很低。你知道的，要看清楚可能會有一些困難。現在我們將向您展示一些原始形式的影片畫面，然後將其放大並進行一些畫質提升。」

韋斯特醫生繼續說：「讓我告訴你有關提升和修改的事情。現今的技術令人驚嘆——十年前，我們不得不把照片寄給 FBI，花費兩萬美元才能得到它們並進行提升。而現在你可以在家裡，使用自己的電腦，且僅需一千美元的軟體就可以進行，以前只有

美國國家航空暨太空總署（NASA）能做到的提升。這就是我們在本案中所做的。」

當檢察官將監視錄影畫面向陪審團播放時，韋斯特醫生指出，「它是用非常糟糕的成像系統錄製的。該系統並不是為拍攝高清照片並將其放大而設計的，只是一個商業級的系統。」

監視器影片顯示四個攝影機畫面在螢幕上組合成網格，只有畫面沒有聲音。在陪審團的注視下，莉駕駛的卡車進入了攝影機的視野，駛入康福特停車場。陪審員看到莉從卡車上下來，走到櫃台——她出現在右上畫面中。莉見了夜間值班人員，當時她詢問了攝影機的情況，但這段影片無法傳達那一刻的真正意義。

隨著影片的繼續播放，可以看到莉帶著房間鑰匙離開櫃台，走向她的卡車。在左下畫面，看到她開車繞到後面的停車場。她停在她被分配的一樓房間前，該畫面並沒有提供對卡車內部的圖像，她與朋友的互動並不可見。然而，韋斯特醫生並不需要能夠看到卡車內部就能知道情況。

「我和瓊斯警探的看法是，金現在就在那個後車箱裡。」韋斯特醫生宣稱。

然而，就在那一刻，影片出現了問題，機器故障了，該段時間內的影片無法觀看。當影片返回時，韋斯特醫生將注意力轉向皮卡車後部的後車箱，此時後車箱已闔上。

韋斯特醫生表示他看到一個高的「女孩」和一個矮的「女孩」。他說他相信這兩個「女孩」是不同的，因為她們的服裝不同——一個穿了一件及膝的T恤，另一個穿著黑色褲子。韋斯特醫生將她們識別為塔米和莉。

韋斯特醫生告訴陪審團，他以五種不同的方式「提升」了影

片的一部分,並將它們拼湊在一起,顯示莉走向卡車,爬進卡車後部,打開後車箱,帶金出去,然後抱著她進了飯店房間。他說這些動作持續了 16 到 20 秒。

他開始敘述五個片段中的第一個段落,說:「這是後車箱——她從前面走過來,再從那裡繞過去,此時後車箱蓋已打開。這裡是頭,可以看到她的頭髮垂下來。後車箱蓋關上。她走進房間,而另一位女孩出來了,她打開後擋板,過來檢查門,之後四處走動檢查一下。」

進入第二個片段,韋斯特醫生說:「她走近後車箱,那裡是一顆有著頭髮的頭,接著闔上蓋子,轉身從卡車上走下來,進入酒店房間。另一位女孩走出來,提起尾門,在卡車前面走動,檢查車門。」

第三部分:「在後面,頭髮飄動。闔上蓋子。這邊有人在走動,你可以看到腿,可以看到她走進去。」

在下一個片段中,畫面被放大以及調高亮度,韋斯特醫生說:「就我而言,最重要的部分是頭髮。你必須想像她把她捧起來,把頭跟頭髮舉起。然後再次經過卡車,看到頭髮搖擺。」

「接著,她從她的雙腿將她抱起,並抱進房間。」韋斯特醫生繼續說道。「注意,那位登上卡車的人,當她轉身時,你可以看到像是黑色褲子的東西。而當另一個女孩走到卡車前面時,你可以看到 T 恤蓋住褲子。」

韋斯特醫生展示了另一個版本。

「這是我最喜歡的。」他告訴陪審團。「她的所有動作,都可以在這裡看到。從這裡走出來,捧起頭和頭髮。站起來,闔上蓋子。轉身,從卡車上走下來。」

現在，又是另一個片段。

「她走出來，走上卡車。從我的觀點，她正在移動的一具癱軟的身體……那裡的黑點，我相信那是金的頭，可以看到頭髮垂下來。現在，回到門口。另一個女孩走出來，關上尾門。走到卡車的前面，檢查門然後回到房間。」

又是另一個片段。

「她走出來，走上卡車。舉起身體，看到頭搖擺、頭髮垂下。轉身走下卡車。」

最終，陪審團總共看了同樣的 16 到 20 秒長度的影片共 25 次。

根據韋斯特醫生的說法，不到半分鐘的時間，莉從卡車後部的後車箱中抱起另一個女人，她的身高和體重與莉差不多，然後將她帶進了酒店房間。

那時，韋斯特醫生改變了莉的整個人生。

而檢方還沒有結束，韋斯特醫生和朗普頓對陪審團準備了一個驚喜。

他們使用錄製重新呈現康福特停車場事件，使用了不同的卡車，但在同一地點，使用同一後車箱，由同一監視攝像頭錄製。陪審團看著韋斯特醫生的牙科助手崔西站在後車箱旁邊。一位名為瑪格莉特的志願者在後車箱裡，頭髮垂在一邊。

「那是瑪格莉特垂下的頭髮。」韋斯特醫生解釋道。「但我相信那是金垂下的頭髮。」

一個漫長的證詞庭訊結束了。法官指示陪審團不要閱讀當地「每日領袖報」有關審判的報導，然後讓他們回家。

**同性性侵的證詞**

次日早晨，韋斯特醫生開始談論他的專業領域：關於咬痕。

「韋斯特醫生，您對您所討論的臀部傷口是否實際上是一個咬痕抱持懷疑的態度嗎？」朗普頓問道。

「她臀部上的痕跡，以牙科觀點來看，就是一個人類的咬痕。」韋斯特醫生回答道。「我強烈的肯定。」

他解釋了該痕跡在非專業人士看來不像咬痕，但對專業人士而言卻是咬痕。「當牙齒在皮膚上拉過時，留下一個痕跡，而外行人可能不會視為咬痕。」他說。在提到金的臀部照片時，他告訴陪審團「我必須承認對於外行來說，這看起來一點都不像是咬痕……」

「在同性性侵案件中，咬痕比異性強姦案更來的常見或更罕見？」朗普頓問道。

「在男同性戀的暴力案件中，似乎更容易出現咬痕。」韋斯特醫生說。「而我對女同性戀涉略較少，也沒有讀到相關文獻資料，但有記錄顯示男同性戀活動中咬痕出現機率要高得多。」

顯然，韋斯特醫生提到同性戀者更有可能咬人，都是未經證實的文獻。這並不令人感到意外，因為他的法醫牙科領域本身就是未經驗證的。韋斯特醫生所說的一切，從匹配莉的牙模型上的點到金臀部上不清楚的覆盆子大小傷口，再到辨認金的身體是如何從莉的卡車後面的後車箱中取出的，以及同性戀者「傾向」咬人，都是毫無基礎且未經驗證的。他的法醫牙科專業、他的「傷口模式分析」、他的影片分析都是將他的假設用科學專業術語所包裝。

但在法庭上，韋斯特醫生是他領域的王者，檢方唯一需要傳

喚的專家。為了重申韋斯特的資格，朗普頓問道：「當您在中國、蘇格蘭、FBI 或向其他牙科醫生講授時，您基本上只是告訴他們您向陪審團所講的內容，展示給他們您如何比較咬痕和所使用的技術，對吧？」

「沒錯，我們會進一步詳細講解，但是是的，這是相同的程序。」韋斯特醫生說。

朗普頓繼續問。

「所以，在強姦案或同性強姦案中，您會期望找到咬痕嗎？在皮膚上找到咬痕是否不尋常？」

「不，這很常見。」韋斯特醫生回答道。

「事實上而言……」朗普頓問。「這幾乎是預料之中的？」

「是的。」

## 理論的缺陷

朗普頓轉向問金頭部和臀部的傷害。「造成金身上的這些痕跡需要多大的力量？」他問韋斯特醫生。

「對於我們在她的大腿上注意到的傷害，我得說這是嚴重的。」韋斯特醫生說。「而且那些已經過三天了，在三天之後仍保持那種清晰度，我必須將其評價為嚴重的傷害。」

「對頭部或臀部的傷害會有多少出血？」朗普頓問。

「頭皮受傷會出很多血。」韋斯特醫生說。「對於我們在她頭部一側看到的傷害，以及醫療記錄提到的低血容性休克，這是一個我無法回答的問題，她的血都去了哪裡。」

這是檢方論點中一個明顯的漏洞。飯店房間或浴室內沒有發現血跡。同樣，後車箱或卡車中也沒有發現。

朗普頓回到後車箱，詢問韋斯特醫生是否進行過任何「實驗」來確定像金這樣體型的人是否可以放入後車箱。

「是的。我有試著把我的助手崔西放入後車箱裡。她今天有來到現場。」

崔西身高五英尺，是模擬再現影片中的女性，她走到法庭前面站在陪審團面前。「那裡有足夠的空間」韋斯特醫生說。

崔西一語不發再次坐下。

直到現在，韋斯特還在持續研究。他的專業知識似乎無邊無際，現在涵蓋了嗎啡、奧施康定和納洛酮的藥理作用。到 2021 年，納洛酮（Narcan）[1]──一種可以逆轉鴉片類藥物過量效應的救生藥物──已經變得非常普遍，可以在布魯克郡當地的一家藥房購買，警察定期來取走它。在 2000 年受審時，朗普頓甚至不知道這個字如何發音。

韋斯特醫生向陪審團解釋了納洛酮的作用，然後解釋了嗎啡或鴉片類藥物的影響，包括減慢呼吸。他分享了自己在拔除智齒之前給牙科患者注射嗎啡的經歷。有三、四次，韋斯特醫生說他注射了過量的嗎啡，導致病人停止了呼吸，然後他再使用納洛酮使他們甦醒。

他對一個明顯危急的情況輕描淡寫的講述。

「我總是告訴他們，我們免費讓你入睡；而叫醒你我們則要收費。」韋斯特醫生說。

朗普頓問及韋斯特醫生對於傷害時間的看法，包括陰道傷

---

[1] 一種挽救生命的藥物，可以緩解鴉片類藥物攝入過量的情況。可製成鼻腔噴霧劑或注射劑，使攝入過量鴉片類藥物並停止呼吸的人恢復正常呼吸。

害,儘管傷害時間容易出錯。

「頭部傷害、陰道傷害和臀部傷害似乎都大致在同一時間內發生。」他回答。雖然他直到星期三才看到這些傷害,但他將它們歸納為星期一發生的。

韋斯特醫生沒有提到評估老化瘀傷的困難,然而臀部的傷害正是一個大瘀傷。相反的,他在那個瘀傷中看到了兩件事情:與後車箱鎖匹配的傷害,以及一個咬痕。

「基於您對咬痕的鑑定,金有可能是自己造成這些傷害嗎?」朗普頓問。

「不可能。」韋斯特醫生說。「不可能咬到自己臀部側面。」

## 對韋斯特醫生交互詰問

塔米的律師肯・麥克尼斯首先進行了對韋斯特醫生的交互詰問。

他的開場並不樂觀。

令人意外的是,他竟然說:「早上好,韋斯特醫生,我喜歡你說的每一句話。」

然後他開始陳述他的第一點:韋斯特醫生並不是分析監視攝影的專家。

韋斯特醫生反駁說,他在先前的五個案件中分析過監視攝影,而他並未具體指明這些案件。他僅僅聲稱曾經做過同樣的事,就使他從一名法醫牙科醫生,搖身一變成為監視攝影的專家並為檢察官提供證據。

「我確信我第一次看到影片時就看到了瓊斯警探向我描述的

動作。」韋斯特醫生堅持說。

「沒有進一步的問題。」朗普頓告訴法官。

有了這一點，檢方確立了對莉和塔米的定罪，剩下只是時間的問題。

「我知道這不容易看到。我花了相當多的時間來改進影片，使每個人都能看到那個畫面。」

這對陪審團的影響是不可避免的。韋斯特醫生對同一時段製作了五個版本，且這些片段重複播放了二十五次。當每次觀看時，他都會告訴陪審團成員他所看到的內容。此時，畫面品質差已不再重要。韋斯特醫生能夠透過他的敘述將畫面烙印在陪審員的腦海中。

「韋斯特醫生，你要如何在一、兩秒的時間內，將一個成年人從後車箱內取出來？」肯問。

韋斯特醫生從證人席上站起來向陪審團演示。「你彎下身體將他拿起，進出旅館房間的人看起來焦急，這是因為腎上腺素，當一個人被激發時，他們能做的事完全不同於在他們放鬆時能做的事。」

「我對腎上腺素那段完全同意，因為我曾經是一名競技舉重選手。」肯說。「但醫生，你說一秒鐘？」

韋斯特醫生堅持說：「彎下身子然後站起來，在錄像上看看。」

肯接著對咬痕進行了追問。

「醫生，關於你的法醫學科學是否有可信度？在受過同等教育的人中，應該有不止一種思想流派？類似於是否相信飛碟存在？」

韋斯特醫生回答說：「我沒見過飛碟，但我知道你的意思。」

肯隨後向韋斯特醫生追問現場沒有血跡的問題。「所有的血都去哪了？」他問。

「我認為唯一能夠清除那麼多血的可能是把人放進鋁製工具箱，完成後用軟管將其排出，當你把他帶進旅館房間時，把他放在浴缸裡，再加冰。那是我會做的方式。」韋斯特醫生回答。

僅用一次簡短的發言，韋斯特醫生總結了辯方關於莉和塔米如何能夠傷害金而現場沒有發現任何血跡的現象。

## 疑點一：沒有血跡

莉的辯護律師巴奈特站起來發言。這可以說是他職業生涯中最困難的辯護案件，只有不到兩個星期的時間準備，但他仍在奮戰。法官因為他對一名證人的嚴厲質問而斥責了巴奈特，甚至對他罰款 100 美元。

現在，巴奈特正面對韋斯特。

他的第一個問題針對現場的血跡。或者說，缺乏血跡。如果金被暴力放進後車箱並受傷，那血跡在哪？如果她的身體被咬傷，陰唇被咬掉，那血跡又在哪？如果頭部嚴重受傷，那血又在哪裡？

「這正是我面臨到的大問題。」韋斯特醫生承認。「我不知道她的血去哪了？我真的不知道，也沒有人能夠找到任何有關血跡的證據。」

巴奈特強調了這一點，後車箱裡沒有血跡，旅館房間的地毯上沒有血跡，床單、枕頭或床罩上也沒有血跡，浴缸裡和排水口

周圍也沒有血跡。

接著,巴奈特詢問韋斯特醫生另一個密西西比州的案例,在這個案件中,韋斯特醫生發現了咬痕。在那次審判中,韋斯特醫生在一位 85 歲的強姦受害者的手臂上發現了「一個完整的咬痕」。警方將強尼・伯恩(Johnnie Bourn)帶來,取了他的牙模,而韋斯特醫生將他的牙模與手臂傷口的照片進行了比對——這與對莉使用的方法相同。韋斯特醫生曾經表示,他的牙齒是吻合的,並給這一個判斷最高評價「完美的齒痕吻合」。

但當警方取樣伯恩的血液樣本以與試劑進行比對時,檢測結果將他排除——他並不是強姦犯。在監獄中度過了十八個月後,檢察官撤銷了控訴,強尼・伯恩被釋放了。

儘管如此,韋斯特醫生仍堅持認為他是正確的。「咬痕表明他在現場;而精液表明有另一個人也在現場。如果在桌子上有伯恩先生的指紋,而在陰道中有其他人的 DNA,我認為他們就會繼續起訴,」韋斯特醫生說。「但由於只有伯恩的咬痕與某人的 DNA,所以他們才選擇不起訴。」

為了證明他的結論的合理性,韋斯特醫生提出了自己的理論:

伯恩咬了那位女士的手臂,並用燭台攻擊她的頭部,然後另一個男人強姦了她。

「是否曾有第二名攻擊者的任何證據?」巴奈特問。

「是的。」韋斯特醫生自信地回答。「她的陰道中有其他人的 DNA。」

根據韋斯特醫生的推論,即使其餘證據證明強尼・伯恩無罪,他也是有罪的。「我心裡毫無保留地相信,伯恩先生咬了那

位八十五歲的老太太，」他斷言。

在其他案例中，韋斯特醫生也提出了同樣的論點：他辨識出了咬痕，並對咬痕十分肯定。案件的其餘部分則由其他人決定。

但在莉和塔米的案子中情況並非如此。韋斯特醫生在他們的案子中的每一個裁定都是該案的重要部分。他作證關於金被放入後車箱中的錄影證據，有關對她的臀部和陰道進行的攻擊的咬痕證據，有關金乳房上的痕跡的傷口證據，甚至還證明了納洛酮和過量服藥的作用。韋斯特醫生的證詞最終佔了近 250 頁的書面記錄。但他向警方提供的證據報告只有錄影報告一頁，咬痕報告一頁。

韋斯特醫生吹噓說：「這個國家只有三個人看過比我更多咬痕。」他嘲笑適用於法醫牙科研究的數據，並與陪審團分享了自己的一項實驗。

「我們從南密西西比大學找到志願者，我對他們施打鎮靜劑，然後讓男朋友、女朋友、丈夫、妻子、兄弟姐妹來，我們會讓其中一個入睡，而另一個會狠狠地咬他們。」

在這個實驗中，韋斯特醫生拍攝了咬傷的照片，然後在幾週和幾個月後進行檢查，看看咬痕如何變化。他解釋說，這就是他開發「韋斯特現象」技術的方式，其中他使用藍紫外線來檢查咬痕。其他的咬痕專家因其發表的研究成果而授予他 1989 年 Reidar Sognnes 報告獎。

依據過去的研究，韋斯特醫生在金的身上發現了咬痕，並聲稱這些咬痕與莉相吻合。

在這段時間內，韋斯特醫生退出了美國法醫牙科學會，也退出了國際鑑定協會。

由於對賴瑞、馬克斯威爾（Larry Maxwell）的案件中，有人對韋斯特醫生的鑑定和證詞提出了投訴，因此韋斯特醫生辭職了。在 1990 年，馬克斯威爾被指控在密西西比州梅里迪恩附近刺殺了三名老年人。韋斯特醫生首次使用了他的藍光方法，並得出結論認為在馬克斯威爾的手掌上有謀殺工具把柄上的裸露鉚釘所留下的痕跡。馬克斯威爾在獄中等待審判超過兩年，直到 1992 年一位法官裁定藍光證詞不可採納後才獲釋。

「韋斯特醫生是在用替代光學成像技術來檢測人體皮膚上微小傷口方面的先驅，未來或許會證明他的技術是可靠的證據方法，能夠提供可靠的專業意見。」法官賴瑞、羅伯特（Larry Robert）宣稱。「但現在，我並不敢保證。」巴奈特事先做好了準備，打算對韋斯特醫生進行交互詰問。他詢問了針對韋斯特醫生的投訴以及他的辭職。當巴奈特拿出一份書面投訴的複本時，法庭氛圍緊張了起來。

檢察官朗普頓對向陪審團展示投訴書表示強烈反對。他告訴他的主要證人韋斯特醫生，不要回答任何有關此事的問題。而法官同意了檢察官的意見，他裁定該投訴書不可採納，且不能向陪審團展示。法官敦促巴奈特「將詰問重心轉移到其他事情上」。

指控對韋斯特醫生來說猶如水滴在他背上一般不痛不癢。正如一名律師所宣稱，韋斯特醫生對陪審團來說是一位「弄蛇人（snake charmer）」，陪審團最終被他的口才魅力所吸引，他那生動的舉止與對批評的輕蔑態度使他們入迷。

「您過去是其他組織的成員，並且已經辭職或被開除嗎？」巴奈特問道。

「是的，我曾加入美國童軍協會。」韋斯特醫生嘲笑道。

「他們抓到我抽煙,就把我趕了出來。當時我 10 歲,而我現在還是會抽煙。」

「韋斯特醫生,我正在努力追求真相。」巴奈特回應。

「那你應該看看證據」韋斯特醫生反駁道。「這個案子的證據顯示,金和這兩個女孩在一起,經過二十四或三十六小時後,她受了重傷;醫生們認為她活不了了;她有咬痕;她有陰道傷害;她有後車箱造成的傷害;她失血過多。但沒有人知道發生了什麼。」

「你剛才說的那一切,那整段抨擊,到目前為止只是你的看法,不是嗎?」巴奈特問道。

「天啊,我所擁有的就是我的看法,」韋斯特醫生回應道。「我不能給你別人的看法。那是我的看法。」

「你不明白,你可以讓一個專家走進這個法庭,幾乎說出你想讓他說的任何事情,」韋斯特醫生補充說。「我知道越來越多的專家,除了妓女,我對他們沒有其他的稱呼。他們會進來說出你想讓他們說的任何事情。我不是那種人。」

其他案件的證據最終證明了他的評論具有諷刺意味。

巴奈特攻擊了咬痕的痕跡證據。

但韋斯特醫生反駁。他指出,根據他的經驗,比如他在另一個密西西比州謀殺案件中對甘迺迪・布魯爾的證詞,咬人者可能只留下上牙的印象。「你不會像咬火腿三明治那樣咬人的腿,」他宣稱。「這通常是一種戰鬥或性取向的現象。所以,不要把咬食物和咬掉某人陰唇混為一談。這是兩回事。」

巴奈特頑強地繼續奮戰。他提出了另一位專家關於咬痕形狀如何表明咬痕是由動物還是人類造成的研究。根據一篇關於咬痕

的論文，像韋斯特醫生說他在金身上發現的U形痕跡，表明是動物咬痕。

韋斯特醫生將這篇論文斥為荒謬，並稱作者為「新手」。當巴奈特要求將這篇論文作為證據提交時，檢察官蘭普頓再次反對。法官再次拒絕允許陪審團查看這篇論文。

在攻擊韋斯特醫生的過去未取得多少進展後，巴奈特轉向手上的證據：金在醫院裸體身體的自製錄影，試圖指出錯誤。

陪審團和在庭上的所有人再次觀看了金在醫院的裸體影像。巴奈特指出韋斯特醫生錯將金身上的一處胎記當作是磨損或傷口。他還指向了一處位於腋下的傷勢，這與金被人抱起的情形似乎不符合。

隨即，韋斯特醫生向他的牙科助理崔西示意，她當時就在旁聽席中。韋斯特醫生離開證人席，與崔西一起站到了陪審團前。崔西被檢察官支付酬勞，作為一種展示——她的身體被用來模擬金的身體如何被放入後車箱中。

當陪審團注視著時，韋斯特醫生抱起崔西，模擬他認為如何抱起金的方式。巴奈特迅速指出，韋斯特醫生的手根本沒有接觸到崔西的腋下。

韋斯特醫生回應道：「巴奈特先生，我是已婚人士。」

## 疑點二：關於陰部咬痕的指控

韋斯特醫生返回證人席後巴奈特繼續放映影片。

他引導韋斯特醫生作證，指出在他檢查金之前，他是否知道金的陰唇是否不對稱這一點並不重要。對他來說，重要的是有人可能咬掉了陰唇，或者在其「殘體」上進行了咀嚼。

韋斯特醫生作證說：「由於不知道她在遭遇性侵前陰部的外觀如何，我必須考慮幾個可能性。首先，當然可能是右邊的陰唇被咬掉或撕裂，或者右邊的陰唇本就缺少，那麼基底，也就是殘體……換句話說，陰唇可能已經不在，然後殘體被咬或咀嚼，我無法判斷是殘體被咀嚼還是陰唇被咬掉。」

巴奈特詢問金的陰部情況，但他沒有直接說出那個詞。「當你持續觀察那個部位，我注意到當你檢查她那部位的解剖結構時，你們實際上需要將其分開，以展示她的女性生殖器官，對吧？」巴奈特詢問。

韋斯特醫生回答說：「是的，我要求他們將她的腿分開，然後將她的外陰唇分開，以便我們能夠盡可能看到整個大陰唇、陰蒂以及陰道頂部。」

法庭上的每個人也都看到了這一幕。如果反覆撥放一名男性的陰莖和陰囊的影像，陪審團是否會同樣或更加關注？

「現在，如果有人要咬那個或是吸那個，真的需要花費努力分開一切並且進入那裡，對吧？」巴奈特問。

「你得讓腿分得夠開才能把頭伸進去，」韋斯特醫生回答。他猶豫了一下，然後說，「我不太願意討論對女性進行口交。我做過，但我不是專家。」

他嘆了口氣。在這一點上，即使對韋斯特醫生來說，主題似乎也顯得有些過分了。「我不知道該怎麼告訴你，」他說。「有人能咬掉她的陰唇嗎，是的。你要怎麼做呢，你得把頭放在她的陰唇上。如果你嘴裡含著其中一片陰唇，你會咬掉它，但她得把腿張開，我猜。」

巴奈特繼續追問。

「護士要把那分開到恰到好處似乎很困難,不是嗎?」他問。

「我認為是的,是的,」韋斯特醫生說。

「而在這種情況下,我們正與這位女士進行親密接觸,而她是無意識的?」巴奈特問。「現在,如果她是有意識的,她沒辦法幫你做到此事,除非她用手放在那裡。」巴奈特終於說出了他的觀點——或許那是雙方同意的口交,金是醒著的,並且她對此協助。

然後,他繼續進行。

## 疑點三:不匹配的瘀傷

巴奈特跳過五天,來到韋斯特醫生錄製的金的臀部影像。韋斯特醫生與巴奈特之間的討論變得更加離奇。

「那裡基本上沒有很多肉讓你咬下去,對吧?」巴奈特問。

「我不認為把那麼多組織放進嘴裡是不合理的,」韋斯特回答。

沒受到阻撓,巴奈特再次詢問。「那裡沒有很多肉,對吧?那裡基本上是骨頭和皮膚,對嗎?」

「我得把金找來並且捏那個區域才能確定,」韋斯特醫生說。「我不認為把那麼多組織放進嘴裡是不合理的,」他堅持說。

「我只是想說比起臀大肌部分——」巴奈特開始說。

「比臀大肌薄,是的,」韋斯特打斷他。

「那裡基本上沒有很多肉讓你咬下去,對吧?」

「比起臀大肌,是的,沒有那麼多,」韋斯特承認。

巴奈特將詰問引向韋斯特聲稱瘀傷可能是由後車箱鎖扣造成的。他指出這並不適配。

「這就是我試圖告訴你的，」韋斯特解釋。「如果你關上它，而她試圖要鑽進去或她試圖推自己出來，我們會在它上面得到一個交叉動作。我不是說她坐在那裡，而這蓋子就這樣砸在她腿上。進行了很多動作，如果它撞在曲面上，而她拉開，我預期會留下那個痕跡。這不是一個垂直的橡皮印章，它更有形體感。」

這是韋斯特醫生首次暗示金在被放入後車箱時有所抵抗。

巴奈特反駁說：「如果這個箱子是空的，為什麼她的腿會這麼高，甚至會接觸到這個鎖扣？」

韋斯特閃避了這個問題。

「他們為什麼首先想把她放進後車箱，這是我的問題，」他回答。「在她進去之前我不知道裡面有什麼或沒有什麼。但從影片來看，我相信他們把她的身體從後車箱中取出，帶進了旅館房間。他們是如何把她放進去的，我不確定。她腿上和頭上的痕跡與這些鎖扣一致嗎？是的。從她頭到腿的痕跡是三十七英吋，這是這些鎖扣之間的距離，是的。我能完全重現她是如何被強行塞進箱子的過程嗎？不，我做不到。」

儘管有那樣的證詞，韋斯特醫生還是試了。這次，崔西再次被召喚到陪審團面前，跪著。

「現在，」韋斯特醫生說，「如果你的頭在這裡，轉向那邊，如果我從那個角度打她，會迫使她的頭向下。你知道，可能需要兩個人來抓住她的身體……試圖強行把她塞進去，當她的頭在那裡並且被撞擊時，她的臀部會在這裡」就這樣，韋斯特醫生

現在將兩個女性都納入了假設之中。

至於瘀傷和鎖扣之間缺乏匹配，韋斯特醫生回應說，「我不是說她在箱子裡被撞擊。我相信在她被放進箱子時發生了撞擊。」

巴奈特重播了聚焦於金的臀部的金的身體的影像，直到韋斯特醫生將牙齒模型直接放在金的臀部上，造成咬痕凹痕。

「所以，在一個無意識、受傷的女性身上，在醫院，你取了一個牙齒印模，在沒有標記的地方，你把那東西壓進她的臀部？」巴奈特問。

「是的，先生，但這不會造成傷害，」韋斯特醫生急忙說。「你只需要拿著模型壓進皮膚，並不是要造成傷害，只是輕輕壓一下然後拿開，拍個照片。我所做的就是這些。」

巴奈特回應說：「我不太關心它是否會造成傷害，因為她是無意識的，但我就是對整個行為的倫理性感到擔憂。你不覺得有點——」

韋斯特醫生打斷他。「不。看，你不懂得如何進行測試。我不是試圖製造證據。10號證據是我們進行分析的基礎。這是我的比較的一部分。我試圖透過使用受害者身體的實際部分來盡可能準確。」

韋斯特醫生氣憤填膺。

「你說我做的是不道德的，我感到憤怒，」他怒斥。「在你出來提這些愚蠢的問題之前，你應該先學習一點口腔牙齒學。」

當然，儘管經過許多急救人員和其他護理人員的檢查，沒有人在金的身上發現過咬痕，直到韋斯特醫生找到它們為止。

「為什麼不找你自己的牙齒法醫學家進行專家分析，證明你

的委託人沒有咬那個女孩,因為我相信你的委託人咬了她,」韋斯特說。

就這樣,審判休庭去吃午餐。

如同每天午餐和一天結束時一樣,法官警告陪審團不要閱讀任何報紙。這有充分的理由。「每日領袖報」正在每日報導這場引人注目的審判。而韋斯特醫生給了他們大量的素材供其讀者閱讀。

## 疑點四:絕對的確定性

韋斯特醫生對於他在金身上發現了咬痕的確定性,是隨著時間推移而逐漸形成並提升的一種觀點。他的確定性是構建起來的,很像一位目擊者起初不太確定,但在審判中指向被告並說:「那個人。就是他做的。」帶著絕對的確定性。絕對的確定性並不一定存在於目擊證人第一次面對嫌疑人影像時的那一刻。當他們第一次看到一排照片,或甚至是一場真人排列時,目擊者可能會感到不確定。但當有人告訴他們,「很好,你選中了嫌疑人」,他們的感知就會改變。目擊者的信心會提高。

當目擊者在審判前與檢察官會面審查他們的證詞時,他們的信心和確定性再次提高。

到了審判的時候,確定性已變成了百分百。這就是為什麼目擊者誤認是導致錯誤定罪的主要原因。這也是為什麼無罪平反專案推動程序上的改革,例如要求警察記錄目擊者在識別時的確定性程度,一種信心因素。另一項改革是要求按順序排列的人員陣容,警察一次遞給目擊者一張照片,放在單獨的牛皮紙文件夾中,這樣警官無法看到目擊者正在查看哪一張照片,以及哪一張

照片被選為行兇者。警官無法影響指認，即使是無意間的。

　　辨認出並非兇嫌並證明嫌疑人無罪，與當下找到罪魁禍首同樣的重要。

　　否則，調查就會走上錯誤的道路，或許一直到審判和錯誤的定罪。

　　韋斯特醫生在第一次查看金的身體時並不是百分百確定。他在自己的影像中沒有提到咬痕。他甚至在審判中承認，「我第一次看到它時，我不確定那是一個咬痕。」直到他查看了他拍攝金身體的寶麗來（拍立得）照片之後，他才決定金臀部的瘀傷是一個咬痕。然後他決定他可以看到「個別牙齒的特徵」。他得到了牙齒模型，這導致了他的最終結論：匹配。

　　在證人席上，當巴奈特就這一推證過程向韋斯特醫生施壓時，韋斯特以科學來闡釋他的行為。「你需要理解，咬痕是一種診斷，」韋斯特醫生說。「紅斑、擦傷、撕裂傷是臨床發現。當我檢查她的身體時，我試圖給出一個臨床發現。咬痕是一種診斷。這是在我研究我的寶麗來（拍立得）照片之後得出的。」

　　午餐後審判恢復時，巴奈特播放了康福特套房酒店的監控錄影。這一次，當韋斯特醫生辨認出金的長髮，一直垂到卡車的車床時，巴奈特打斷了他。「一些黑色且長的東西垂到了卡車的車床上……那難道不可能是裝滿衣服的垃圾袋，有人正帶進汽車旅館嗎？」巴奈特問。

　　「我不這麼認為，不。我認為那是頭髮，」韋斯特回答。「我認為她懷裡抱的是一具屍體，不是塑膠袋。」

　　「你怎麼確定那是頭髮而不是裝滿衣服的塑膠袋呢？」巴奈

特問。

「我把卡車重新放回旅館，帶著後車箱，並且重新安排了一名女孩抱著另一名女孩，她的頭垂下來，看起來和那個場景一模一樣，」韋斯特回答。

巴奈特追問他。「但除了在我看來她有這個塑膠袋的這段時期之外，你在錄像帶上看到她卸下卡車的任何部分嗎？」

「沒有，」韋斯特說。

「所以，有可能，」巴奈特繼續說，「你認為正在卸下的屍體實際上是在卸貨？」

「是的，有這個可能性，」韋斯特醫生說。「我不認為這很可能，但它是有可能的。」

「你有沒有注意到或知道我的委託人，莉，那天晚上確實把她的衣服裝在垃圾袋裡？」巴奈特問。

「不，先生，我不知道這件事，」韋斯特說。

「如果你知道了這點，這會改變你對這個案件的看法嗎？」

「我不這麼認為，」韋斯特回答。「我沒有看到垃圾袋。我看到她從那裡搬出一具屍體。我不在乎她是不是把衣服裝在新秀麗皮革鱷魚皮包裡，她從這個後車箱裡拿出了一具屍體。這就是我所看到的。」

「你對陪審團的證詞是說，有人能在一秒、兩秒內從那個後車箱的深處，舉起一百二十磅的重量，用手肘去關上蓋子，然後走開？」巴奈特問。

這個問題讓韋斯特醫生感到沮喪。

「我認為你的問題非常誤導人，」他說。「在我看來，她彎腰把她抱起來，然後直起身子。我不覺得有什麼神秘的地方，關

於某人彎腰抱起某人。我在錄影帶上看到的一切，在我腦海中都是可信的。」

巴奈特拿出一張紙。「好吧，我這裡拿著的是一個錄影時間線，上面寫著 10:47:47——我假設那是晚上 10 點 47 分 47 秒，後車箱的蓋子打開。在 10:47:49，後車箱的蓋子關上。再次在 10:48:48 後車箱的蓋子打開，一秒鐘後，於 10:48:49，後車箱的蓋子關上。你同意這個描述嗎？」

「你在將技術性術語與通俗性話語混淆」韋斯特回擊。「時間線是錄影帶上機器讀取以設置速度的一部分。底部快速閃動的小數字是電腦生成到錄影帶上的，與錄影帶的同步無關。這只是一個標籤，就像 "Eat at Joe's"、"Eat at Joe's" 一樣。底部閃爍的小數字顯示為 10:47:48，我不知道那是否準確。」

然後發生了一件奇怪的事情，始終留在希拉媽媽的記憶中。巴奈特提到了一堆尚未向陪審團展示的照片。

「韋斯特醫生，我不確定我們昨天是否看過那些照片。我們看了嗎？」

「沒有。」

「檢察官先生，你看過那些照片了嗎？」巴奈特問。「我想我已經提供給你了，」朗普頓回應。

「是的，先生。」

「我不反對將這些照片作為證據提交，法官閣下，」朗普頓補充說。「這些是聯邦調查局從錄影帶上放大的照片。」

這是整個審判中唯一一次提到FBI（聯邦調查局）。顯然，FBI聯邦調查局已經看過了錄影帶，檢察官辦公室也與他們聯繫過。

在場的希拉媽媽感到困惑。那是什麼意思？她心想。

但這一刻很快就過去了，因為巴奈特迅速轉移話題。他轉向了一個與莉的案件完全無關的關鍵問題。

「只是想結束前再問您一個案件。您能告訴我關於甘迺迪·布魯爾案的情況嗎？」巴奈特說。

「他是哪一個？」韋斯特醫生問。

「因為他強姦了一名受害者，所以最近對他進行了 DNA 測試。」巴奈特說。

「我不記得或我不確定。」

「你不記得那個案件？」巴奈特不敢置信地問。「知道在你聲稱那確定是咬痕的情況下，昨天回來的 DNA 測試結果卻並不匹配，這會讓你感到驚訝嗎？」

「最近？」韋斯特醫生茫然回應。「是的，先生。」

「這是我第一次聽說。」

「沒有更多問題了，法官大人。」巴奈特回到座位上。

甘迺迪·布魯爾（Kennedy Brewer）因謀殺他女友的 3 歲女兒而被定罪並判處死刑。在布魯爾的審判中，韋斯特醫生斷定在受害者身上發現的十九個印記「確實無疑」是布魯爾造成的咬痕。韋斯特進一步斷言，所有十九個印記僅由布魯爾的上面兩顆牙齒造成，而下齒卻沒有留下任何痕跡。

在 DNA 測試排除了布魯爾之後，他獲准重新審判。但檢察官佛雷斯特·奧爾古德（Forrest Allgood）重新提起強姦和死刑謀殺的指控。密西西比州的死刑案件中的被告無法獲得保釋，因此布魯爾又在監獄中多待了五年，而奧爾古德說他會將案件提上法庭。他最終沒有這麼做。

最終，在 2007 年，另一地區的特別檢察官被指派負責此

案。他同意不要求死刑，也不反對保釋。在死囚牢房度過 8 年及監獄中 6 年後，甘迺迪·布魯爾在等待重審期間被釋放。2008 年，當 DNA 犯罪證據排除了布魯爾，並顯示真正的犯人是賈斯汀·艾伯特·強生（Justin Albert Johnson）時，無罪平反專案確保了布魯爾的免罪。

強生承認了罪行。他還承認在布魯爾入獄期間，在同一社區犯下了一起相同的謀殺案。在韋斯特醫生作證稱屍體上的所謂咬痕是由布魯克斯造成後，萊文·布魯克斯（Levon Brooks）被錯誤定罪。2008 年，布魯克斯和布魯爾都被免罪。

但是，韋斯特醫生證詞的瓦解還在遙遠的未來，這對於莉和塔米在這次審判中毫無益處。

### 金·威廉斯本人作證

最後一位證人是金·威廉斯。她使用拐杖走向證人席，腿上戴著支架。

「我們在這裡聽到了很多關於你從康福特旅館進入醫院，進入布魯克海文這裡的醫院的證詞。你記得那些事情嗎？」朗普頓溫和地問。

「不，先生，」金回答道。

「你記得在你來到布魯克海文的康福特旅館之前發生了什麼事嗎？」朗普頓問。

「是的，」金說。「我記得我在一個叫做卡迪希爾的成癮戒治康復中心，我和兩個女孩，塔米和莉，一起離開，我們開車去了詹姆斯·艾爾文的家。」

那是迪基。

「你記得在他家發生了什麼事嗎？」朗普頓問。

「有人拿走了他的藥袋，然後我們離開了他的家。」

「之後你還記得什麼嗎？」

「不，先生。」

朗普頓繼續問道。「當你離開詹姆斯·艾爾文的家時，妳有受到任何傷害嗎？」

「不，先生，」金回答，「我沒有任何傷害。」

「在來到詹姆斯·艾爾文家之前，妳、塔米和莉是朋友嗎？」朗普頓問。

「我以為我們是，」金說，朝著辯護席的塔米和莉投去一瞥。

「他們有沒有對妳做過任何不適當的事，或讓妳感到不舒服或尷尬？」

「沒有。」

「在卡迪希爾的時候，妳有和任何人發生性關係嗎？」朗普頓問。

「沒有，」金回答。

「在卡迪希爾期間，妳有與任何人進行過任何形式的粗暴性行為嗎？」

「沒有。」

「妳有虐待或割傷自己的身體嗎？」

「沒有。」

朗普頓詢問有關迪基的情況。

「詹姆斯·艾爾文有沒有與妳發生過粗暴性行為，或以任何方式虐待妳？」

「沒有，」金回答。

「在你三月七日去詹姆斯‧艾爾文家之前，你的私密部位、生殖器、陰部，狀態正常嗎？」朗普頓問。「你的生殖器對稱嗎？」

「是的。」

「你有多高？」

「五英尺二英寸，」金說。

「你體重多少？」

「大約一百一十磅。」

「那是你在 2000 年 3 月 7 日的身高和體重嗎？」

「那是我的身高。我確定那不是我的體重。我那時候瘦多了。」

「那些日子你為什麼那麼瘦？」朗普頓問。

「因為我吸毒，」金對陪審團說。

這是錯的。檢察官和辯護律師持有的金的記錄顯示，當金於 3 月 6 日從卡迪希爾出院時，她的體重是 135 磅。

「在到達詹姆斯‧艾爾文家之前，妳有沒有持有嗎啡，妳有沒有用嗎啡？」

「沒有，」金回答。

「法官大人，我想提交證人，」朗普頓宣布。

「法官大人，沒有交叉審問，」塔米的律師肯‧麥克尼斯說。

「法官大人，我沒有問題，」巴奈特說。

「法官大人，檢方休庭，」朗普頓說。檢方結束了其案件陳述。

辯護即將開始。

# 第十二章
# 遭到物化的女性身體

　　我們時常消費著女性的視覺形象。我們被訓練去關注女性的身體，並且不像對待男性的身體隱私那樣認真對待女性的身體隱私。女性的身體變成了公共的；男性的身體則是私人的。「在剝去女性衣物的同時保持男性覆蓋和安全，某種程度上是一種力量的展示。」

**金的身體遭到物化**

　　在法庭上，每個人都穿戴整齊，同時審視著金不同身體部位的裸露照片和影像。律師與證人對金的身體部位進行了描述和討論，其間不斷在抽象的醫學術語和對肉體的描述之間切換。

　　金被剝奪了身體的整體性，她的自我與她的肢體被分離。在咬痕的證詞中，白人男性描述了咬入她肉體的行為，將她大腿的脂肪含量與她的臀部相比。真的有那麼多肉讓你咬下去嗎？我不認為把那麼多的組織放進嘴裡是不合理的。

　　每個人都是獨一無二的，充滿生命力和精神的整體。而身體部位則是匿名的，可以互換的。大腿和胸部變成了菜單上的選項。它們成了具有煽情的效果並成為肉體或視覺消費的身體部位。將某人物化，意味著可以將該人當作物件來對待。韋斯特醫

生把金描述成他操作和觀察的身體部位。如果他這樣對待金本人，那將是一種侵犯。

在醫院治療的環境中，意識喪失的女性，因醫療行為需要而被觸摸身體，她們的陰道遭侵入性的檢查、醫療，這一切都是合法的。被送往醫院進行任何手術的女性，往往在不知情的情況下簽署了同意書，允許住院醫生在她們因手術而麻醉時，對她們進行「練習」骨盆腔檢查。這是那些有足夠自主權自行入院並放棄自己權利的女性。

韋斯特醫生冒犯了金的身體，將她當物化成了一個物件。他向觀眾展示了掃描她全身的錄影，然後展示了將她的身體分割成部位的照片。這些照片將金的身體碎片化，展示了她的陰部、乳房或大腿，供陪審團和所有觀看者消費。她被碎片化的身體讓檢方和韋斯特醫生得以拼湊出一個故事。韋斯特使用了醫學術語——如「腺體」、「血腫」、「陰唇」——這些詞語物化、醫學化，並忽略了女性的隱私和完整性。韋斯特將金物化到了如此程度，以至於沒有人對在公開法庭上透過投影機展示她的陰部提出異議。

白人異性戀男子（Straight white cisgender men）創造了金被咬的故事：她的乳房、大腿、陰部都被咬。這些男性以金身體的專家自居，而她卻無聲無息——事實上，她甚至都沒有意識。對肉體的咬傷是一種性的幻想，被創造出來是為了對兩名女同性戀者提出指控。檢察官企圖讓陪審團想像，這兩名女性咬另一名成年女性為了引起性興奮。對莉和塔米有罪的證據是她們是女同性戀者。

對我來說，韋斯特醫生拍攝金赤裸且無意識時的照片和影

像，也觸發了其他東西。這些行為仿佛是攻擊者拍攝一名無意識的強姦倖存者的照片或影像並散布這些圖像，放大並重複傷害。照片和影像本身造成了傷害，使性侵犯的想法和倖存者無意識的身體成為了令人興奮的對象。受到以情色來報復性傷害的女性倖存者表示，她們感覺好像其他人在盯著她們的身體，想像著照片中發生的事情。

在這裡，男性檢察官和牙醫讓陪審團——陌生人——獲得看金，看她的身體，並想像他們所說的發生在她身上的故事。

莉和塔米被簡化成關於暴力和惡性的掠食性女同性戀的老套形象，而金被簡化成一個受害者和她碎片化的身體部分。

但要清楚，審判莉和塔米的幾乎所有人都是白人，都被去身體化，僅僅因為他們是誰的刻板印象而被看待，他們的整體自我只是為了檢察官的敘事服務的一部分。證人、被告、受害者。金的男友迪基，首先通過他的傷殘失能被呈現出來。檢察官強調他們的傷殘失能故事，即迪基不可能與金有性關係，並用他抽大麻來顯示他的「不可信任」。然後檢察官將金呈現為一名患有物質使用障礙的永久性身障女性。他們使用了一種身心障礙主義框架來激發對金的同情，並激起兩名女性通過性化暴力使金身體和精神永久受創的幻想。檢察官將莉和塔米描繪成女同性戀者和「成癮者」。

在這個案件中的每個人都受到了法庭敘事中的高度可見性，這放大了他們自身的刻板平面形象。平面且容易被定性，使用他們來進行展示。當差異被凸顯出來後，要不是被以同情的方式容忍，就是會因為這些差異而受到懲罰。

## 婦科醫學歷史的形成和發展

在十九世紀，醫學並不是一個受到尊重的學科。醫學院的學生和醫生們會從墓地偷走屍體來練習和學習人類皮膚下的身體內部結構。活著病人在他們的治療下經常死亡。在 1847 年美國醫學會成立之前，許多白人男性作為「醫生」職業，但沒有任何正式的教育訓練，幾乎沒有實際經驗。在那個手術罕見的時代，這些醫生在十九世紀上半葉，對女性奴隸進行了數量驚人的手術。這些醫生依靠女性奴隸婦女和女性移民的身體來學習和創建婦科領域。

在迪爾德里・庫珀・歐文斯（Deirdre Cooper Owens）醫生的「醫學與奴役（*Medical Bondage*）」一書中，揭示了在 1808 年美國政府禁止進口奴隸之前，婦科學是一個微不足道的新興醫學領域。從那時起，白人醫生開始與種植園主合作，利用並保護女性奴隸的生殖能力和健康。這些白人男性醫生在南方創建了奴隸醫院，對育齡婦女進行手術並檢查她們的身體。然後，這些男性將他們的「發現」作為事實發表在醫學期刊上。

美國第一家婦女醫院是位於阿拉巴馬州的一個小農場上的奴隸醫院。1844 年，這家醫院距離當時的奴隸交易中心蒙哥馬利有十五英里遠。該醫院的創建者後來被稱為「美國婦科學之父」。而那些默默無聞的黑人女性，不論是作為護士工作，或是自己的身體被用來進行手術和檢查，她們才是美國婦科學未被歌頌的母親。

醫生們將種族主義的刻板印象當作事實進行發表。他們重複著謊言，聲稱非洲裔女性對痛苦無感，即使在醫生不得不強制約束這些女性進行痛苦的手術時也是如此。即使當時廣泛可用的麻

醉劑可以用來緩解痛苦，黑人女性也未施以麻醉。今天，由於持續存在的種族主義神話，即黑人天生強壯且不感到痛苦，黑人女性在經歷重大手術後經常難以獲得疼痛緩解。正如喜劇演員旺達・塞克斯（Wanda Sykes）所言，

> 由於種族主義，黑人我們甚至無法得到鴉片類藥物。他們甚至不會給我們。白人得到鴉片類藥物就像得到 Tic Tac 糖果一樣……我做了雙側乳房切除手術。你知道他們讓我帶著什麼回家嗎？伊布・普洛芬（Ibuprofen）[1]。

十九世紀的醫生們在被奴役的女性和移民到美國的貧窮愛爾蘭女性的身上建立了他們的職業生涯。這些男性將女性身體和功能的術語醫學化，並創建了一個「美國婦科學會」。他們幻想著黑人女性和白人女性之間的種族有身體差異，目的是為了證明白人至上主義的正當性。

他們編造了一種「公正」的醫學視角，但實際上這種視角遠非公正。

隨著婦科醫學的建立，只有男性可以成為女性身體的專家。而只有貧窮的女性才會受到他們的實驗。南方的奴隸醫院進行的對女性奴隸的手術與北方的慈善病房以及對愛爾蘭移民女性進行的手術相對應。著名的婦科學家會在觀眾面前對女性奴隸和貧窮的愛爾蘭女性移民進行手術，同樣不使用麻醉。

---

[1] 一種非類固醇消炎止痛藥（NSAID），常用來止痛、退燒、消炎。用於治療經痛、偏頭痛，和類風濕性關節炎。

南方的婦科學根本上依賴於白人男性之間的協議：「醫生」和種植園主。奴隸女性被剝奪了她們的隱私，因為法律將她們視為財產。她們的私密身體被公開暴露，無論是在公開手術中還是之後在醫學期刊的著作中。

　　創建「醫學」標籤來進一步物化和非人化了女性，將她們解剖成身體部位和狀態。這些醫生控制了女性的身體如何被看待、移動和理解。他們在創建和持續傳播謬誤的同時建立了自己的職業生涯。

　　在莉和塔米的案件中，韋斯特醫生被反覆提及為一名醫生，而不是牙醫。他被定位為一名專家，負責檢查和識別女性身體的狀態。韋斯特創造並持續宣揚金身上咬痕的虛構故事。基於此，衍生出另一個附帶故事，即有人咬掉了金的部分陰部，並將金放入後車箱中。更進一步，韋斯特醫生作證稱女同性戀者有可能犯下這些行為。

　　這位白人男性，在婦科醫學領域透過恐怖而創建的一百五十年之後，仍在控制著陪審團的目光。韋斯特用醫學術語來遮掩金身體和生殖器的私密圖片。他將金的身體物化，把她的身體從她的人性和存在中分離出來。他聲稱所做的專家判斷和醫學判定實際上是虛構的。

　　女性仍然被視為沒有行動力的對象，受到白人醫學的檢查和理論化。醫學的種族化歷史與法律相連，對所有女性包括白人女同性戀者、有物質使用障礙的人以及暴力倖存者造成不利。

# 第十三章
# 為莉和塔米進行辯護

**莉的媽媽（希拉）出席做證**

第一個出庭辯護的證人是希拉媽媽。

「法官大人，我去叫希拉」比爾・巴奈特律師說。

當她坐在證人席上時，他問道：「希拉，告訴陪審團你和莉是什麼關係。」

「她是我的女兒。」希拉回答。

「妳愛你的女兒，是吧？」

「是的。」

「即使妳愛你的女兒，妳今天也不會在這裡為她撒謊，是吧？」

「不會的。先生，不會。」

「現在，關於6號週末發生的事情，妳對那個週末是否有直接的了解？」

「她在家裡。」

「她回來的時候，妳幫她整理衣服了嗎？」

「我把洗好的東西都裝在一個黑色垃圾袋裡，因為她不想把行李箱帶出去。所以，她的所有東西都裝在黑色垃圾袋裡，然後放在後車箱，這樣就不會弄濕了。」

「現在,那是一個舊的小垃圾袋,一個大垃圾袋,還是什麼尺寸?」

「是那種你可以把樹葉放進去,很大的那種。有拉繩的。」

「好的。妳有沒有跟卡迪希爾的任何人說過她們離開的那個周末發生了什麼事?」

「星期一早上,我打電話給大衛——他是一位導演。我把莉告訴我的事告訴他,他也同意了。他說,『是的,我們的確遇到了一些問題。』」

朗普頓站起來說:「異議,庭上。她所說的一切都是傳聞。」

「同意,」法官宣布。巴奈特繼續進行下去。

「希拉媽媽,妳知道妳女兒有暴力傾向嗎?」

「不。」

「莉以前跟妳提過金嗎?」

「有,她們是朋友。她們是在哈特堡的松樹林認識的。」希拉媽媽解釋了莉和金認識的過程。

「莉來找我,告訴我她遇到了麻煩」,希拉媽媽說。「莉和她的男朋友——她有一個交往了兩年半,論及婚嫁的男朋友,1999 年 3 月分手了。」

希拉媽媽說,那個夏天,「莉變了。她的一切都變了。當我問她時,她說那是她⋯⋯作為青少年的最後一個夏天,一切都很好,秋天她就要去上學了。但到了秋天,她進入學校後,變得越來越憂鬱。」

希拉媽媽告訴陪審團,9 月 13 日年滿 20 歲的莉一直在寫詩。「我們發現她寫了一首關於憂鬱和死亡的詩。於是,我開始

和她交談，她說她需要幫助。她告訴我，『我再也受不了了，我實在受不了了。我很沮喪，我想自殺，我需要幫助。』」

「所以，我們把她送去了松樹林，」希拉媽媽說。「她和那裡的金是朋友。金和另一個女孩還有莉一起去了卡迪希爾。」

「這就是她與金的友誼？」巴奈特問道。「是的，」她回答。

檢察官朗普頓進行交互詰問。

「妳女兒現在在哪裡？她現在住在哪裡？」

「在哥倫布。」

「她和誰住在一起？」

「塔米。」

「你知道她和塔米是女同性戀關係嗎？」朗普頓問。

「我不知道該怎麼回答，因為我從來沒見過任何跡象，」希拉媽媽回答。「我去那裡的時候，他們有兩間臥室，莉的臥室裡有她所有的東西。我沒見過任何跡象。」

「妳問過你女兒嗎？」朗普頓追問。「沒有。」希拉回答。

「妳也不知道她和塔米是不是同性戀關係？」

「沒有直接的證據。」

「妳也不知道在密西西比州林肯郡發生了什麼事，對吧？」

「沒有直接的資料。」

「沒有其他問題了。」

希拉媽媽走下證人席。

## 密西西比州犯罪實驗室分析師作證

艾米・溫特斯是密西西比州傑克遜市的犯罪實驗室的法醫科

學家，她坐在證人席上。在大多數案件中，她是檢方的證人。在罕見的情況下，像這次一樣，她被辯方傳喚。

溫特斯作證說，金的牛仔褲和內褲，以及瓊斯送去實驗室的性侵犯罪證據收集包上都沒有發現精液。牛仔褲表面似乎有唾液，所以溫特斯用紗布擦拭了牛仔褲以保存 DNA。不過，檢方和辯方都沒有要求進行 DNA 檢測。

在交互詰問中，助理檢察官傑瑞向溫特斯提出了一些與法醫分析無關，而是與口交有關的問題。傑瑞對於溫特斯的回答感到非常生氣。

「我不想問你這個問題，」傑瑞說。「但你對於進行口交行為熟悉嗎？」

「熟悉什麼意思？」

「嗯，他們口交的時候，是真的穿著褲子，還是在口交的時候脫掉衣服？」

溫特斯回答：「我不知道我是否能證明這一點，也不知道一般來說會怎麼做，是否通常會脫掉衣服。我真的不認為我能證明這一點。」

「讓我問問你，」傑瑞說。「如果妳看到有一個人是犯罪的受害者，而這個人的陰道壁、陰道壁內側有嚴重的撕裂傷，陰蒂部位也有嚴重的吸吮動作，妳會認為進行口交時，這個人是有穿衣服還是沒穿衣服？」

巴奈特插話說：「法官，我認為這超出了她的專業範圍。她是犯罪實驗室的法醫，沒有資格做出⋯⋯」

法官打斷他的話。「你為什麼不等她回答⋯⋯看看她認為自己能不能回答這個問題？」

溫特斯回答:「嗯,我想如果有人在口交,他們當時很有可能是沒有穿衣服的,否則生殖器就不會露出來。」

下一位證人米麗莎是傑克森密西西比犯罪實驗室的痕跡證據專家。米麗莎在3月15日對莉的皮卡車和後車箱進行物理檢查,以確定是否有血跡和毛髮。當時她從後車箱和後車箱中的毯子上收集了毛髮。她將這些毛髮與性侵犯罪證據包中收集的金身上的毛髮進行比較。

米麗莎說,根據顯微鏡對比沒有一根毛髮是金的。

**卡迪希爾的顧問**

莉和塔米在卡迪希爾的成癮戒治顧問提娜‧蘇利文是下一個被傳喚作證的人。

塔米的律師肯‧麥克尼斯問:「如果讓妳說,妳覺得塔米在那裡最明顯的特色是什麼?」

提娜回答:「她是個真實的人。」,「她是個誠實的人,對我和她在那裡期間的一切都很坦誠。她能夠體認到自己的缺點,並努力改正。她是那種願意努力改變自己的生活,並做出一些有利於自己生活的改變的人。」

提娜說,在莉和塔米離開的那個週末,提娜發現安全警報系統故障。樓上分隔男女性別設施的大廳門上的警報器失靈了。提娜作證說,病人在被發現發生性關係後被趕出了卡迪希爾。

**法醫病理學家加爾維茲(Dr. Galvez)醫生**

巴奈特接著傳喚病理學家羅德里戈‧加爾維茲(Dr. Rodrigo Galvez)醫生,他將就法醫口腔學進行作證。

韋斯特醫生是一名牙醫，也是郡驗屍官——確定某人死亡原因的民選官員。加爾維茲醫生是一名體檢醫生，他的工作也是確定一個人的死因，但要透過解剖來確定。他沒有在選舉中勝出。

從醫學院畢業後，加爾維茲醫生接受了培訓，成為了一名委員會認證的法醫病理學家。然後他回到學校，成為了一名委員會認證的精神科醫生。他與世無爭。他從未受到醫學組織的制裁、開除、停職或譴責。

加爾維茲醫生在作證時首先指出，他沒有看到任何陰道創傷。他對陪審團說：「重要的是不能犯錯。」「當我讀了韋斯特醫生的第一份報告，然後看了影像後，我發現一個很大的錯誤……。陰道那裡並沒有創傷。」

這似乎是個讓人發出「哇！」的時刻。

但加爾維茲醫生用生命捍衛的東西很快就讓人洩氣了。

「創傷是在外陰上，外陰。」他說。

「所以我開始看錄影帶，果然，大陰唇右側的撕裂程度大於左側。有一些部分不見了。」

重要的是，他說沒有任何吸吮的痕跡。

加爾維茲醫生作證說，他沒有看到陰蒂腫脹，也沒有看到吸吮或「嚴重壓迫」的跡象。他補充道：「在宣誓下我可以絕對肯定地告訴，沒有任何證據可以證明存在吸吮。」

但隨後他的證詞——以及辯方的陳述本身——就出了問題。

「可能是用手、用工具，有時虐待狂會用鉗子，或是拔釘器，」加爾蓋茲醫生推測。「我有見過。我知道，對你來說，這是非常暴力的。當他們拉扯時，會夾住並肢解乳頭，並不一定是咀嚼。這樣回答你的問題了嗎？」

「是的，先生，」巴奈特回答。「為什麼不繼續檢查她臀部的外傷？」

加爾維茲醫生首先解釋，由於鎖扣在後車箱的底部，如果鎖扣砸到金的臀部，沒有空間讓他的雙腿全部放進後車箱。因為蓋子不夠重，頂部的插銷不可能導致頭部受傷，而且鉸鏈使它無法被猛力砸下。如果韋斯特醫生的假設是塔米和莉試圖把金放進後車箱，而她當時正在掙扎或抬頭看，那麼插銷就沒有造成頭部傷害的能量。加爾維茲醫生隨後對臀部的咬痕發表意見，他抱持著懷疑態度。

巴奈特總結：「所以你的意思是，很難讓人的整個口腔和每顆牙齒都咬到臀部那裡？」

「不會留下那麼多牙齒印」，加爾維茲醫生回答。「你如果要留下很多齒印，你需要用力擠壓，然大咬一口，但這會伴有其他變化，皮膚上會有傷口、擦傷或撕裂，但這些情形都不存在。」

但接著，加爾維茲醫生又回到外陰部的問題上。

「外陰部的傷口可能是被咬的，有這種可能。不過，我也告訴你，有可能是其他很多方式造成的，因為像這樣的咬傷會咬碎一塊組織。」

加爾維茲醫生為辯護做出的主要貢獻是，動物咬傷會呈現 U 形，就像金的臀部痕跡，而人類的咬傷呈圓形或橢圓形。問題在於，14 年後當美國法醫口腔委員會的成員被要求檢查咬痕時，首先要確認的就是咬痕是人類還是動物的，其次要確定咬痕是否與所提供的人類牙齒吻合，他們甚至無法就咬痕是動物的還是人類的達成一致意見。

最後，加爾維茲醫生作證說，他不認為臀部的傷痕是被動物

或人咬的。

朗普頓在開始交互詰問時先說,他們過去有過交集。對於發生在一個鄉村小鎮的刑事案件來說,這並不奇怪。

「加爾維茲醫生,很高興再見到你。」朗普頓說。「你以前曾經在這個法庭裡作證,也曾經坐在這張椅子上」

「朗普頓,我在宣誓下必須跟你說實話,我過去已經有榮幸跟你一起工作。」加爾維茲醫生說。

「謝謝。」朗普頓說。

「我把你看做我一位親密的朋友。」加爾維茲醫生補充說到。

「至少可以說我們已經彼此認識有好多年了。」朗普頓說,「25 年了。而那個時候你的頭髮還是黑的,我也是。」他笑著說。

這種口頭上的招呼並不是什麼好兆頭。

事情從這裡開始走下坡路。

加爾維茲醫生透露,這是他第一次就咬痕作證。他曾以病理學家和精神科醫師的身分作證,但沒有就咬痕問題作證。他不是牙醫,更不是牙科法醫。他說他甚至不認識任何法醫牙醫。

朗普頓問:「你認為外陰上的咬痕,或者你說的外陰上被切除的痕跡,有可能是咬的嗎?」

「可能是咬痕,也可以是用其他工具弄的,包括手,」他說,「但在激烈的情況下,有時他們會用手撕出組織。」

「你認為會出現咬人的情況嗎?或者說咬人符合女同性戀強制性交的類型嗎?在同性戀性交中?」朗普頓問道。

「是的,」加爾維茲醫生說。「在同性戀犯罪中,他們全部

都有很強的性虐待狂傾向。我所見過大多數暴力事件都是同性戀對同性戀。他們做我們所說的過度虐待，他們造成巨大的傷害。」

「殘忍的施虐、攻擊？」朗普頓說。

「是的，先生，」加爾維茲醫生說。「他們更加血腥。我所見過的更血腥的犯罪就是同性戀對同性戀。」

獲得了這場詰問的勝利，朗普頓繼續深入問了當汽車旅館傳喚醫護人員時金的體溫相當低的問題。「低體溫是否與某人被放在有冰塊的浴缸裡有關係？」

「被放在放著冰塊的浴缸裡，確實會這樣。」加爾維茲醫生回答。

加爾維茲醫生的證詞讓辯方的辯護陷入了僵局——有人會說這讓辯方的辯護陷入了僵局。塔米的律師沒有傳喚任何一名證人。

## 最後陳述（CLOSING ARGUMENTS）

莉和塔米面臨非法持有毒品和重大竊盜罪、共謀犯罪和嚴重傷害罪的控訴。地區助理檢察官傑瑞（Jerry）在最後陳述中首先向陪審團回顧了急診室醫生莫克和剛結束的加爾維茲醫生的證詞。

「莫克醫生見過因分娩而受傷的婦女，他說這是最嚴重的。他用了『殘忍』這個詞，殘忍的攻擊，」傑瑞說。「還記得加爾維茲醫生昨天為辯方作證嗎？加爾維茲醫生告訴我們同性戀是他見過的最惡劣的攻擊？他告訴你那是殘忍的攻擊，不是嗎？莫克醫生也是這麼說的。」

「莫克醫生也看到在金臀部附近的齒痕」,傑瑞說。「他告訴你,他認為這些傷是 18 到 24 小時前造成的。請注意,這是在星期二下午 4 點以後,可能接近 5 到 6 點。那麼,從那個時間段倒退 18 個小時,甚至倒退 24 個小時,從星期二的 4 點到星期一的 4 點鐘,她和誰在一起,她唯一在一起的人是誰?就是本案的被告。」

根據莫克醫生最一開始估計的時間——兩到三天——金在卡迪希爾和迪基家。但莫克醫生把他估計的時間縮短到小於二十四小時。這個變化將莉和塔米放在檢方的十字線上——只有莉和塔米跟金在一起的時間。

檢察官沒有說明為什麼金頭部的傷一直到被送往傑克森的第二家醫院才被發現,在長達一小時的救護車途中,金出現了癲癇症狀。

傑瑞把焦點轉到金身上。「在她作證之前,你看到她走到這裡,你看到她站在證人席上,你看到她的狀況,她今天的樣子……。她永遠不會再像 2000 年 3 月 5 日那樣了。那永遠不會回來了。」

傑瑞用播放警方對塔米的訊問影帶作結。

「我知道我服用了嗎啡和贊安諾」塔米說。

「你或莉有沒有服用這些藥物?」

「我吃了。莉沒有。」塔米從頭到尾都很誠實。

塔米的辯護律師肯・麥克尼斯,站在陪審團前。

「我很高興今天早上能站在這裡為一位無辜的女性辯護,」肯先說。

他承認塔米確實有藥物成癮，但堅持她對於任何對金的攻擊都是清白無辜的。

「你們剛剛聽到我的當事人說她有服用嗎啡的錄音，」肯說。「塔米過去曾經服用過很多次嗎啡。塔米服用嗎啡並不是什麼新鮮事。哥倫布地區的許多人都曾服用過嗎啡。這些人都是臭名昭著的吸毒者和酗酒者。這並不稀奇。他們有自己的供應管道。」

令人驚訝的，肯說得好像塔米不僅是個吸毒者，還是個毒販，是個很容易持續獲得毒品的人，而不是一個去戒毒所尋求治療和幫助的人。「他們有自己的貨源，」肯繼續說。「他們把毒品帶到卡迪希爾和其他地方。他們偷渡毒品進去。這種情況並不罕見。她用了嗎啡。她有嗎啡。」

「但是，」肯終於說到，「這位年輕的女士，也就是受害者──和塔米之間並沒有任何有關於嗎啡的聯繫。這一點還沒有被證實。」

肯指出沒有在塔米身上和他的物品中發現任何毒品。那個黑色的嗎啡袋子是在金的行李箱、在金的控制下。

肯爭論在塔米有自己的嗎啡。他說：「吸毒者擁有自己的嗎啡並不罕見。這沒有那麼貴。也許你可以在卡迪希爾的門縫裡塞一小袋。我不知道，你知道嗎？」

而哪裡有陰謀？肯質疑。金知道迪基的毒品在哪裡；金以前拿過他的毒品；這次又拿了。不存在什麼陰謀。

最後，肯指出了也許是最明顯的一點：沒有血跡。「沒有任何血跡可以將地點連結起來。」他說。

莉的律師巴奈特對檢方的時間線提出質疑。如果莉和塔米帶著後車箱裡的金到達旅館，那麼被指控的攻擊發生在什麼時候？從卡迪希爾到旅館的路上？

如果是這樣，那麼他們是如何把金的衣服套她身上，而自己和衣服上又沒有沾到任何血跡的？她們是如何把金放在後車箱或卡車裡而不留下任何血跡？

血跡在哪裡？他呼籲陪審團注意，卡車裡沒有血跡，後車箱裡沒有血跡，金的衣服上沒有血跡，旅館房間裡沒有血跡，床單上也沒有血跡。一個女人的陰唇被咬掉了，怎麼會沒有血跡？

巴奈特繼續對檢察官論點當中的另一個弱點提出質疑。要讓莉在一秒鐘內單手抱起一個和她一樣重、一樣高的女人，並把她從後車箱中抱出來，這對她來說是多麼困難？

他指出韋斯特醫生聲稱錄影畫面顯示莉將金的身體從貨車上搬下來，但沒有看到她卸下任何行李或私人物品。巴奈特重申了莉告訴警方的內容——她正在卸下裝在一個大垃圾袋裡的衣服。

巴奈特強調了莫克醫生對造成傷害的時間是如何從2到4天變為12到48小時的。

這個變化排除了在莉和塔米週日下午回來之前，卡迪希爾發生任何事的可能性。瓊斯警探沒被要求去卡迪希爾調查。

巴奈特指出這些女生都是朋友而且當莉和塔米要離開和金想要一起去時，莉同意了。然後，莉主動載金去，另外還把塔米送去路易斯安那州。

「朋友幫助朋友，這就是當晚發生的事。朋友不會像檢方所說的那樣對待朋友，這兩個女孩中的任何一個都不會像檢方所說的那樣對待金。」

他提醒陪審團，莉和塔米一直配合執法部門的工作。當警方提出要求時，她們都會與警方交談，甚至主動從外地返回。莉同意把她的卡車留給警察。她們都自願提供了自己的齒模。莉接受測謊，而且她之前沒有任何犯罪紀錄，甚至沒有被逮捕過。

接著巴奈特對韋斯特醫生進行抨擊。

「他是個牙醫，」巴奈特諷刺的說，「他跟你們說陰道受傷的事？牙醫？」

「在我繼續之前，我想再談一件事。我不知道你們怎麼想，但我知道這裡不是堪薩斯城或紐約的某個地方，關於同性戀和有關的這些東西，我不認為一個人是否是同性戀會對他是無辜還是有罪造成任何影響。」巴奈特說：「你知道，也許一百年前人們會對這些東西有一些偏見，但現在是 2001 年。」

雖然如此，巴奈特還是認為莉不是一個確定的同性戀者。「我不相信有人會站在證人席上，指著我的當事人說她是同性戀。我認為會有人站在證人席上，說他們是室友；說他們在房子裡有單獨的房間。但我不認為這就能讓一個人成為同性戀。」

在最後陳述中，巴奈特敦促陪審團：「我們不能用垃圾科學給這些女孩定罪。這是不行的。這不可以發生。」

\* \* \*

檢方有權對陪審團做最後的陳述。辯方只能說一次。因為檢察官負有舉證責任，所以他們可以進行最後陳述，並有機會解決辯方提出的質疑。

朗普頓首先解釋了他為什麼沒有對金提出任何指控。「我只是不忍心在她人生的這個階段來起訴她。我需要她作為證人出庭

作證。」

接著他把注意力集中在莫克醫生和加爾維茲醫生的證詞上。

「莫克從來沒有看過私處有這種傷痕的女人。從來沒有。他說這很殘忍，」朗普頓說。「加爾維茲醫生說，他見過同性戀性侵，在他看來，同性戀性侵是最殘忍的，涉及酷刑。這是他見過的最無情的攻擊。他用他的精神病學專業知識和病理學專業知識向陪審團提供資訊，如果你相信莫克醫生描述的暴行，那麼你就會發現這是一個同性強制性交。沒有發現任何精液，但有咬痕。」

咬痕在朗普頓眼裡非常重要。「咬痕非常重要因為它代表這是同性強姦。它代表這是強制性交。乳房上有咬痕，側面有咬痕，陰道上有咬痕，這就排除了咬痕是自己造成的可能性。你也聽到了韋斯特醫生的證詞，他非常有把握的是，這是個咬痕。」

為了表示他的信心，朗普頓說陪審員將在審議室看到莉的齒模，他們可以親自將齒模與金的臀部照片進行比較。朗普頓對陪審團說：「你們可以親眼看到，那確實是一個咬痕。」

但要怎麼解釋血跡的問題？

朗普頓注意到，有人在監視器畫面中看到莉從飯店製冰機中拿冰塊。他的理論是：莉拿冰塊是為了消腫止血。「血就是從那裡流出來的。血流進了浴缸的下水道。」

雖然沒有血跡，時間線還是把塔米和莉鎖定為兇手。

「我們知道金是被殘忍地打傷的，我們也知道這是在她被她們控制的時候發生的。當時她和他們在一起。女士們、先生們，如果她受傷時只有她們在現場，而且她們自己也是這麼說的，那麼，她們毫無疑問地對她實施了性交。」

朗普頓總結。

朗普頓說：「當你看到所有證據時，你就會意識到，雖然這是一個證據確鑿的案件，但這兩個同居的女人是情人，無論是因為毒品、酒精還是她們的生活方式，她們都無緣無故惡毒地攻擊了金，並試圖掩蓋事實。」

朗普頓告訴陪審團成員，證據相當清楚，他們有責任考慮所提出的證據。一旦他們這樣做了，朗普頓告訴陪審員們，他們會「毫無疑問地認識到」這是一個共謀；莉和塔米因為持有嗎啡而有罪；而且「毫無疑問」，金是性侵的倖存者，「是這兩個女人給她造成了傷害，而且她們是共同造成這些傷害的。」

# 第十四章
# 宣判

　　史密斯法官讓陪審團進行評議。陪審員帶走了齒模和照片，最重要的也許是錄影。他們拿到了一台電視和錄影機，如果他們願意，可以再看一遍錄影。

　　陪審團在兩個半小時內作出判決。他們在上午 11 點 09 分從評議室離開。在下午 1 點 45 分時，他們將告訴法警他們得出結論。

　　所有陪審員意見一致。

　　塔米和莉所有罪名均成立。

　　每個陪審員都接受了單獨調查。當被問及此事時，每個人都不約而同地點頭，肯定了自己的決定。

　　全票通過。

　　法官解散了陪審團然後直接進行宣判。

　　他問被害者是否還有什麼話要說。金的母親茱蒂開口了。「我已將金交給主了，主已將她從敵人手中解救出來。她會發光的。她將成為一顆耀眼的明星。妳們背道而馳，選擇了邪惡的生活方式，因此，妳們將在自己的邪惡中毀滅自己。我沒有其他話要說，只能說陪審員們做出了正確的決定。」

　　法官接著問塔米和莉是否有任何話要說。

塔米先開口說：「金，你是我最好的朋友之一，我不知道在妳身上發生了什麼。我對你和你的家人感到抱歉，真的。我非常希望我能知道妳發生了什麼，但是金我不知道，而我沒有做這些事。」

　　莉拒絕說任何話。

　　史密斯法官已經做好準備了。

　　「證詞無法反駁兩名被告有同性戀關係，」他開始說。「我不知道被害人是否屬於這種關係。被告自己的專家作證，這種類型的人殺人不眨眼，造成巨大傷害，殘忍攻擊，是他見過的最殘忍的罪行。」

　　他停下來來。「除了莫克醫生見過的最嚴重的陰道損傷外，她的其他傷也非常嚴重。」

　　他直接對莉和塔米說：「妳們被認為有罪，特別是持有這些毒品。我認為，如果不是這些毒品，就不會發生這樣的犯罪，也不會發生這樣的攻擊事件。這說明了毒品的危險性和我國毒品問題的嚴重性。羥考酮⋯⋯如果你不認為毒品會害死你，看看受害者就知道了。」

　　法官開始宣判他們的刑期。

　　「關於共同持有嗎啡並犯有重度盜竊罪：我將判處你們最高的刑期，五年。」史密斯法官判決。

　　「重傷害罪部分：因為傷勢嚴重，第三項之罪處最高處二十年。第一條罪與第二和第三條罪同時執行，但第二和第三項將連續執行。

　　總計：四十四年徒刑。」

　　諷刺的是，法官命令莉和塔米必須支付檢察官辦公室費用、

醫療記錄費用、專家證詞費用以及所有證據費用的一半。這意味他們必須為韋斯特醫生出庭作證支付費用。

史密斯法官簡單地結束了程序「我將被告交由林肯郡郡長開始服刑。」

就這樣,三天的審判結束了,莉和塔米的監獄生活開始了。莉──21 歲,塔米──32 歲。

# 第十五章
# 對身分的懲罰

我在房間裡梳頭，瞥見我太太走出浴室。

檢察官：韋斯特醫生，在同性性交案件中，你會發現咬痕嗎？在皮膚上發現咬痕並不罕見。
韋斯特：是的，這並不少見。
檢察官：事實上，這幾乎是意料之中的？
韋斯特：幾乎是。

我們住在西維吉尼亞州。她是一個勇敢而堅定的人，為了我們能有一個共同的家，她搬到了西維吉尼亞州的農村。想像一下，一對同性戀伴侶住在西維吉尼亞州最大的城鎮之一──或其他任何地方的小鎮。西維吉尼亞州就像密西西比州一樣，州人口最多的地方，也只有五萬人左右。我們的鄰居飛利浦是個海軍迷，他和我妻子相處得很好，我妻子是個退伍軍人，也是個狠角色。飛利浦是個真誠的鄰居，他很喜歡幫我們修理家務，例如在高高的梯子上倒轉吊扇，或是安裝新的房門。但如果我們沒有這樣的好鄰居呢？如果只是因為我們相愛，鄰居就認為我們暴力、危險呢？

檢察官：陪審團們，當你們看到所有的證據時，你們會發現這是一個間接證據的案件，這兩個住在一起的女人，是情人，不管是因為毒品、酒精還是她們的生活方式，毫無理由地惡意攻擊金伯利－威廉斯，並試圖掩蓋事實。

在西維吉尼亞州，我曾要求刑事訴訟法的學生去參與當地警察的實地巡邏。那是一個小鎮，我認識執法單位的長官。但當時我還沒有意識到，有那麼多警察性侵年輕女性。當我們拒絕面對執法人員強暴婦女，特別是與有色人種和跨性別女性有關的問題時，社會就辜負了她們。性侵害是僅次於濫用武力的第二大警察暴力投訴。在刑事法律系統中充斥著對女性的非人道待遇，包括騷擾和虐待與案件只有些許關聯的婦女。

辯護律師：韋斯特醫生，這裡基本上沒有多少肉可以讓你的牙齒咬吧？
韋斯特：我不認為你的口腔會無緣無故有這麼多組織。

謝天謝地，我的學生都沒有出事。
但警察們坦率地說出了他們對黑人，特別是對跨族通婚伴侶的歸納。學生的報告迫使我主動向警察局的官員反映。然而，同樣的經驗在第二年又發生了。我不知道到底是同一批警察做了相同的行為，還是與前一年不同的警察做出了同樣的行為來的更讓人難過。

檢察官：瓊斯警官，在你調查中，什麼時候塔米和莉開始成

為犯罪嫌疑人?

瓊斯警官:在我看影帶的時候。我相信我看到,莉站在卡車後面,打開後車箱,然後從那個後車箱裡拖出一個人後,下車後進到109號房。

在美國,某些身分被當作是種犯罪。警察會懷疑任何非白人、非順性別男性、非中產階級或富人、非公民、身心障礙人士、非異性戀或非順性別的人。警察有時甚至會逮捕異性戀的白人富翁,但這些被告更有可能透過談判或賄賂的方式擺脫。法律將既存的偏見和地位明文化。種族隔離法、反種族隔離法、婚姻保護法、拒絕給予非白人公民身分等等,不勝枚舉。警察、檢察官和法官如何執行這些法律,強化了財富和社會地位上的差異──這種差異成為這些帶有偏見的法律正當化的社會基礎。執法者利用這種差異,延續他們是在懲罰「正確」的人的想法。

在進行莉和塔米審判的 2001 年,任何進行口交、肛交的行為在密西西比州都被認為是犯罪。密西西比州的雞姦法（Mississippi's sodomy law）內容廣泛,涵蓋口交和肛交,也包含異性之間的口交。密西西比州在 1802 年將肛交定為刑事犯罪,將「非自然性交」定為重罪。密西西比州最高法院在 1950 年代的一個判決中認為,口交是「不自然的、可憎的和令人憎惡的,立法者有意將其定為重罪。」

但是誰被逮捕和處罰並不單純是誰違反法律的問題,而是權力。當韋斯特醫生針對女性口交作證時,他坦承:「我曾經作過,但我不是專家。」他做了口交,而他的口交行為是非法的。但韋斯特醫生站在證人席,而非被告席上。

當我住在密西西比州時，我和一位黑人男子處在很認真的關係上。他是個聰明有天分的男子，生長在一個傑出的家庭中。他的母親是法官；父親在美國最高法院擔任訴訟律師；他的兄弟當選地區檢察官。他們每個人都成功、有影響力並受人尊敬。然而，他們也沒能從種族歧視中倖免。他們經歷了警察的歧視、盤查，甚至是錯誤的逮捕，僅僅因為他們是黑人。而我作為一位白人女性，因為警方對於黑人男性與白人女性關係的側寫，更進一步讓我的伴侶陷入危機。

在他住的小鎮，一個邦聯紀念碑矗立在地方法院前。從正面看是個拿著旗子的男性士兵，而從側面看又像是個披著床單的三K黨成員。

當警察和檢察官不公正執行法律時，我們必須在有人喪失自由前給與補償措施。當法官和陪審團不公正地定罪時，我們必須意識到存在明顯的不公正，然後釋放他們。

# 第十六章
# 密西西比州蘭金監獄
# (Rankin Prison) 裡的女性囚犯

　　從孟菲斯（Memphis）往下的 55 號州際公路在向南通往密西西比州傑克遜市（Jackson）的途中與貝茨維爾（Batesville）交會。或許令人驚訝的是，貝茨維爾是玉蘭修道院（Magnolia Grove Monastery）的所在地，這是一個由支持者建立的正念練習中心。貝茨維爾也有一家曲利餐廳。我在曲利餐廳裡慶祝聖徒隊在 2010 年超級盃比賽中擊敗小馬隊，這是我支持的地方主隊，因為密西西比州沒有職業運動隊，而我的出生地主隊是印第安納州。當時，在我附近的牛津鎮，週日不能賣酒，餐廳在週日和週三晚上關門，因為人們要去教會做禮拜和參加週中聚餐。半小時車程外的曲利餐廳週日有營業，而且有電視和啤酒。

　　在從蘭金監獄回來的路上，我會在深夜去曲利餐廳停留。從巴特郡出發，沿著密西西比三角洲向西的州際公路飛馳，我可以在不到兩小時內就抵達蘭金，在技術上被命名為密西西比州中央矯治機構。蘭金監獄，以所在城鎮作為暱稱，剛好就在州首府傑克森的東邊。駕駛的最後一段路是一條橡樹林道路，比柏油路和瀝青路古老得多。然後，道路彎曲地經過州立懷特菲爾

（Whitfield）精神病院。懷特菲爾蓋在一個過去的流放地上，原本被稱為密西西比州精神病院。與南方的農場監獄類似，例如密西西比州的帕取門監獄和路易斯安那州的阿岡那監獄，懷特菲爾曾經可以自給自足，擁有三千五百英畝的土地和勞動居民。但被關在帕取門監獄的人有一個結束刑期的目標日。在懷特菲爾，人們走進去後就再也沒有走出來。如今，懷特菲爾有一個官方的民眾療養院。

懷特菲爾監獄現在有一個藥物成癮部門，但許多患有藥物成癮的密西西比人卻要到更遠的蘭金監獄去。蘭金監獄是密西西比州唯一的女子監獄，這意味著無論她們來自哪裡，都無法被轉移到離家人或孩子更近的監獄。蘭金監獄是女性的唯一選擇。變性女性通常會被安置在州內與其性別不符的男性監獄。

莉和塔米在宣判後被移送到蘭金監獄。我每一到兩個月會去看他們，向他們更新案件的進度，確認他們的健康狀況，並詢問是否還有其他需要我們幫忙的女性。密西西比救援計畫並不具備這樣的能力——我們只是密西西比大學法學院裡的一個小型非營利單位。但至少我們可以嘗試一下。

有時，這些婦女出獄的唯一途徑就是社區動員、向政治人物施壓、以及監獄圍牆外的關注。社區的怒氣是強大的，檢察官不應該在人民的怒火前無動於衷。

以下的故事說明了當法律系統陷入僵局時，社區力量是如何使人重獲自由的。

我們在蘭金的嚮導是我的另一個對象塔莎・梅塞德斯・謝爾比（Tasha Mercedez Shelby）。塔莎被關了二十多年，至今仍在

監獄中,她曾在髮廊、收發室、家教和禮拜堂工作過。在本章中,她認識的女性大多是順性別女性。

被認為是非順性別的人,像是變性人或非二元性別者,面臨更多挑戰,因為他們經常被強迫進入與他們性別不符的監獄。塔莎認識一個雙性人,他透過送信給女子最高警戒部門而被認定為男性。最高警戒部門是個單獨監禁的地方。塔莎送來了朋友的信件,他們送來了「男性化」的衛浴用品,是種人性化的象徵。當監獄不考慮其他解決方案時,非順性別者只能殘忍地被關進單獨監禁室,甚至連單獨監禁室也是有性別區分的。

每年聖誕節,監獄裡的牧師都會送禮物給監獄裡的囚犯。禮品袋也是有性別區分的――「女性禮物」或「男性禮物」。塔莎在禮拜堂工作時收到了一張紙條,是一位被單獨監禁在男性最高警戒部門的變性女性寫的。她想要一個女性禮物袋。

當牧師同意後,塔莎就把東西放在一起:髮夾、髮束、「女性」洗髮精和除臭劑。即便只是這些小東西,對一個人身分的認同也很重要。而往往是外面的人為被監禁者創造這種認可和改變。

## 國家授權的性侵害

塔莎、莉和塔米與大約一千四百名婦女一起被關押在蘭金監獄。大多數被監禁的婦女都是性虐待和性侵犯的倖存者,她們在入獄或出獄時都患有創傷後壓力症候群、憂鬱症和焦慮症等問題。監獄中的變性人和性別不符者在監獄中遭受身體和性騷擾及虐待的比例甚至高於順性別婦女。

多年來,塔莎、莉和塔米每次與家人或我――她們的律師會

面時都要脫衣搜身。每次會面時，她們必須脫下她們的衣服並被完整穿著衣服的警衛們搜查。脫衣搜查的目的名義上是為了檢查有沒有違禁品；但絕大多數的情況下是用來貶低個人和她們的身體、侮辱她們的人格、強化她們的無力感，並將她們從一個有血肉有靈魂的人變成一個物品。傳遞她們的身體無關緊要以及身體根本不屬於她們自己的訊息。

塔莎、莉和塔米很少提到搜查的事情。為了見到家人、朋友或律師，她們不得不做出退讓。

一個駭人聽聞的例子令我記憶猶新。伊利諾州的一所監獄曾進行例行的「學員警衛訓練」。獄警們把兩百名戴著手銬的女性囚犯帶進一個房間，房間裡有男女學員、獄警，甚至還有平民觀察員。獄警們要女囚犯們脫掉衣服，裸體站在所有人前。

女囚犯們站的很近，所以她們的身體互相碰觸。她們被命令拿掉衛生棉條和衛生護墊，經血順著腿滴到地板上。警衛、學員、平民觀察員都在看，所有人都衣冠楚楚的站在那兒。在一雙雙瞪得大大的眼睛下，警衛命令這些女囚犯們做每一次家人會面前他們必須做的事「挺胸、撩開頭髮，轉身，彎腰，撥開臀部與陰道、咳嗽」。

這是例行訓練。也是強暴文化。這是國家認可的性侵害。

**遭到誤判的塔莎**

我一開始是從莉和塔米那裡知道塔莎的。她們告訴我有兩個在獄中的女人他們認為是無辜的。塔莎就是其中之一。

塔莎在十幾歲時搬到密西西比州。她在高中十年級時懷上了她的兒子達可塔，然後輟學去工作。時光飛逝，塔莎養大她的兒

子，然後她開始和大布萊恩約會。大布萊恩比她大幾歲，剛拿到長途運輸卡車執照。大布萊恩自己有一個孩子和達可塔一樣都是兩歲半。他們叫他小布萊恩。以他的年紀來說，小布萊恩的體型相當高大，有 33 磅重和 3 呎高。

他的身高已經是塔莎的一半，而塔莎則是個身高 4 呎 9 英寸的小個子。

他們很快就住在他們自己的房子，一個位在玻利希的汽車旅行拖車，靠近海灣的沙灘和海水。小布萊恩因為氣喘使用噴霧，並且伴有失神性癲癇，那時候他會呆呆地望著遠方。塔莎和大布萊恩很擔心他，帶他去看兒科醫生，醫生建議他們帶他去看神經科。他們預約了神經科 6 月中旬的門診。

雖然大家都很擔心小布萊恩，但這個繼親家庭還是很幸福。塔莎懷上了一個小女孩。當她在五月生下這個小女孩時，他們為她取名為德雯。塔莎進行了剖腹產，同時讓醫生為她結紮了輸卵管；他們的家庭已經完整了。

塔莎在手術與生產後一直臥床休息，並在生產後住院了好幾天。塔莎的醫生開了剖腹產止痛藥，但她買不起。醫生要她不要提任何重物、彎腰或做任何可能撕裂手術縫線的運動。她光是要抱起剛出生的孩子已經非常辛苦了。當大布萊恩在九號木材廠上夜班時，她的親戚會來接達可塔，讓塔莎可以有時間休息一下。

在其中一個傍晚當達可塔跟親戚們待在一起時，塔莎要把嬰兒和小布萊恩都送上床睡覺，這時他聽到一聲巨響從小布萊恩的房裡傳來。她進去他的房間，發現小布萊恩在地上抽搐。他從床上跌下來並出現癲癇。他沒有辦法呼吸。

塔莎打電話給他剛剛生下德雯的醫院，醫院告訴他立刻過去

——開車會比救護車更快。

塔莎立刻打電話叫大布萊恩回家,並開始對小布萊恩進行心肺復甦術。當她的未婚夫趕到時,他們馬上衝去醫院——速度太快以至於警察把他們攔了下來。大布萊恩對著警察大喊,他必須趕去醫院。他開車離開,但在此之前,一名警官跳上了他們的麵包車,接替塔莎進行心肺復甦術。

在急診室醫生試著救活小布萊恩。

太遲了。小布萊恩因為缺氧已經腦死。他的腦部腫脹,有出血痕跡。第二天,他們關掉了氧氣機。

醫院通知警方調查小布萊恩是否死於兒童虐待。警察訊問塔莎。她說了她後來一直在說的話:她聽到砰的一聲,小布萊恩倒在地上,癲癇發作,無法呼吸,她就開始做心肺復甦術。她無法救活他。

在小布萊恩死掉的時候,醫生們還不清楚短距離跌倒會造成怎樣的傷害,或癲癇與短距離摔倒有怎樣的交互作用。相對的,在1997年「嬰兒搖晃症候群(Shaken Baby Syndrome)」理論在法律和醫學領域比今天更盛行。這個理論主張當一個嬰兒——通常小於六個月——出現三個特定症狀(腦部周遭出血、眼球後部出血以及腦部腫脹)時,這個小孩很有可能是被搖晃致死的。

小布萊恩腦部腫脹,硬腦膜下有一個小出血點,但沒有視網膜出血。雖然塔莎從來沒有改變她的說法,但沒有人相信短距離跌倒或癲癇發作可以解釋小布萊恩的狀況。屍檢報告的結論是,小布萊恩的死因是他殺。作為唯一在家陪伴孩子的人,塔莎被逮補和起訴。

那是她第一次被逮補。

大布萊恩在小布萊恩死後不久就和塔莎結婚。接著塔莎被送進看守所等待審判。

塔莎等了三年。在這段期間，親戚們帶走了她的女兒和兒子；大布萊恩沒有辦法保留對他們剛出生女兒的監護權。

當塔莎接受審判時，他的辯護律師同意了小布萊恩是因為搖晃而死的診斷——每個人都同意了。但他的律師懷疑大布萊恩才是罪魁禍首。塔莎身高四英尺九英寸，不到兩週前才進行剖腹產並切除輸卵管。她怎麼可能有辦法舉起一個 33 磅重的幼童，然後劇烈搖晃到足以要他的命？塔莎告訴他的律師關於近距離跌倒的事情，也告訴她預約了小布萊恩死亡一週後的精神科門診，還有癲癇和小布萊恩的氣喘與噴霧器。沒有一個發揮功用。

在針對塔莎審判的開庭陳述中，檢察官開口的一句話就告訴陪審團：在1997年5月30日，塔莎非常劇烈的搖晃一個兩歲半的孩子小布萊恩，孩子在隔天因傷而死。在審判的最後，檢察官告訴陪審團：先生們女士們，這個案件中的一切沒有任何爭議……小布萊恩是被劇烈搖晃而死的。這是沒有爭議的。在審判當時，這是正確、沒有爭議的。

檢方最主要的證人是法醫雷迪克醫生。他進行了驗屍。他證明小布萊恩是因為劇烈晃動而死的。他沒有考慮傷可能是因為近距離摔倒或其他與虐待無關事故的問題。

和莉與塔米的辯方證人類似，塔莎的辯方證人也同意檢方證人死因是嬰兒搖晃症候群的說法。

2000 年，陪審團認定塔莎犯下謀殺罪。她非常害怕被判死刑。但是，陪審團卻只判她終身監禁，不得假釋。

2008 年，奧黛莉成為第一個因為最新研究發現嬰兒搖晃症

候群不可靠而被判無罪的人。

在 2010 年，我第一次見到塔莎。這麼多年來，我仍然在為她辯護。從她接受審判以來，在兒童醫學、創傷醫學、生物醫學工程方面的進步削弱檢方的基本論點。美國疾病管制與預防中心現在認為跌倒是導致四歲以下兒童腦部傷害最常見的原因。

科學的進步也使最初的法醫病理學家雷迪克改變了他對死因和死亡方式的看法。

1997 年，雷迪克主張小布萊恩的死是他殺——這與當時的普遍見解一致。

但是，當他在 2015 年重新檢視當時的記錄後，他相信自己的診斷發生錯誤。

雷迪克醫生將小布萊恩死亡證明上的死因從他殺改為意外事故。之後，他與辯方另外三名醫學專家在定罪後救濟聽證會上一起為塔莎作證。

法院尚未推翻塔莎的有罪判決，也沒有同意釋放她。她仍然留在蘭金裡。因此，她是我們在蘭金冤案女性這一章裡的嚮導。

## 女性死囚

作為整個州裡唯一的女性監獄，蘭金是拘禁密西西比州女性死刑犯的地方。在我定期拜訪蘭金的時候，那裡只有兩位女性死刑犯。兩個人都是白人，且都是完全被獨立拘禁的。麗莎（Lisa）在 2006 年被判決死刑。蜜雪兒（Michele）在死囚房裡一直被關到 2014 年。

麗莎承認了犯罪。但蜜雪兒是無辜的，由於社會的怒火和記者的調查，她獲得了自由。

被判處死刑的女性並不多,但當她們被判死刑時,檢察官往往會利用性別刻板印象,將這些女性貼上「不正常」的標籤。很少用來對付順性別男性的「養育不當」,卻經常被用來對付順性別女性被告。

蜜雪兒就是其中一個。

蜜雪兒的兒子小艾迪開槍打死了虐待自己的父親老艾迪。當她的兒子殺死她的丈夫時,蜜雪兒在醫院裡。事實上,她在醫院接受了多重處方藥的治療。儘管如此,警長大衛還是來到醫院,就謀殺案對蜜雪兒進行訊問。他慫恿蜜雪兒幫助她兒子,負全部責任。他說蜜雪兒肯定雇用了人,犯了這起共同謀殺案。蜜雪兒告訴警長她會為她丈夫的死負責。

在蜜雪兒對警長作出陳述後,當地檢察官以謀殺罪起訴了蜜雪兒。在審判中,小艾迪在宣誓後作證對抗他的母親,說母親雇用了他的朋友喬伊殺了老艾迪。陪審團判決蜜雪兒有罪。

在判決謀殺罪前,辯護律師提出證據證明為什麼他的當事人不應該被判死刑。心理學家對蜜雪兒進行鑑定然後發現蜜雪兒的繼父曾經性侵她。為了逃避性侵害,蜜雪兒離家出走,當脫衣舞女維生。她和老艾迪的關係在她只有 15 歲時開始,當時老艾迪已經 31 歲了。老艾迪在身體和性行為上虐待她,強迫她和老艾迪和另一位男性性交。蜜雪兒嘗試離開,但每次她的丈夫都暴力威脅他。在沒有任何資源能幫助她自己和兒子下,蜜雪兒留了下來。

審判庭上的男性檢察官亞契,用這個來對付她。他告訴陪審團:「有人認為,也許艾迪不是一個合格的丈夫或父親。」,「那為什麼她不直接離開?為什麼不離婚?為什麼她沒有去尋找

其他庇護的地方？」

蜜雪兒就是這樣做的——她吃下老鼠藥，重新住進醫院，以便從家庭生活中解脫出來。她罹患憂鬱症、酒精成癮和其他心理健康問題。她的男性律師沒有向法庭提供這些資訊，也沒有說明蜜雪兒的任何情況。隨後，他們放棄了憲法賦予的陪審團判刑權利，轉而要求法官對她進行判刑。

巡迴法院法官湯馬斯・加德納（Thomas Gardner）判處蜜雪兒死刑。

直到 2014 年，當司法部長吉姆・胡德（Jim Hood）要求將執行死刑的日期定在 3 月 27 日，蜜雪兒的案件才真正受到關注。這種關注和憤怒來自公民和媒體。

記者發現了蜜雪兒兒子的四份書面供詞——辯護律師和判決死刑的法官在審判時全部都已經知悉這些供詞存在。小艾迪甚至帶領警方找到了凶器。

法庭裡的這些白人男性犯下了真正的共同謀殺罪——不單只是共謀殺人，而是共同給一個無辜的女人定罪。小艾迪、大衛史密斯，還有檢察官亞契、蜜雪兒的辯護律師，以及法官湯馬斯全都知道蜜雪兒兒子重複多次的自白。唯一不知道這些自白的人是陪審團。當辯護律師試圖在審判中承認某些自白時，湯馬斯法官駁回了他的請求。

2014 年，在蜜雪兒要被執行死刑前幾週，大眾組織了一場致電州長辦公室的活動。傑克遜自由報報導了蜜雪兒的案件，並曝光了供詞。這個行動奏效了。

2014 年 3 月 31 日，令人震驚的，密西西比州最高法院拒絕了司法部長關於行刑日期的請求，並推翻了蜜雪兒的定罪。在密

西西比州原本決定對蜜雪兒執行注射死刑的幾天後,她離開了監獄。

蜜雪兒能重獲自由歸功於社會大眾的支持。

但這還不是故事的結局。

檢察官重新對蜜雪兒提起了相同的指控。他要求將蜜雪兒監禁至重新審判,而不是假釋。檢察官無法起訴真正的犯罪者,因為小艾迪以指證母親為交換條件,承認了較輕的罪行。

蜜雪兒在等待重新審理時又在監獄裡待了一年,就像肯尼一樣,在等待檢察官時持續被監禁。

蜜雪兒的檢察官一點也不急。但在經過了十六年的監禁,其中十四年還在死囚中的生活後,蜜雪兒希望她的餘生可以在自由中度過。檢察官向她提出阿爾弗德抗辯(Alford plea)——認罪但堅稱自己無罪[1],說政府有足夠的證據將她定罪而非她有罪。作為交換,蜜雪兒會獲得「服刑期滿」的判決並獲得自由。

---

[1] 是指在美國法律中,被告在刑事法庭上承認檢方的證據足以證明他有罪,但他堅稱自己是無罪,被認為是美國廣泛認罪協商制度下的極致表現。1970 年 North Carolina v. Alford 案中,阿爾弗德以一級謀殺指控被起訴,按照北卡羅來納法律要被判處死刑。阿爾弗德告訴他的辯護律師會支持其無罪的證人名單,然而當他的律師詢問這些證人時,他們卻為證明阿爾弗德有罪的陳述。因為阿爾弗德無罪主張沒有證據,所以律師建議阿爾弗德接受檢察官的認罪協商並承認二級謀殺指控有罪,最高刑是 30 年監禁。近年例子,例如前美國總統拜登次子亨特(Hunter Biden)涉逃稅案,2024 年 9 月 5 日準備進行陪審員篩選程序,篩選開始前,辯方律師洛威爾(Abbe Lowell)告訴法官,針對亨特的證據「壓倒性」,加上他月前才因聯邦槍械控罪被判有罪,因此亨特希望認罪協議解決本案,以免數月內二度受審。辯方此舉似乎令法官和檢方非常意外,檢方遂反對這種「阿爾福德抗辯」(Alford plea)。

蜜雪兒接受了阿爾弗德抗辯。檢察官和法官同意將她從監獄釋放。

蜜雪兒並不知道她的生命還會剩下多少時間。當她在監禁的時候得了乳癌。癌細胞擴張到全身惡化成第四期（末期），但這卻是當她以自由身去看醫生時才得知的事實。蜜雪兒於 2019 年，在獲得自由後三年半後死於乳癌。

她的兒子小艾迪殺了自己的父親，並設計讓母親背黑鍋，為他母親的死發表了想法：「生活就像撲克牌，有時你就是沒有一手好牌⋯⋯我相信她已經盡力了。」

他與警方和刑事法律系統的參與者一起對付她。

蜜雪兒並不是密西西比州死囚牢裡唯一一個被誤判女性，要為她沒有犯下的罪被處決。莎賓娜・巴特勒（Sabrina Butler），一位來自密西西比州哥倫比亞的黑人女性，是密西西比州死囚牢裡第一位女性。在只有十七歲時，莎賓娜被指控謀殺她的小孩華特。在莎賓娜強而有力的自傳中她寫道：「在二十四小時前，我只是一個剛失去孩子的青少年。這些野心勃勃的男人們訊問我、打擊我、恐嚇我。在這種心理壓力下，我在他們寫下的謊言上簽了名。」

莎賓娜在死囚牢裡待了 33 個月，並在監獄裡又待了 5 年，直到 1995 年證明她兒子是自然死亡時才還了她清白。

對少女莎賓娜提出謀殺指控的檢察官福雷斯特・奧爾古德（Forrest Allgood），在韋斯特醫生的協助下至少將另外三名黑人男性錯誤的定罪：「肯尼、列文、和艾迪里（Kenny Brewer, Levon Brooks and Eddie Lee Howard）」。2015 年，當他被挑戰者史考特・科羅姆（Scott Colom）擊敗時，福雷斯特作為哥倫比

亞檢察官的時代才總算結束。史考特的父親，是一位知名且備受尊敬的律師，同時也是密西西比州救援計畫的董事會成員。改變是可能的。

蜜雪兒和麗莎在監獄裡與其他人完全隔開。不過在某些時候，密西西比州死囚牢裡的女性也會被提醒，她們也是人。她們能與他人善意的接觸。

塔莎（Tasha）是理髮部裡的理髮師——一個在女子監獄裡的理髮店。塔莎在監獄裡獲得了美容師執照，婦女們可以付錢來做頭髮，分享八卦，還能得到一些個人護理。

塔莎剪麗莎和蜜雪兒的頭髮，對於這些在死刑監獄的女性來說，這是非常親密的體會。她打理麗莎的棕色長髮，這種再正常不過的舉動將她們聯繫在一起。儘管在警衛們不斷地監視下，這是一個作為人、擁有身分的提醒。麗莎一直都很活潑，很健談，見到塔莎就興奮不已，又是修指甲，又是做頭髮。蜜雪兒則低調安靜，從不惹麻煩。

警衛們會在最大安全部門的一個房間裡放一張理髮椅。塔莎一開始來到蘭金監獄時曾經待在單獨監禁的空間裡，因為她被判處終身監禁。所有被判決終身監禁的女性們一開始都會去單獨監禁的空間然後工作來獲得更多自由——雖然是在監獄裡。

聯合國「曼德拉規則（Mandela Rules）」，以南非總統曼德拉的名字命名，他在南非種族隔離時期被監禁了 27 年，該規則將單獨監禁定義為每天 22 小時以上沒有實際意義與人接觸。從美國建國以來，單獨監禁就一直作為一種「解決方案」存在。牢房的設計阻隔了人與人之間的交流，牢房有堅固的金屬門、裡面

有廁所和洗手台,幾乎沒有窗戶或自然光。食物可以透過金屬門上的槽放入托盤。被單獨監禁的人不能參加教育或職業訓練項目,通常也不能使用電視和收音機,只能閱讀有限的讀物。他們在一個單獨的牢房裡活動——有時在牢房外面,有時則否。同樣的,和家人的接觸通常受到限制且不能接觸。

「曼德拉規則」禁止 15 天以上的長期單獨監禁,因為單獨監禁會對人造成傷害。將人們與其他人隔離會實際改變我們的腦部活動。我們作為人類在精神和肉體上都將面臨強制隔離帶來的痛苦,包括恐慌症、妄想症、幻覺、憂鬱症、自殘和自殺。

塔莎剛到單獨監禁的空間時哭得很厲害,所以一名管理員注意到她。

「塔莎,妳怎麼了?」

「管理員,這裡只有我一個人⋯⋯而且,我從來沒有這麼久沒得到擁抱。」

這時,一名最嚴苛的管理員走了過來,坐在塔莎旁邊的金屬小床上。她轉身抱住塔莎。塔莎在她懷裡哭了起來。

塔莎從未忘記這件事。每一次她剪麗莎和蜜雪兒的頭髮時,她都會在最後問保全是否可以給她們一個擁抱。一個簡單的動作。這是密西西比州死囚牢中的婦女只能從牧師或獄警那裡得到身體上的關愛。

## 組織社區活動來釋放女性

透過塔莎(Tasha),我還認識了其他女性——因為社區活動重獲自由的女性。

塔莎和潔米(Jamie)關在同一間牢房,她是一位黑人婦女

因為搶了 11 美元和她姊姊格蕾迪斯（Gladys）一起被判處終身監禁。

1993 年 12 月 24 日的聖誕夜，潔米和格蕾迪斯因持槍搶劫被斯科特縣警察局逮捕，她們這之前沒有被捕或定罪記錄。當時，姐妹倆都在哈迪的雞肉加工廠工作。

姐妹倆在高中畢業之前就開始工作來支撐家庭。三名青少年坦承犯罪，然後指稱潔米和格蕾迪斯參與了犯罪。作為交換，這些男孩分別被判處10個月至2年的刑期，並向警方提供了證詞。他們說潔米和格蕾迪斯是搶劫案的主謀，儘管姊妹倆根本不在現場。格蕾迪斯那時 19 歲，潔米 21 歲。

這些青少年在審判中作證。派崔克（Patrick）作證說，副警長告訴他，如果不配合，他們就會把我變成是女性。年僅 14 歲的派崔克一直被關在監獄裡，直到潔米和格蕾迪斯案開庭。

陪審團認定潔米和格蕾迪斯均犯有持械搶劫罪，並分別判處他們無期徒刑。格蕾迪斯當時懷有身孕，在監禁期間生下了孩子，孩子被銬在醫院的病床上。

律師傑克威（Chokwe）接手了姐妹倆的直接上訴和定罪後救援的案件。在定罪後救援程序，他獲得了唯一沒有出庭作證的男孩派崔克的書面陳述。傑克威在宣誓書中說，潔米和格蕾迪斯跟這起 11 美元的搶案無關。傑克威收集了其他證人的宣誓書，證明在警長辦公室內有脅迫行為。

法院拒絕給予這對姊妹任何救濟。2010 年，潔米的腎臟開始衰竭，她開始接受血液透析。

當監獄方將潔米轉移到重症監護室時，她的家人和支持者開始請願，要求將她從監獄釋放。格蕾迪斯和潔米的母親艾弗林架

設了「解放史考特姐妹」部落格,並且與非營利組織和媒體進行了交流互動。傑克威律師當時已經成為密西西比州傑克森市的議員,後來成為傑克森市長。傑克威為潔米申請保外就醫。監獄拒絕了他的請求。

隨後,傑克威向密西西比州州長哈利遞交了特赦申請,並於第二天在州首府組織了一次集會。在被監禁 16 年後,州長哈利許可了對格蕾迪斯和潔米的行政赦免。他下令釋放他們,但提出了一個奇怪的條件:格蕾迪斯必須為潔米捐贈一個腎臟。她照做了。

社區的組織工作使這兩名婦女重獲自由,並幫助她們在外面重新開始生活。

我們可以為塔莎做相同的事嗎?我們在社群媒體上與記者保持聯繫,我還與她的家人商量購買一塊廣告牌,在密西西比州傑克遜市中心和洛杉磯解釋她的情況。我們已經起草了致州長和密西西比懲教署專員的信函,要求為她減刑。同時,我們也在法庭上為她打官司,聲稱她是無辜的,而且受到了明顯的不公正待遇。在上一次開庭審判中,她的朋友、家人、教會成員、教授、律師甚至州議員都到場支持她。下一次,會有更多人支持她。

# 第十七章
# 遭誤判的女性：將性和懷孕刑罰化

　　無辜者冤案平反計畫中的婦女人數少得驚人。對於這種差異，有一種軟性解釋：被監禁的男性多於女性。因此，男性被錯誤定罪的機率高於女性。此外，許多藉由 DNA 被證明無罪者都是被誤判犯有性侵害的男性。他們之所以被釋放，是因為有人最終檢測了工具包和精子：不匹配。

　　但本章是針對被誤判或定罪明顯不公平的婦女。這一章是寫給那些不被視為受害者、不被視為無辜的女性的。我這裡說的是婦女經常被逮捕，數以千計的婦女受到指控。

　　這一章講述的是利用監禁來控制女性身體的故事。

　　檢察官和警察可能會對女孩和婦女如何使用自己身體的犯罪行為進行警覺性巡邏、逮捕和指控。女孩和婦女可能在法律上是無辜的，但在道德上卻會因這些罪行（如性工作和吸毒）而受到譴責，尤其是在懷孕的情況下。婦女經常被集體誤判為賣淫，並因懷孕期間合法或非法使用毒品而危害兒童。

　　在本章中，我將討論針對青少年和被販運個人的賣淫指控、針對孕婦吸毒（無論其是否知道自己懷孕）所提出的虐待兒童指控，以及提起這些指控的檢方裁量權。希望冤案辯護律師也能為這些婦女爭取自由，檢察官們能告訴他們的同儕這些指控的後果。

## 大規模的輕罪誤判

最近，無罪救援工作將注意力轉到普遍存在的錯誤毒品定罪。並不是每件輕罪毒品案件都能受到挑戰，但警察和檢察官的行為模式以及大規模的錯誤定罪卻可能。

這些案件包括警方在路邊進行毒品檢測時出錯，例如將腰果誤認為是快克石[1]，或警方在車內栽贓毒品證據時，提供了聞到大麻焦味的證詞。無辜的被告，通常是男性，在這些輕罪或非暴力重罪案件中認罪，因為代價相對比較小。

清白計畫組織在處理大規模輕罪案件時代表這些人，目的是致力於警方、檢察官或犯罪實驗室的瀆職行為。這是很有價值的工作。然而，組織並不代表被誘拐但被判賣淫的婦女、服用處方藥但被判犯有虐待兒童罪的孕婦，以及在法律上不能同意性行為但因從事性工作而被捕並被定罪的女孩和酷兒青年。這些也有大規模輕罪或重罪的誤判。

## 法律上的清白與性工作

91% 的人口販運被害人曾因性犯罪被捕，其中 42% 被捕時仍是未成年人。根據法律規定，未達法定同意年齡的兒童不能構成賣淫罪。他們在法律是不能對性行為表示同意。但是，許多檢察官並不承認他們在法律上是無辜的，而是指控、判定兒童有罪，並給他們貼上妓女和性變態罪犯的標籤。

女孩們並不被當作女孩對待。她們被貼上了「懂事的成年

---

[1] 快克，也稱為搖滾，是可吸食的興奮劑可卡因。快克帶給吸菸者短暫而強烈的快感。青少年藥物濫用治療手冊稱其為最容易上癮的可卡因。

人」的標籤，法庭透過女孩的身體部位和明顯的身體成熟度來物化她們。此外，賣淫並不是一項種族中立的指控。黑人女孩比起白人女孩更有可能成為人口販運的受害者，也更有可能因賣淫而被捕。她們有更高的可能性透過青少年刑事法律系統受到懲罰和監禁。

警察、檢察官和法官錯誤地認為黑人女孩沒有白人女孩那麼「天真」，即使是同樣年齡也是如此。她們的成人化意味著黑人女孩在法庭上被貼上了自願參與性交易的標籤，而不是受害者。

女性黑人從奴隸時代起就被過度性化。現在，她們更有可能被「男朋友」或作為一種生存手段捲入性交易之中。接受城市研究所採訪的人口販子表示，他們相信「販運黑人婦女比販運白人婦女的刑期來的低。」

在這些因素下，國際特赦組織呼籲將性工作除罪化當作一個種族正義問題。除罪化將讓性工作者在害怕和面臨性暴力時勇於向警方求助。這將使更多女性能夠離開性交易行業，毋須擔心因為刑事前科而蒙受污名。

「女性」在歷史上不斷被強調為白人、異性戀者與中產階級的特徵。法律體系中主要針對並懲罰不屬於這些類別的婦女和非順性別者。警方逮捕他們認為顯而易見與性「偏差」有關的人，無論這是受到性別、種族或性傾向的影響。他們不成比例地將變性和同性戀婦女描述成性工作者，導致她們面臨刑事追訴。

冤罪平反組織並不質疑檢察官的追訴模式。但是，這些都是錯誤地定罪，而且是可以改變的模式。

「人口販運受害者保護法」和許多州反人口販運的法律，將

性交易定義為「透過強暴、脅迫或詐欺實施的商業性行為，或實施此類行為之人未滿十八歲。」然而，警方盡可能逮補以增加性交易之人數，而非幫助或保護性工作者和人口販運受害人。警方仍會以賣淫、持有武器或毒品，或未成年逃學等罪名逮捕被販運受害人。

作為白人，警方與檢方甚至可能將逮補當成一種仁慈的「營救」。這就忽視了對性工作者的定罪是如何使他們難以獲得穩定的生活以離開性交易行業。刑事前科紀錄阻礙工作機會，獲得安全且可負擔的住宅的管道，甚至受高等教育的經費和入學許可。

在某些州，檢察官因為安全港條款（Safe Harbor laws）不能以性工作犯罪控訴或逮捕青少年。這些法律規定，如果未成年人在任何狀況下都無法合法地同意性行為，則可免於受到性工作的控訴。安全港條款同樣保障性工作者和販運受害人遠離危險的環境。

有 35 個州已經實施允許法院撤銷與青少年性工作有關的定罪。當然，這些青少年在一開始就被逮捕和起訴，而且從未被冤罪組織代理和辯護。未成年人會為了獨自生活從事性工作的事實，並不影響他們在法律上的清白。

**孕期吸毒的迷思與現實**

在1980年代可卡因流行時期，新聞媒體瘋狂的呈現「快克嬰兒」的報導。這些說法斷定新一代兒童會因為母親吸食可卡因而遭受先天缺陷和終生健康問題。「快克嬰兒」成為「壞媽媽」的象徵，並成為處罰在懷孕期間吸毒的婦女的理由。像 C.R.A.C.K

（Children Requiring A Caring Kommunity 需要關懷的兒童社群）這樣有疑義的慈善機構，會向有非法吸毒史的有色人種婦女提供「免費」或有償的絕育手術。

時間給我們見證這些所謂快克嬰兒的成長過程。數年後科學家們證明了一件事：這些嬰兒成為健康的大人。事實上，在懷孕期間吸菸比吸食快克可卡因對胎兒帶來更大的傷害——但這是合法的。所謂的「快克嬰兒」議題是奠基在垃圾科學上。

在我們的吸食毒品危機中，檢察官正在試圖恢復快克可卡因時期的法律，對在懷孕期間吸食類鴉片藥物的婦女提出控訴。在23個州，檢察官可以從受孕時起對父母提起虐待兒童控訴——甚至是在母親知道自己懷孕之前。

## 將吸毒定為刑事犯罪以「幫助」孕婦

2014 年，田納西州立法者設立了侵犯胎兒罪。檢察官貝瑞參與聽證，支持設立新罪名。此處正處於鴉片類藥物嚴重的流行期，檢察官貝瑞認為新罪名將「幫助」吸毒成癮的婦女。

貝瑞說「當我們看到這個法規時⋯⋯我們可以將很多懷孕婦女帶入這個我們專門為毒品成癮母親設計的計畫中。」一位議員將刑事程序描述成「提供母親他們所需要但無法自行獲得的幫助。」另一位議員支持該法案，理由是「毒品會讓人失去理智與紀律⋯⋯透過法院的約束，母親們可以重新成為他們想成為的母親。」該法規只實施了兩年，但在這段期間，檢察官幾乎只對低收入婦女提出侵犯胎兒的控訴。檢察官在很大程度上仰賴醫療服務者提供警方關於毒品的訊息。一但被起訴，這些婦女就會面臨監禁、保釋、罰款與緩刑，並面臨更多處罰的威脅。孕婦面對與

其他人被逮捕時相同的挑戰和處罰，包含認罪的巨大壓力。

他們同時面臨喪失子女扶養權的壓力。

雖然有「幫助」婦女的辯解，但貧窮婦女從國家獲得的「唯一」照顧是刑事指控、起訴與定罪。

## 解釋法律以控制孕婦的行為

哪些習慣、狀況、行為或不行為，會讓我們的政府將孕婦定罪？一但檢察官因為孕婦的行為可能會對胎兒造成影響而將其犯罪化，這個界線就會變得模糊。

2011 年，密西西比州人民投票否決了一項州憲法人格修正案。之後，其他州也提出了類似的修正案。人格修正案將受孕定義為生命的起點。可以想像的是，法律會將孕婦的行為同樣從受孕開始計算。什麼會是孕婦的非法行為？

2011 年，有 14% 的孕婦表示在懷孕晚期吸菸，對胎兒而言是個已知的危險因子。吸煙與二手菸對胎兒的健康不利。飲酒是造成胎兒酒精綜合症的原因。事實上，吃魚和喝未經消毒的牛奶也會造成問題。人格法可以將個人魯莽的行為變成刑事的作為與不作為——例如未進行適當的產前護理、沒有臥床休息。

如同馬里蘭州最高法院在一個相似的案件中所說，「刑事責任幾乎完全取決於特定檢察官的積極性、創造性與說服力。」法院正在考慮一名吸食可卡因的孕婦是否可以被判定對另一個人造成重大風險。

在阿拉巴馬州，立法者通過了一項「化學危害法」將冰毒實驗室犯罪化，並處罰讓兒童接觸生產和製造管理物質環境的行為。檢察官用這個法律指控在毒品測試陽性的孕婦。檢察官將子

宮視同冰毒實驗室。阿拉巴馬州法院同意了這個主張。

這項冰毒實驗室危害兒童的法律，從來沒有打算適用於那些想要在與吸毒進行抗爭，同時又想要生下孩子的孕婦。那些懷孕的被告在法律上是無罪的。

阿拉巴馬州起訴了數百名在懷孕期間吸毒的婦女，這種大規模的行為模式可能受到冤罪平反組織的挑戰。許多州法院裁定，國家不能利用刑罰處罰存在潛在健康問題（例如藥物成癮）的孕婦。

這些法律並不是真的與傷害胎兒有關。他們是在給母親貼上負面標籤。

如果孕婦持有完全相同的藥物處方，法律通常會設有豁免條款。擁有同一種藥物的處方是有罪與無罪——以及監禁之間的分水嶺。無論嬰兒出生時的健康狀況為何，這個豁免條款都能適用。

法律永遠都有豁免規定，然而，這取決於檢察官的裁量權。阿拉巴馬州的檢察官對金‧布拉洛克提出了指控，她是一位已婚有六個孩子的家庭主婦。她的新生兒在鴉片藥物檢測中呈陽性，因為金服用羥考酮處方藥來治療椎間盤退化性疾病。她使用這個處方藥四年了。當地檢察官起訴她犯下詐欺處方罪，因為她沒有告知骨科醫生她懷孕了。

**對死產起訴**

當我住在密西西比州時，州檢察官指控一名來自密西西比州哥倫布市的黑人青少年雷妮‧吉比斯（Rennie Gibbs）犯下極端

輕率謀殺罪（depraved heart murder）[2]。雷妮·吉比斯出現死產，在管理藥物檢測中呈陽性。檢察官指控因為她疏忽的使用藥物讓胎兒陷入危險並最終導致死產。

雷妮·吉比斯在死產時 16 歲，如果這項指控成立，她將面臨終生監禁。然而，她被指控的法條在文義上僅限於他人「傷害孕婦造成流產或死產」。這個法律並不適用於孕婦本身，因此，她們在法律上是無罪的。實際上她們也可能是無辜的——將近四分之一的妊娠都以自然流產或死產結束，儘管沒有人有過錯。

權力展現在檢察官對於法律的解釋，以及他們選擇的目標和處罰對象。

## 對懷孕女性刑罰化的後果

隨著對母親責備的興起，後果是很現實的。患有藥物使用障礙的孕婦再一次的因為擔心被指控吸毒入獄而不敢尋求產前照護。她們會和孩子分離，這對於家長而言本身就是一種處罰。醫院現在無論是否得到產婦同意，會定期對孕婦實施藥物檢測。陽性的檢測結果代表檢察官可以對母親們提起疏於照顧或虐待兒童的刑事控訴，甚至是像對未成年人供應毒品的指控。

藥物檢測甚至會觸發強制通報兒童保護中心的規定，媽媽可能會因此喪失對新生兒的監護權，或她之前照顧的其他孩子的監護權。

雖然法院會強制繼續對母親進行藥物檢測，卻不會強制對在

---

[2] 極端輕率謀殺罪，缺乏道德感和正直心所為，在二級謀殺罪（second-degree murder）的定罪中指對他人生命漠不關心的心理狀態。

家裡的父親進行藥物檢驗。

無論是監禁孕婦或者將新生兒與父母分離,都不會對家長或孩子帶來正面的影響。美國醫學協會和美國兒科學會對這些起訴表示反對,因為這會損害孕婦與她們的新生兒的健康。根據美國兒科學會,「對孕婦採取懲罰性的措施,例如刑事起訴與監禁,無法證明對於嬰兒健康能帶來好處。」

在很長的時間,女性們被有創造力、忽略法律上無罪推定的檢察官錯誤地入罪。如果民選的檢察官告訴同事關於藥物濫用及其影響的知識,許多女性可以繼續與她們的孩子在一起。如果冤罪組織代表可大規模的對被錯誤指控性交易的青少年提出指責,女孩可以在少年監禁系統外成長為女人。如果立法者制定了安全港條款,女性可以獲得幫助與選擇權,而非處罰和監禁。

問題不再是「是否」而是「何時」。現在是為這些女性和女孩伸張正義的時刻了。

# 第十八章
# 將跨性別者定為刑事犯罪

　　儘管對錯誤定罪的輕罪案件的關注不斷增加，無辜運動對於針對跨性別男女和非二元性別者的特定輕罪卻置若罔聞。長期以來，警方一直針對跨性別女性進行逮捕，原因是她們的性別表現。以紐約著名跨性別活動家命名的「西爾維亞・里維拉法律計畫（The Sylvia Rivera Law Project）」記載了警方使用空泛的法律將跨性別人群刑事化的多種方式。一些例子包括由於某人的駕駛執照與其外觀或性別不符而被錯誤逮捕、使用「錯誤」的洗手間，或因「意圖賣淫」而被逮捕。在亞利桑那州鳳凰城，基於一項將對汽車揮手、與路人交談、詢問某人是否為警察等行為刑事化的法律，警方逮捕並且法院定罪跨性別女性。

　　當跨性別人群屬於低收入或有色人種時，他們特別容易遭受警察的騷擾、逮捕、監禁和暴力。黑人跨性別生命重要運動正在爭取在種族正義活動中對針對跨性別人群的暴力和歧視獲得重視。

　　跨性別和酷兒人群也不成比例地成為針對、逮捕和指控的對象，涉及的低度罪行如非法侵入、流浪和商店扒竊等。檢察官對酷兒青年提起的法定強姦指控的頻率，也比對異性戀青少年更高。

法定強姦（Statutory rape）指的是兩個人發生了雙方合意的性關係，但其中一方未成年。檢察官經常通過「羅密歐與朱麗葉法」（Romeo & Juliet Laws）例外來免除這些指控[1]，其中較年長者的性行為雖然仍然非法，但在年齡上已經是成年合法。

在一些州，這些例外條款明確地僅適用於異性戀青少年。例如，德州的羅密歐與朱麗葉法條僅適用於當事人「與受害者的年齡差不超過三年且為異性」。在德州，一名異性戀青少年將不會受到懲罰，而一名超過17歲的酷兒青少年將面臨2到20年的監禁以及性犯罪者登記的處罰。大約四分之一的性犯罪者登記簿上的人年齡在18歲以下。

此外，百分之二十的被監禁青少年是LGBTQ+和、或性別不符者，而百分之四十的被監禁女孩是酷兒或性別不符者。檢察官和警察也針對酷兒女孩提出法定強姦指控。

這些錯誤的定罪目前並未被公眾認識到，不在無辜工作的公共範圍內。

---

[1] 該法律以莎士比亞經典戲劇「羅密歐與朱麗葉」中虛構的年輕戀人命名，保護年齡相近的青少年在自願發生性行為時免於面臨性犯罪指控和定罪，即使一名或兩名青少年低於法定同意年齡（例如在德克薩斯州為17歲）。羅密歐與朱麗葉法還保護這些青少年不必登記為性犯罪者。我國刑法有類似規定，第227條第3項：「對於十四歲以上未滿十六歲之男女為性交者，處七年以下有期徒刑。」但未成年人可能只是單純出於好奇或兩情相悅而偷嚐禁果，法律強制將這些未成年人定罪，似乎過於嚴苛，故另有刑法第227條之1：「十八歲以下之人犯前條之罪者，減輕或免除其刑。」，也就是俗稱的「兩小無猜條款」，讓原本可能受到有期徒刑的「十八歲以下」之人有機會減輕或免除刑罰執行，但並非不成立犯罪。

當警察和檢察官將酷兒、跨性別和性別不符的人刑事化時，無辜訴訟律師和活動家可以對這些錯誤的逮捕、指控和定罪發聲。

這就是我們實現正義的方式。我們呼籲法院在正義的利益中在審前駁回指控，認為這是明顯的不公正藉由人身保護令或法院糾錯令狀撤銷定罪。

**被錯誤定罪和監禁的跨性別個體**

分享這些故事對於認識對跨性別和非二元性別人群的錯誤定罪非常重要。這些故事揭示了檢察官起訴、定罪或釋放人的權力。檢察官有裁量權可撤銷基於歧視性逮捕的指控。檢察官可以將被告轉介至替代的恢復性正義解決方案。或者，如下面的案例所示，檢察官可以尋求加重和過度的指控，因其性別身分而懲罰該人。

對於有色人種的 LGBTQ+ 人士來說，檢察官的裁量權常常對他們不利。達奈爾・威爾遜和西西・麥克唐納德的案例就是兩個例子。

**達奈爾・威爾遜（DARNELL WILSON）**

當我在密西西比州時，我了解到了達奈爾・威爾遜的情況。達奈爾・威爾遜是一位黑人跨性別者，目前仍在密西西比州的一所男子監獄中服刑。他們因從科爾百貨店偷竊香水和胸罩而被監禁。警方在達奈爾試圖駕駛其母親的車從密西西比州逃往田納西州的孟菲斯時，使用電擊槍制伏了他。達奈爾未能成功逃脫。

憑藉其檢察官的裁量權，密西西比州的德索托縣檢察官以重

大盜竊罪對達奈爾提起了重罪指控。在達奈爾的車內發現的物品總價未達 500 美元，但警方聲稱達奈爾除了這些物品外還偷了其他物品並將其丟棄。檢察官聲稱科爾百貨的香水和胸罩總價超過 500 美元，從而有理由對其提出重罪指控。

達奈爾拒絕認罪，並在審判中出庭，以女性化的跨性別女性形象出現。他們在審判中承認自己去科爾百貨偷竊女性用品。「我偷竊的原因是為了支付我母親家的賬單。」在交互詰問中，檢察官詰問了他們關於物品的情況以及監視錄影器中他們持有物品的畫面。

檢察官：「你手裡拿的是薰衣草色還是紫色——那是什麼顏色的胸罩？⋯⋯所以你手裡拿的是紫色和米色的胸罩，對嗎？」

威爾遜：「我確信這是一個胸罩。看起來像」。檢察官：「那是給你自己用的嗎？」

威爾遜：「我有一個，我還會再穿一個。」檢察官：「你穿胸罩？」

威爾遜：「是的，我穿，當然。」

檢察官：「這是你在第 13 號證物中的照片，對嗎？」威爾遜：「是的，沒錯。」

檢察官：「你通常從男性朋友那裡得到錢嗎？」威爾遜：「是的。」

檢察官：「為了什麼？」

威爾遜：「為了什麼？哦，好吧，讓我這樣說，過去我曾是一名妓女，如果你想讓我說清楚的話。我很確定你會提到這點，所以我會直白告訴你。三次所謂的加重搶劫——在你提出來之

前，讓我先說清楚——它們不是加重搶劫。就我所說的，是提供一項服務。你懂我的意思吧？就像你結婚了，你的妻子沒有做你需要她做的事，你來找我，你得到了你需要的東西。所以你付錢給我；如果你不付錢，那就意味著你想要回你的錢，你想要退款。在我的行業中，我不提供退款。所以，你的自尊心就發生。你覺得你被一個你認為是女性的人騙走了錢，結果卻是個男性。然後你就去捏造故事，說你被搶劫了。這就像是生活。你接受好的與壞的。好的是你把錢給了我。壞的是你去撒謊說是我從你那裡拿走了它。」

檢察官：「所以你是說你打扮成——你是男人還是女人？」

威爾遜：「一個女性模仿者，變性者，跨性別者，同性戀者，所有這些。而且我做得很出色。」

檢察官：「所以在你說的你的工作範疇中，無論是扒竊還是賣淫，你都需要胸罩和內褲，對嗎？⋯⋯而作為其中的一部分，你也需要香水，對嗎？」

威爾遜：「當然。」

檢察官：「⋯⋯我可以問你一個問題嗎，威爾遜先生？」

威爾遜：「可以。」

檢察官：「⋯⋯還在做賣淫的事情嗎？」

威爾遜：「當然。這能支付賬單⋯⋯這些賬單會被支付。關鍵是，我沒有對任何人使用手槍。拿和搶——是的，我在偷，但搶劫和偷是兩回事。強行取走東西，那才是做了一件大事。別誤會，聖經說沒有哪個罪比另一個罪更大，但聖經說上帝知道你的心。所以我做錯事是為了做對的事。」

檢察官：「因為十誡之一是不可偷盜，對吧？」

威爾遜：「是的，沒錯。十誡有很多。不可姦淫，但我很確定男人們做了，不是嗎？」

檢察官：「哦，我不是在談論男人。我在談論——」

威爾遜：「但你說——如果你說十誡，那就有十條，對吧？」

大多數檢察官的問題都是無關緊要且在法律上不恰當的，但辯護律師未提出異議，法官也默許了對人格尊嚴的暗殺。2010 年 6 月 22 日，陪審團裁定達奈爾・威爾遜犯有重大盜竊罪和重大逃逸罪。檢察官根據密西西比州的三振出局法條將達奈爾視為慣犯[2]。根據這項法律，法院判處他們無期徒刑，不得假釋，罪名是偷竊胸罩和香水。如果達奈爾在田納西州被定罪，即使是重罪，他們也不會像在密西西比州那樣接受終身監禁。

---

[2] 「三振法案」源自於美國俗稱的三振法（Three-strikes law），援用棒球術語，意思是指將屢犯不改的惡性重犯三振出局，官方的正式名稱是「暴力犯罪控制暨執行法案」，由總統柯林頓於 1994 年所簽署。要求州法院對於犯第三次（含以上）重罪的累犯，大幅延長監禁時間，下限皆為 25 年有期徒刑，最高是無期徒刑，而且後者在很長一段時間內不得假釋。也就是說犯三次重罪者，幾乎很難假釋。我國也有提高假釋門檻，甚至不得假釋之規定，刑法第 77 條第 2 項第 2 款規定：「前項關於有期徒刑假釋之規定，於下列情形，不適用之：……二、犯最輕本刑五年以上有期徒刑之罪之累犯，於假釋期間，受徒刑之執行完畢，或一部之執行而赦免後，五年以內故意再犯最輕本刑為五年以上有期徒刑之罪者。」另如詐欺犯罪危害防制條例第 49 條：「犯詐欺犯罪受徒刑之執行而有悛悔實據者，有期徒刑逾三分之二，累犯逾四分之三，由監獄報請法務部，得許假釋出獄。但有下列情形之一者，不得假釋：一、有期徒刑執行未滿六個月。二、犯詐欺犯罪之累犯，於假釋期間，受徒刑之執行完畢，或一部之執行而赦免後，五年以內再犯詐欺犯罪。……」

社區行動主義在哪裡為達奈爾爭取自由？對這種明顯的不公正，哪裡有人身保護令請求？更廣泛地說，廢除三振出局法的動力在哪裡？

## 西西・麥克唐納德（CECE MCDONALD）

西西・麥克唐納德是一位藝術家和廢除監獄活動家。她也是一位被錯誤定罪的黑人跨性別女性。2011年6月，在明尼阿波利斯，當她與她的年輕黑人酷兒朋友們前往附近的奧克戴爾超市時，他們經過一家酒吧，酒吧外有顧客。這些白人顧客開始對西西及她的朋友們大喊反同性戀和反黑人的羞辱。羞辱話語升級後，一名白人女性用裝滿酒精的玻璃杯猛擊西西的臉部側邊，造成西西面頰的一道深傷。西西與那名女性扭打起來，而其他顧客開始投擲瓶子。

當西西和她的朋友們迅速離開時，那名女子的前男友——身上刺有納粹黨徽紋身的男子，追趕著西西。西西從她的手提包中抓起唯一的防衛工具：一把布剪。她是一名時裝設計學生。西西舉起剪刀作為警告。當那名男子向她撲來時，西西刺傷了他。男子受傷後轉身走回他的朋友堆中。西西和她的朋友則往相反方向逃跑。

西西流血時，招手並迎來了一輛警車。警察立即逮捕了她。那晚西西是唯一被逮捕的人。那名男子，迪恩・施密茨，倒在酒吧外死亡。

警察逮捕西西時曾帶她去醫院縫合傷口，但隨後將她帶往監獄，對她進行審問，並將她單獨囚禁。西西在監獄中等待了兩個月才接受醫生對她傷勢的檢查。她成為了仇恨犯罪和仇恨暴力的

目標並倖存下來,但當她自衛時——法律上合法的正當防衛——她卻被控謀殺。

法官不允許她請專家作證解釋跨性別女性如何不成比例地成為仇恨犯罪的受害者,尤其是有色人種的跨性別女性。法官允許檢察官排除迪恩‧施密茨過去的犯罪和攻擊史,他身上的納粹黨徽紋身的任何圖像,以及毒物報告顯示他當時受到可卡因和甲基安非他命的影響。

隨著陪審團成員的選定,西西做出了一個艱難的決定。就在審判開始前,她接受了對過失致死罪的認罪協商。儘管從法律上來說她是無辜的,西西仍將服刑。正如她在認罪聽證會上告訴法庭的那樣,她放棄了自衛的法律主張。她向法庭講述了迪恩‧施密茨如何抓住她並在她手持剪刀時將她拉向自己。但她選擇認罪,以避免如果在審判中被判有罪,可能面臨的高達 80 年的監禁。

檢察官獲得了對一位遭仇恨、犯罪攻擊的倖存者的一個有罪判決。西西被判處在男子監獄服刑 41 個月。雖然異性戀者仍可以使用「跨性別恐慌」說詞來為其行為辯護,但跨性別人士甚至無法使用來自衛。正如全國跨性別平等中心的執行董事瑪拉‧凱斯林對媒體所說:「有人因為暴力事件而喪生,而西西在面對暴力並成功自衛而倖存下來,卻反而被判刑,受到入監服刑的懲罰。」

**為跨性別暴力受害者和冤案受害者提出的解決方案**

我們必須支持那些倖存於刑事法律系統的跨性別人士,以及那些被他人傷害的受害者。每年都有色人種的跨性別女性遭受襲

擊和謀殺,這些謀殺案中有許多至今未破案。

一些檢察官辦公室積極與 LGBTQ+ 非營利組織聯繫,調查針對 LGBTQ+ 個體的犯罪行為。這些檢察官辦公室通常位於不再允許「跨性別恐慌」或「同性戀恐懼(恐同)」辯護的司法管轄區。這意味著如果檢察官指控某人謀殺受害者,被告無法以他們基於「本能」的恐同或恐跨辯護來免罪。在無辜社群內,無辜平反計畫和定罪誠信部門可以與 LGBTQ+ 非營利組織合作,識別並協助那些被法律系統受害和錯誤定罪的LGBTQ+ 人士。這些合作組織可能包括:「黑與粉紅(Black and Pink)」組織,它協助監獄中的酷兒和愛滋病毒陽性者;「誰為我發聲(Who Speaks For Me)?」組織,它關注有色人種 LGBTQ+ 女性的監禁和認識到「創傷至監獄的管道(trauma-to-prison pipeline)」;「希薇亞・里維拉法律計畫(the Sylvia Rivera Project)」,它挑戰對酷兒人士的刑事化;以及「蘭巴達立法防衛和教育基金會(Lambda Legal Defense and Education Fund)」,一個廣泛的 LGBTQ+ 權利律師團隊。

如果無辜者冤罪平反計畫的工作是要認識並涵蓋對酷兒被告的歧視性指控,以及代表更多無辜的酷兒被告,這些合作關係是必要的。鑑於國家赦免登記冊上公開的 LGBTQ+ 個體數量低,以及酷兒人士被過度監禁的高比率,這是對無辜訴訟律師的重要呼籲,企求他們站出來。

## 更正誤審令狀(WRIT OF CORAM NOBIS)
### ──在服刑後推翻錯誤的定罪

無辜者平反訴訟律師擁有實現正義的工具。其中之一是誤審

令狀（coram nobis）[3]。

通過誤審令狀，曾經被監禁的個案仍然可以挑戰他們的定罪。這種挑戰基於法律——憲法程序的違反——或基於事實的錯誤。誤審令狀被視為人身保護法的對應關係，類似的是，它適用於不再被監禁的人，或是服完刑責的人。

美國最高法院已經裁定，誤審令狀可用於糾正「最根本性質的錯誤」。它也是挑戰對於已不再被刑事化的「犯罪」或錯誤定罪的一條途徑。

## 誤審令狀與明顯不公正：是松豐三郎與平林尚三（FRED KOREMATSU AND GORDON HIRABAYASHI）

在第二次世界大戰期間，是松豐三郎和平林尚三被美國政府命令進入日裔美國人拘留營[4]。他們當時居住在加州，該州根據軍事命令要求所有自由的日裔美國人被監禁或被排除在州外。作為美國公民，是松豐三郎和平林尚三拒絕了。他們因違反離開西海岸住宅到達阿肯色和路易斯安那州的日裔拘留營的命令，受到刑事指控和定罪。大約有十二萬名日裔被強制遷移並在拘留營中

---

[3] Coram Nobis 的拉丁文翻譯是「擺在我們面前的錯誤」。Coram Nobis 的令狀是在聯邦法院提出的，當初審法院有錯誤而未記錄在案時，該錯誤可能在審判中產生了不同的判決。令狀的法定許可權見「司法法典」中的全令狀法（All-Writs Act in the Judicial Code）或 28 U. S. C. § 1651。

[4] 是松豐三郎為一位二戰期間居住在美國西岸的日裔美國人。在日本偷襲珍珠港事變發生後，時任美國總統羅斯福發布第 9066 號行政命令，授權軍事將領設定軍事區，並將該區之日裔人士監禁於集中營。是松豐三郎拒絕服從且開始逃亡，從舊金山逃入奧克蘭地區，之後被逮捕並定罪。

被囚禁，其中百分之六十二是美國公民。

是松豊三郎和平林尚三的定罪成為了 1944 年美國最高法院令人譴責的決定「松豊控訴聯邦政府案（Korematsu v. United States.）」的基礎。是松豊三郎案的決定為針對日裔美國人的公然種族歧視行為背書，並確認了政府和軍方的排他性命令。憲法學者將是松豊三郎案視為我們憲法有缺點的一個例子。從這個意義上說，是松豊三郎案與另一個令人譴責的判決與「德雷德・史考特控訴杉福特（Dred Scott v. Sandford）」案相似，在那個判決中，1858 年的最高法院宣布被奴役的人不是美國公民。這些案例表明，法律和立法者如何可以通過使種族和性別偏見中立化並合法化，來加強有與無之間的界限。

四十年後，是松豊三郎和平林尚三使用了誤審令狀來挑戰他們的定罪。他們辯稱由於政府的不當行為，他們的定罪應被撤銷。他們違反了法律，但因該違反行為而被定罪是司法錯誤——明顯的不公正。

1980 年，一個國會委員會發布了一份報告，發現造成拘留營的主要原因是種族偏見，而非軍事必需。美國對公民和居民外國人進行了排除、移除和拘留，而這一切都沒有經過審查或有證據支持。在是松豊三郎的案件中，檢察官未能向最高法院提出關於該命令的關鍵資訊。下達排除命令的將軍發布了一份辯解報告，據司法部稱，該報告包含了「故意的歷史不準確性和蓄意的虛假陳述」。然而，檢察官告訴最高法院，排除命令因與安全和防衛相關，不受司法審查。檢察官拒絕揭露命令在現實中是多麼的毫無根據。

1984 年，通過誤審令狀——因為那時是松豊三郎和平林尚

三都已經不在監獄中,也未被拘留——他們得以撤銷自己的定罪。撤銷定罪的法院解釋說,誤審令狀是糾正司法錯誤和檢察不當行為的合適補救方法。誤審令狀——「針對政府對法院的陳述的真實性提出質疑,並且在質疑已確定罪行的程序時適用。」

平林尚三案件中的法院認定,軍事命令和隨後的刑事定罪基於種族偏見,並指出「這些命令對成千上萬的美國公民造成了不必要的痛苦和羞辱。」雖然是松豊三郎與平林尚三從法律上和「正當地」因違反法律而被定罪,但法院認為,撤銷這些定罪將「使法院的判決與歷史的判斷相符合。」聯邦法院撤銷是松豊三郎個人定罪時表示,這逆轉性的決定才是符合對民眾的公正、公義。

### 協助被錯誤列入性犯罪者名冊的酷兒人士

在人身保護令或誤審令狀請求中,提出「明顯不公正」的主張可以挑戰不構成犯罪的定罪。正如最高法院在「戴維斯控訴聯邦政府案(Davis v. United States)」中所說,「對法律未將其定為犯罪的行為進行定罪和懲罰……導致了徹底的司法錯誤。」當某一行為不構成犯罪時,正在服刑的人及曾經服刑的人有權主張撤銷他們的定罪。

誤審令狀可以合法協助人們,例如,那些因成人之間的合意肛交行為而被錯誤定罪,即是現在已經自由,但仍在性犯罪者名冊上且無法撤銷的人。儘管最高法院在 2003 年將成人之間的合意肛交行為去除刑事化,但是之前被定罪的酷兒人士仍被登記為性犯罪者。截至 2018 年,因「非自然性交行為」而留有重罪定罪的人仍需在密西西比性犯罪者登記簿上登記。

人身保護令和誤審令狀兩種法條均可用於挑戰不公正的定罪。西西‧麥克唐納德可以通過誤審令狀挑戰其定罪出於「明顯的不公正」；達奈爾‧威爾遜可以通過人身保護令挑對其定罪基於「明顯的不公正」。美國最高法院裁定，誤審令狀可用來糾正所有「最根本性質的錯誤」。人身保護令的範圍包括那些「構成對基本公正的否認，令普遍正義感到震驚」的定罪。

　　對於莉和塔米來說，下一步是提出人身保護令命令，請求法院撤銷他們的錯誤定罪。唯一的問題是什麼證據能夠說服法院這些定罪是錯誤的，以及莉和塔米是無辜的。

# 第十九章
# 未被揭露的證據

莉和塔米被送進監獄後,她們的母親們從未放棄。希拉和珊蒂兩位媽媽因為她們女兒的錯誤定罪而結成了聯盟,並共同奮鬥以爭取女兒的自由。她們不接受因為如此虛假的指控而判處 44 年的刑期。

**私家偵探喬・基(JOE KEY)**

媽媽們不打算坐等法院的正義。她們聘請了喬・基,一位私家偵探兼律師助理。當喬第一次閱讀審判記錄時,他感到震驚。隨後,他變得憤怒、憤慨並堅定了決心。

基對審判記錄的深入挖掘看到了一些重要問題。為什麼辯護律師從未詢問警方持有的金的個人日記?金將她的「第四步驟」戒酒會日記留在了莉的卡車裡,莉和希拉媽媽盡責地將它交給了警方。莉的姐姐若堅持他們首先複印一份,以防萬一。這是明智的——警方和檢察官從未再次允許她們或她們的辯護律師接觸這本日記。

在卡迪希爾,社工師要求每個人都保持一本第四步驟的日記。這本日記同時是反思的機會,也是社工師評估和了解個人的管道。金在日記中分享了她對男性和女性的吸引,最關鍵的是,

這與莉和塔米的指控相關,她寫到喜歡粗暴的性愛並參與團體性行為。這一點很重要,因為莫克醫生最初的診斷是金受到傷害的時間,有可能是在入院前 2 到 4 天,當時在卡迪希爾曾發生的粗暴地性行為。

法庭上對莉和塔米作為女同性戀者的性取向羞辱,可能會被這一令人頭暈目眩地資訊重創。對莉和塔米來說,這將進一步證明她們的清白。但對於手握那本日記的檢察官來說,這是對他的時間線和受害者描述的譴責。

他無法冒著風險揭露金對女性的吸引。鄧恩・朗普頓檢察官可能擔心,僅憑這個事實,陪審團成員是否仍會認為金是受害者。他怎能要求陪審團成員同情一位有藥物成癮並且與女性有過性關係的女性?特別是當他要求同樣的陪審員基於完全相同的身分對被告進行非人化和定型化時?這是檢察官對所謂襲擊的動機——莉和塔米想要性和毒品,作為邪惡、有毒品成癮的女同性戀者。他們沒有其他動機。

朗普頓對陪審團的最後一句話是:「女士、先生們,當你們審視所有證據時,你們會意識到,儘管這是一個間接證據案件,這兩位住在一起、是情侶的女性,無論是因為毒品、酒精還是她們的生活方式,都毫無理由地惡意攻擊了金並試圖掩蓋真相。」

沒有理由——除了她們是酷兒並且使用毒品。對朗普頓來說,這是一個成功的策略:將人們當作局外人羞辱,並提供專家證人證明人們基於他們想要與之發生性關係者身分而暴力。

但如果所有女性都是酷兒,羞恥就失去了力量。必須有那個局外人,那個與之不同,以至於他們會僅僅因慾望而咬掉女性的陰唇的人。如果每個人都是酷兒,那麼每個人都可以被忽視——

那麼也許在性偏差者中咬陰唇只是正常發生的事情。

這本日記會削弱存在金被襲擊的說法，削弱任何性行為是非自願的說法，並削弱將莉和塔米視為暴力行為者的焦點。陪審團從未聽說過金自己的性取向，從未聽說過團體性行為和粗暴性行為，而喬·基是對的——檢察官從未將那本日記還給希拉媽媽或辯護律師。在審判中，沒有人問莫克醫生關於他最初的診斷和時間線，這種特定的羞恥被掩埋了。

**恐同者以及陪審團**

> 我認識很多被上帝拯救的同性戀者，他們會告訴你他們帶著原罪生活。事實上，支持同性戀者的觀點，削弱了造物者上帝引領我們如何生活的權威。——阿爾法與歐米伽主任，詹姆斯·懷特（Dr. James White）醫生

> 但上帝讓他們成為恐同者，他們除了自殺以外別無選擇。——里克·謝弗（Rick Shaeffer）牧師——脫口秀「分界線」——同性戀基督教辯論（Talk show The Dividing Line, "Gay Christianity Debate"），2001年5月26日

喬·基正在挖掘羞恥。他是第一位公開談論檢察官如何不正當利用莉和塔米的女同性戀身分，並且將其定罪。他努力研究專家和最終陳述是如何促使陪審團基於自己認為「酷兒族群的本質是暴力且惡毒，且會實行嚴重暴力行為」的恐同偏見採取下一步行動。喬研究了社區中最大的團體——基督教，以研究恐同症。

喬發現,西元 2000 年時,布魯德郡有 90 座教堂,為 13,028 人提供服務,每 145 人就有一座教堂。

莉和塔米被判 8 年後,加州大學洛杉磯分校的威廉斯研究所(專注於性取向法律與公共政策)發表了一份報告,「法庭上的恐同症」:如何識別出對同性戀有偏見的陪審團成員,該報告針對 2002 年到 2008 年間全美 7,800 名模擬陪審團成員進行調查。根據那份報告,雖然自 1990 年代初,陪審團對男同性戀的偏見有所降低,但這種偏見在陪審團中仍然存在。觀察全國,最反對同性戀的陪審團成員是生活在南方並且定期去教堂的人民,或者說是在日常生活中很重視宗教信仰的人。

該研究提出的問題包括從陪審團是否認為同性戀者在工作場所不應受歧視,到是否被允許結婚以及收養孩子,再到他們對於鄰居是酷兒這件事是否感到自在,或者是當他們孩子的老師是酷兒時感受如何。

最能預測反同傾向的因素為,政治傾向、宗教信仰,以及他們是否有同性戀朋友。

調查報告指出,自 2003 年至 2008 年,在這次全國性調查中,有 45% 的陪審團認為同性戀是一種「不可接受的生活方式」,40% 的陪審團認為如果女同性戀者和男同性戀者真的願意,他們可以改變自己的性取向成為異性戀者。

塔米的律師肯・麥克尼斯,當時在庭期之前嘗試向陪審團詢問同性戀以及宗教的問題。

「這裡有一些關於性變態或是女同性戀行為的證詞。」他開始說到,「你可否基於你的宗教信仰或其他方式向塔米和莉保證,你將只基於他們被指控的罪名審判他們,而不是基於個人道

德觀,只基於他們被起訴的罪名審判她們,你們能做到嗎?」

肯仔細觀察陪審團們,「如果我現在要求你們,給我的當事人投無罪,你們會投什麼票?現在?你們能投我的當事人無罪嗎?」

就這樣,有兩名陪審團成員承認,在庭期開始之前,他們就會投塔米和莉有罪。

法官對塔米的律師感到非常憤怒。

「我不明白你想要做什麼,」史密斯法官宣稱,「你問他們是否聽取證據並基於證據作出決定,你這是在混淆視聽。」

「庭上,我不知道這樣做是不對的」肯道歉道,「我以前並沒有這麼做過,對不起。」

「說的具體一點,」法官告誡肯。就這樣,「陪審團對於性變態以及女同性戀的行為」不得被討論。

威廉斯研究機構發布了一篇有關策略性有用的提問以識別陪審團是否有反同傾向的報告,但這篇報告遲了八年才發表,對塔米和莉一點用處都沒有。

*如果一對同性戀情侶搬到你的隔壁,你會為此感到困擾嗎?*

*你認為僱主應該因為一個人的性取向而拒絕僱用他嗎?*

*如果你必須與同性戀者密切合作你會為此感到困擾嗎?*

根據這項研究,在 2003 年至 2008 年期間,全國有 10% 到 20% 的受訪者會對這些問題作出「是」的回答。

## 聯邦調查局的參與

喬也輸入了筆錄中提及聯邦調查局的內容。朗普頓隨意評論道，「那是聯邦調查局從錄影帶上撕下來的照片。」

顯然，這是審判中遺漏的一段話。但現在一讀筆錄它就浮現出來了，聯邦調查局？但韋斯特醫生曾作證說，他的調查成本比聯邦調查局低，而且可以在自家的電腦上完成同樣的工作。聯邦調查局是如何參加進來的？為何沒有聽說過這件事？

喬翻閱了辯方律師巴奈特的審判檔案，他找到了聯合檢察官傑瑞寫給聯邦調查局的一封影印信，信中要求檢查布魯德郡康福特旅館監視器畫面，但檔案中並沒有聯邦調查局的回覆。

希拉和珊蒂兩位母親知道要怎麼做，她們向聯邦調查局提出了申請，要求獲得有關他們女兒案件的所有資訊。

## 誹謗

2005 年，希拉聯繫到了另一位法醫口腔學者——李察·蘇維隆（Richard Souviron）。李察醫生是業內最受尊敬的法醫口腔學者之一。他曾作為專家證人出庭指控著名連續殺人犯泰德·邦迪（Ted Bundy）[1]。

多年以後，有證據顯示，儘管李察醫生擁有豐富的專業知

---

[1] 1970 年代，陸續有多名女學生在猶他、俄勒岡和華盛頓等州失蹤或是被殺，後來發現，兇手就是美國歷史上鼎鼎大名的連環殺手泰德·邦迪（Ted Bundy），據報載，任誰都難以想像，這位風度翩翩、長相俊秀、具有名校學位的男子，斯文外表下竟是個冷血狂魔，在 1970 年代殘忍奪走數十條人命。他真正面臨死刑前才承認犯下了至少 30 起謀殺案，具體數字連他自己都記不清楚。1989 年 1 月 24 日，在佛羅里達州瑞艾芙德監獄的電椅上邦迪被執行死刑。

識，但他也曾經至少犯過兩次的錯誤。

他曾指證羅伯特・杜波依斯（Robert DuBoise）。羅伯特是一位無辜的人，他為自己從未犯下的罪行，被判入獄 37 年，直到 DNA 證據證明他無罪。

李察也曾在溫徹斯特，出庭指控蓋瑞・西非查里（Gary Cifizzari），這成為定罪的關鍵證據，35 年後，李察醫生撤銷了他的證詞，DNA 證據也使蓋瑞先生重獲自由。這證明了口腔學的不可靠。

李察醫生主要是檢察官的證人，但他也不喜歡韋斯特，他屈服於希拉的請求，同意調查塔米和莉的案子。

首先，李察明確表示蓋茲醫生不是法醫口腔學者，不應出庭針對咬痕部分作證；其次，他批評了韋斯特醫生偷工減料、弄虛作假。

「韋斯特醫生的陳述並不準確，而且極具誤導性。」李察醫生總結道。「另一個名稱叫做『誘騙』，我看了錄影帶，我的評論是，我完全明白韋斯特醫生所做的事情，我嚴重懷疑那個有齒痕的區域剛好是他放置齒模的位置。」

李察不指責檢方，「檢察官當然沒有理由懷疑韋斯特醫生所說的話，除非有人可以指出韋斯特醫生鑑定中的扭曲、不一致和徹底錯誤，根據影片，我認為韋斯特醫生放置齒模的位置並沒有咬痕。」

## 歐里小姐（OLE MISS）[2]

2009 年，我剛來到位於南方的密西西比，開始一個小鎮生活。當時我幾乎不知道，未來的 10 年中，我將致力於為我國農村地區的刑事司法辯護。當時，這一切對我來說都很新鮮——尤其是密西西比大學的傳統，我在那裡擔任法學兼任教授，同時在密西西比無罪計畫工作。大約在塔米和莉受審的時候，學校已經不在橄欖球比賽時懸掛一面巨大的聯邦旗幟，但聯邦旗幟是州旗的一部分，仍在每場比賽中搖曳。在 2020 年，州旗最終將變成美麗的玉蘭花，代表全州年輕以及年長的樹木。但在 2009 年，樂隊仍然在每場比賽前演奏，他們聚集在密西西比大學的叢林園中，密西西比大學的白色校服在這裡熠熠生輝。

球迷會在賽前搭起紅色和藍色的帳篷，擺上大量的食物並架起電視機。

我來自美國中西部，小時候，我習慣在普渡橄欖球比賽後緊隨觀眾，在印第安納州涼爽的秋天，我穿著我們的 Boilermaker 運動衫，和我的父母以及他們的朋友一起在停車場閒逛。

密西西比大學則完全不同，如果我們穿著密西西比大學的運動衫，就會顯得格格不入，相反地，即使在長滿草皮和泥濘的叢林中，女人們也穿著裙子及高跟鞋，男人們也穿著西裝外套以及高爾夫球衫。我們簡直不敢相信他們是去看橄欖球比賽——這不是我所習慣的中西部休閒文化。

---

[2] 意指發生在密西西比州牛津市的密西西比大學（通常稱為 Ole Miss）的種族騷亂，當時種族隔離主義騷亂者試圖阻止非裔美國申請者詹姆斯・梅雷迪思（James Meredith）入學。甘迺迪總統最終動員了三萬多名士兵平息了騷亂。

我逐漸瞭解了古魯夫（Grove）的歷史，以及為什麼除了在教職員的帳篷外，我很少在那裡看到黑人。古魯夫是一個歡迎白人和白人文化的地方。在古魯夫扎根不是件容易的事情，在民權運動之前，白人比賽觀眾有帶吊燈的帳篷，還有黑人提供的全套餐點。2009 年，帳篷裡有大螢幕電視，女人們穿著名牌服裝，學校樂隊演奏，而以黑人為主的橄欖球運動員則穿過「冠軍之路」拱門，古魯夫聚集的球迷一同前往球場。曲集的最後一句歌詞是「南方將再次崛起」（the South will rise again），其中融入了美國南方邦聯政府的非正式國歌。

　　我在的密西西比大學三年裡，樂隊不再演奏「狄克西（Dixie）」[3]，密西西比大學的吉祥物是一位留著小鬍子的白人男性園主，該吉祥物在 2003 年時被正式取消，最終在 2010 年被另一個吉祥物取代，但球隊仍然是反抗者（Rebels）[4]，三 K 黨出現在格羅夫附近的一場足球比賽中，抗議迪克西的結束。雖然校園裡醒目地矗立著同盟紀念碑，但第一位黑人學生詹姆士・梅雷迪思（James Meredith）[5]的雕像在 2014 年被兄弟會成員用絞索套著。1962 年，白人強烈反對詹姆斯入學，甘迺迪總統向密西西比州派遣了國民警衛隊，有兩人在暴力抗爭中喪生。密西西比

---

3　在美國南北戰爭時期南方邦聯的非正式國歌為「狄克西（Dixie）」。
4　指非法以武力反對現政權和政府者，美國南北戰爭時用該詞稱南軍士兵。
5　美國民權運動家、作家、政治顧問和美國空軍退役軍人，甘迺迪總統就職演說的啟發，梅雷迪思決定行使他的憲法權利並申請密西西比大學，並於 1962 年成為聯邦政府介入後第一位被實施種族隔離的密西西比大學錄取的非裔美國學生。

大學在 1848 年由農業園主和奴隸主的兒子們建立，它的歷史仍在延續，並不斷地喚起改革。

密西西比大學被暱稱為歐里小姐（Ole Miss）是在吉姆·克勞法年代被採用的[6]，當時一位白人婦女提議用這個來與該州戰前的地位聯繫起來。據稱，暱稱「歐里小姐」是奴隸對農園女主人諷刺的尊稱「老小姐」。古老的南方家庭繼續以向學校捐款換取保留聯邦徽章。一扇彩繪玻璃窗描繪的是葛雷大學的形象，他們是在南北戰爭中為南方邦聯作戰並陣亡或受傷的學生。儘管有些黑人學生大聲疾呼「新小姐」這個暱稱，但歐里小姐仍然存在。

2009 年我剛進入學校時，我以為學生會提出的讓雷布上校（Colonel Reb）復出的提案[7]，就是抗議活動的範圍。我很快意識到，州議員每年都會提出一項法案，要求歐里小姐保留 Colonel Reb 的職位，並在每場球賽前播放「狄克西（Dixie）」。在我看來，這與一項提議的法案類似，該法案旨在創建一個印有內森·貝德福德·福雷斯特（Nathan Bedford Forrest，一位著名的南方邦聯將軍，也是密西西比人）的車牌，也是三K黨的第一大巫師（the first grand wizard）。

但密西西比州有很多令人喜愛的地方。威廉·福克納（William Faulkner）和牛津廣場外的南方文學：巴里·漢娜的

---

[6] Jim Crow laws，1876 年至 1965 年間美國南部各州以及邊境各州對有色人種（主要針對非洲裔美國人，但同時也包含其他族群）實行種族隔離制度的法律。

[7] 雷布上校是密西西比州牛津市密西西比大學（"Ole Miss"）大學運動隊 Ole Miss Rebels 的官方吉祥物。

飛艇（Barry Hannah's Airships）、拉里・布朗的大壞愛（Larry Brown's Big Bad Love）和傑斯敏・沃德的蠻骨猶存（Jesmyn Ward's Salvage the Bones.）。我正在弄清楚山區鄉村藍調和三角洲藍調以及橫笛和鼓之間的區別——這是它們本身的美麗貢獻。我的社區花園在春天會盛開秋葵和西葫蘆，我和89歲的鄰居米茲夫人（或多蘿西女士）共用一面牆。她成了我永遠的反計畫者「我可能會在明天之前死」的朋友，她開始擁抱我。

我在密西西比州的法庭上學習如何表現出適當的女性氣質，如何不顯得像個女同性戀或是北方人，丟掉我在華盛頓特區黑色套裝以及檢察官的權力形象，我找到粉色和米色的套裝，並總是搭配裙子。然而，當我參加密西西比大學法學院教學大樓的落成典禮時，我才意識到自己沒有完全理解南方女性的文化，台上的演講者都是令人尊敬的年長白人男性，有人告訴我，這次活動都是西裝革履的學者，但我不知道的是，這是男士的西裝套裝，我女性化的裙子套裝不起作用，在摺邊碎花裙中格外顯眼。那時，我已經習慣這樣的打扮。活動結束後，我回到家換上一件T恤，帶著香蕉冰淇淋去參加鎮上的素食聚會，享受著快樂時光。我找到了屬於我的團體。

## 密西西比無辜者冤罪平反專案

塔克・卡林頓（Tucker Carrington）律師在2007年開啟了密西西比的冤罪平反專案，我在2009年加入該專案計畫時得知，打從一開始希拉媽媽和珊蒂媽媽就一直在聯絡德肯，他們把喬・基偵探發現的所有證據都寄給了他。

在他的證詞中，韋斯特醫生吹噓道：「十年前，我不得不把

照片寄給 FBI……（而且）我們必須花費兩萬美元才能將它們取回並且提升……現在，你可以坐在家裡用自己的電腦，用價值一千美元的軟體，進行以往只有NASA才可以進行的提升功能，這就是我們在本案所做的事情。」

受到這個證詞的啟發，喬聯繫了一位NASA的人員，該名人員不相信莉從後車箱中拿出了一具人體。影片中的人輕而易舉地從後車箱中拿出該物體，然後從車斗上跳下來，這讓NASA專家相信該物體相對較輕。至少，這個物品比與金身高體重相同的人要輕得多。

喬還找到了金在卡迪希爾時的照片，當時她的頭髮只到肩膀。

密西西比無辜者冤罪平反專案的第一位律師威爾‧麥金塔（Will McIntosh）開始調查此案，當他去布魯德郡法院查看卷宗時，莉的卷宗是塔米的兩倍厚，塔米的出庭辯護律師只敷衍地提了一頁的請求以反駁證據並要求重新審判。另一方面，莉的律師巴奈特提出了許多救濟的請求。

威爾聯繫諾蘭警官。諾蘭警官年輕時曾是一名拳擊手，他身高不高但驍勇善戰，他為了現今參加過非正式的搏擊比賽，直到一場特別殘酷的比賽，造成他一隻眼睛失明，諾蘭當了警察，後來成為了警官，並為社區服務了很多年，時至今日，他仍是布魯克郡法院的陪審團專員，以確保在挑選陪審團成員時遵守所有規定。

諾蘭警探確信塔米和莉有罪，塔米和莉自己也承認，在諾蘭警探認定金被咬的那段時間中，也就是金離開他在男友的家中後，只有她們和金在一起，根據這個時間段，諾蘭警探確信是她

們做的。

諾蘭警探還告訴威爾，在他從事法律事務工作的三十年中，他知道自己從未將無辜的人送進監獄，他每晚都可以「問心無愧的睡覺」。

但還有很多問題得不到解答。如果金的陰道有那麼嚴重的傷，為何醫護人員在插入導管時沒有注意到？為什麼醫護人員說她的胸部是正常的，而不是像金的媽媽在法庭上作證時所說的，上面充滿擦傷及咬痕？為什麼從金被送進國王之女醫院入院、甦醒、洗澡後，再經過一個小時的車程轉院到位於傑克遜的醫院後，才有人發現他的頭部受傷？金嚴重的癲癇發作又是怎麼回事？

威爾也和希拉媽媽談起了塔米。

「塔米是我見過最可愛的女孩之一。」希拉媽媽說。「她願意為你付出一切，真的。她過得很艱難，十三、四歲就離開了家，靠自己的努力活了下來。」

2008 年 8 月 31 日，希拉和珊蒂兩位媽媽終於收到了期待已久的聯邦調查局的回覆。文件很厚，足足有二十九頁，她們很快發現自己中了大獎。

每份文件都與旅館的監視器畫面有關——據稱，該畫面顯示莉將金從後車箱中抱出來，這些畫面成為她們女兒的定罪基礎。聯邦調查局的報告日期讓他們眼前一亮，聯邦調查局關於康福特旅館監視器畫面的報告和工作表的日期是 2000 年 9 月 11 日，距離 2001 年的審判還有將近一年的時間。

聯邦調查局還揭露了檢察官傑瑞、朗普頓與聯邦調查局實驗室來往的信件，內容有一份監管文件、一份工作表、十五頁的日誌和筆記，以及發送給布魯克郡地檢署的三張光碟片的運費發票。

監管文件表示，聯邦調查局在 2000 年 4 月 8 日下午兩點從布魯克郡檢察官處透過優先郵件收到康福特旅館的監視器畫面，但聯邦調查局的調查結果如何？為何珊蒂和希拉之前都沒看過？

# 第二十章
# 無辜者運動

如果你感到無助,請幫助他人。

——翁山蘇姬(Aung San Suu Kyi)

我從來沒有———一次也沒有——遇到檢察官同意在不上法庭的前提下,進行 DNA 鑑定。然而,檢察官可以隨時調查他們想要的任何證據,檢察官有一個通常由警方控制的州立犯罪實驗室。檢察官可以在偏遠的犯罪現場對丟棄的煙頭進行 DNA 鑑定,然後透過國家數據庫——CODIS——對 DNA 定序進行分析,該數據庫包含美國許多被拘禁的人以及單純被逮捕的人。警察可以給可能的嫌疑人喝汽水,並將汽水罐留下來,對其進行DNA 鑑定,視其 DNA 定序是否與犯罪現場的 DNA 相同。

辯護律師無法透過CODIS系統進行DNA分析,他們必須謹慎蒐集嫌疑人的 DNA,北加州冤獄者中心的主任克里斯‧穆瑪(Chris Mumma)無意中從一名嫌疑人的家人那裡拿走了一個寶特瓶,後來,她決定對其進行鑑定,看看家庭資料的定序是否與犯罪現場的 DNA 相符。DNA 不相符。穆瑪最終發現了其他證據,為她的當事人喬瑟夫洗脫罪名,喬瑟夫曾因一件非他所為的雙重謀殺案被拘禁將近十四年。

無罪釋放之後，檢察官起訴穆瑪對寶特瓶進行鑑定的行為，北加州律師公會就穆瑪的行為是否違反職業倫理一事舉行了聽證會，穆瑪現在有了自己的辯護律師，她辯稱檢察官調查她所花的時間超過調查喬瑟夫的無罪主張的時間。

北加州律師公會對穆瑪進行了訓誡，但保留了她的律師執照，正如她另一位也被無罪釋放的當事人達里所說：「自從穆瑪開始這項工作以來，她就成了眾矢之的。在被冤枉入獄的這些年，穆瑪是唯一一個被追究責任的人，我只覺得這很荒謬。」

對於冤罪平反訴訟的律師來說，第一道難關是找到 DNA 證據並對其驗證。如果檢察官或法官同意被告檢驗 DNA 證據的請求，法院系統就能揭露某人是無辜還是有罪，他們甚至可以找出真正的犯罪者。從強姦測試工具包收集的拭子可能含有精子 DNA，可用於識別犯罪者。或者在掙扎中，受害者的指甲下可能有犯罪者的 DNA，受害者旁邊的煙頭甚至可以揭示誰當時在尚未被發現的死亡現場。

但冤罪平反訴訟的律師必須獲得當地檢察官或法官的允許，才可以為被告檢驗 DNA 以及犯罪現場的證據。1990 年代和二十一世紀初，這場聲勢浩大的抗爭導致了實際的政策改革。現在，每個州都有一項法規規定，可以對警察儲物櫃中遺忘的證據以及法院架上發霉的證據進行 DNA 鑑定。

然而，僅因為被告可以要求進行鑑定，並不代表法官或檢察官會准許，他們經常堅持「一錘定判」的做法，認為自己的職責就是反對在定罪後繼續處理案件。

或許，他們只是不想被證明他們是錯的。

我曾聽檢察官說，DNA 鑑定玷污了受害者的記憶，然而，

當受害者要求檢察官減輕指控或主張從輕量刑時，檢察官又說他們不代表受害者。當受害者請求寬恕施暴者犯罪時，檢察官通常置之不理。

在密西西比州官員處決一名名叫亨利‧傑克森（Henry Jackson）的黑人時，尚生存的受害者與密西西比州州長見了面，這些受害者是亨利‧傑克森的姐妹，他殺害了自己的姪子跟姪女，亨利‧傑克森的姐妹雷吉妮和葛琳達在向州長求情時，說出了他們多年來對政府官員說過的話：「不要以我們的名義殺他。」被哥哥刺了五刀的雷吉妮這麼對州長說，處決他哥哥只會給她帶來更大的痛苦。亨利的死無法使她的女兒復活。在接近行刑時，州長是唯一一位可以停止殺戮的官員。

密西西比州在 2012 年 6 月 5 日處決了亨利‧傑克森，政府機關裡面沒有任何掌權者阻止對受害者執行死刑。

儘管每個檢察官都站在法庭上說：「瓦萊娜‧貝蒂（Valena Beety，本書作者）代表美國人民」，但「人民」僅指美國政府。

但我們人民可以積極支持改革，而不是維持現狀。例如，為了積極支持被告而不是政府，人們可以安排社區保釋基金，擔任法庭監督員，並加入參與式辯護團隊。這些都對檢察官事實上代表社區利益的說法提出了挑戰。

DNA 改變的現狀，在為無辜者免除罪責時，也可以識別警方和檢察官何時透過虛假資訊讓無辜者定罪。

當 DNA 為無辜者免除罪責時，我們深刻體會到我們的刑事司法系統是如何出錯並依賴虛假訊息的，DNA 顯示無辜者卻認罪。無辜者認為認罪是最好的選擇，而不是長時間的徒刑或死刑。DNA 表示，無辜者會虛假地承認他們並未犯下的罪行，例

如：被稱為「中央公園五人組（Central Park Five）」的黑人少年。當警方使用脅迫的詢問策略時，人們會供認不諱——不論內容是真是假。DNA 結果可表明，目擊者常常確信他們已經認出了犯罪者，但他們常常是錯的。警方目前的做法加劇了這個問題。DNA 也表明，法醫證據分析人員在查看咬痕、比較子彈或毛髮時，可能會過於自信，導致證詞不準確。

DNA 結果顯示，為警方或檢察官工作的線人，也常常說謊，他們也只是為了自己最大利益行事。

檢察官和警察蒐集證據，向陪審團和法官表明被告有罪，這就是他們的故事情節。他們依靠供述、目擊證人指認、獄中線人和指紋，在其他案件中，他們會隱藏指向無罪的證據，忽略不在現場的證人，只關注被指名的被告，從而遺漏其他線索。當 DNA 證明被告不是罪犯時，我們才知道一切。

在過去的 30 年裡，許多人基於現在公認的錯誤定罪特徵，真誠地致力於改善我們的刑事司法制度。警方採用了其他非脅迫的社會科學的詢問方式；警方已通過協議，使目擊者身分識別更加可靠；聯邦政府為法醫學領域提供了更多研究經費和研究支援。關於記憶、脅迫和隧道視野的大量研究支持了提議者在挑戰現行措施和為警察和檢察官實施新做法方面的工作。

## 無辜者運動和 DNA 案件的歷史

1987年，凱特・傑蒙德（Kate Germond）看到了一則新聞，這則新聞改變了她的生活，也因此改變了許多人的生活。這個故事描述了世界上第一個為被錯誤定罪和監禁的人進行調查和倡導的組織：百夫長機構（Centurion Ministries）。吉姆・麥克洛斯

基（Jim McCloskey），一位神學院的學生，1980 年，他在特倫頓監獄向被監禁的人傳道後，創辦了百夫長機構。對於一個新牧師來說，這個名字恰如其分，這個名字來自羅馬百夫長機構在十字架腳下的一句話：「誠然，這是無辜的人。」當吉姆因為成功將無辜者從冤獄中釋放出來而被「紐約時報」報導後，凱特看到了這個文章，她給他打了一通電話請求給她一份工作，吉姆給了凱特一個志工的職位。他們一起在紐澤西建立並發展第一個無辜者冤罪平反組織，他們推翻了基於錯誤鑑定（包括錯誤的子彈匹配）的定罪；他們使「催眠」而得到的證詞被推翻；慢慢的，他們使人民對於錯誤定罪的關注度提高。

1980 年代，隨著開始受理全國的死刑案件，媒體發揮了重要的作用。在德州達拉斯被定罪的殺人犯喬伊斯·安·布朗（Joyce Ann Brown）就是其中一例。

1980 年 5 月 6 日，兩名黑人婦女在達拉斯搶劫了精美的皮衣。搶劫的過程中，兩位婦女向店主開了一槍，店主因傷重不治身亡，她們饒了當時也在店內工作的店主妻子一命。這兩個女人衝了出來，把搶來的皮草堆進一輛租來的汽車裡然後把車開走。

最初的證據指向喬伊斯·安·布朗（Joyce Ann Brown）。搶案發生的隔天，警方找到了逃跑用的汽車，一位名叫喬伊斯·安·布朗的女人租了這部汽車。此外，警方還發現一位名叫喬伊斯·安·布朗的黑人婦女在達拉斯的另一間皮草店工作。警方將喬伊斯·安·布朗的照片列入名單，倖存的妻子（一位白人婦女）將她挑出來，警方逮捕了喬伊斯·安·布朗，檢察官起訴她涉犯謀殺和強盜罪。法官將她的保釋金定為一百萬美元，無法支付保釋金的喬伊斯·安·布朗在獄中度過了幾個月，直到她接受

審判。

在審判中，該妻子指認了坐在法庭被告席後面的喬伊斯・安・布朗就是兇手。然後檢方傳來了一位意外證人——喬伊斯・安・布朗的獄友。她的獄友講述了喬伊斯・安・布朗是如何向她傾訴的，喬伊斯告訴她，是她犯了強盜和謀殺罪。達拉斯一個全白人的陪審團聽取證據後很快做出了判斷：喬伊斯有罪，法官判喬伊斯無期徒刑。

一個月後，在達拉斯地方檢察官的授權下，指控喬伊斯的獄中女性線人走出監獄，獲得自由。地方檢察官致信達拉斯的赦免假釋委員會，稱應減輕該證人因謀殺未遂而被判處 5 年的徒刑。委員會表示同意，州長下令立刻釋放該名證人。

1989 年，百夫長機構發現了檢察官和警方一直都知道的事情。租車逃跑的喬伊斯・安・布朗是來自丹佛，而不是達拉斯。事實上，警方在庭期前已經聯絡過丹佛的喬伊斯・安・布朗。喬伊斯布朗告訴警方，是的，她租了這部車，她是為一個也在丹佛的朋友蕾妮・泰勒（Renee Taylor）租的車。

警方搜索了泰勒在丹佛的房子，發現了被盜的皮衣和兇器。他們沒有找到泰勒，因此州政府繼續起訴了達拉斯的喬伊斯・安・布朗。

檢察官還知道，他們獄中的線人曾因向警方撒謊而被定罪。在審判中，那名獄友否認有任何犯罪前科，檢察官也從未向法庭、陪審團或辯護律師透露該前科。

在喬伊斯被定罪的幾個月後，警方發現了泰勒，面對死刑，她承認了自己偷了皮草。他還陳述達拉斯的喬伊斯並非她的同夥。警方和檢察官都沒有向達拉斯的喬伊斯透露這份供詞。

喬伊斯在獄中度過了 9 年時光。八十年代末，百夫長機構開始調查喬伊斯的案件，1989 年 10 月，「六十分鐘」對喬伊斯定罪的關鍵性報導使她在幾週後，即 1989 年 11 月 3 日被無罪釋放。

喬伊斯・布朗是基於我們現在認為「錯誤定罪的典型」而被定罪：她的案件涉及目擊證人的錯誤指認、獄中告密者與檢方和警方的不正當行為，她的案件涉及了一名目擊證人錯誤地跨種族的指認。其他唯一對喬伊斯不利的平民證人是一名獄中告密者，她被釋放出獄作為交換條件。警方和檢察官知道，但並沒有揭露證人的前科，還有他們抓錯喬伊斯・安・布朗這些指向無罪的資訊。

但導致喬伊斯入獄的其他深層原因則更為險惡和普遍，它們沒有被當成「錯誤定罪的典型」，但對無辜的被告和有罪的被告同樣具有傷害性。喬伊斯是一名黑人婦女，被一個白人女性指認，並由一個全都是白人的陪審團進行審判。她之所以被警方「發現」，並在最初的照片指認中出現，是因為她曾因輕罪被捕，儘管她的不在場證明是在工作，搶案發生當天她只休息了 37 分鐘，她還是被描繪成了罪犯。最後，政府中沒有任何人對喬伊斯的定罪提出質疑，甚至沒有人告訴他泰勒的陳述和認罪。

泰勒承認犯下這件強盜和謀殺罪，並書面否認達拉斯的喬伊斯・布朗是她的同夥，但這些從未被揭露。

這些都是大規模監禁的標誌：種族主義、警察和法院系統事先介入的歧視，以及定罪後沒有救濟途徑，這些都是人類最不公正的標示，因種族和性別而對一個人加以譴責，以及在人們被定罪後無論證據如何，也不論是否不公，拒絕釋放他們。

這些都是本書討論的特點,所有這些特點也都得到了 DNA 證據的證實和認定,這確立了無辜者冤罪平反運動的發展。

媒體報導和公民的提倡對於 DNA 證據出現前的早期錯誤定罪案件至關重要。例如喬伊斯的案件。百夫長的凱特和吉姆都不是記者或律師。相反,他們是堅定的倡導者,並與記者和律師合作。1988 年,艾羅爾・莫里斯(Errol Morris)拍攝的紀錄片「細細的藍線」(The Thin Blue Line),使藍道・亞當斯(Randall Adams)免於因德州一場謀殺案而被判處死刑。隨後,世紀大案辛普森(O.J. Simpson)的審判,開啟了對 DNA 證據潛力的爆炸性報導。

DNA 是一種遺傳指紋分析,每個人擁有的都獨一無二,透過家族遺傳取得。現在,檢驗公司(如 23andMe or AncestryDNA)透過「個人基因 DNA 檢測」,大肆宣傳 DNA,DNA 可以鑑定親屬關係或親子關係。1980 年代,警方首次利用 DNA 分析此一突破性技術,將犯罪嫌疑人的血液和犯罪現場的血液進行對比。即使檢測本身是可信賴的,巴里・謝克(Barry Scheck)和彼得・紐菲爾德(Peter Neufeld)兩位辯護律師對臨時採集的血液和證據提出質疑,當百夫長機構在紐澤西州調查冤罪平反案件時,河對岸紐約市的謝克和紐菲爾德卻在為 DNA 證據進行訴訟——質疑是否可以在法庭上使用這些證據去指控被告。

1990 年,地獄天使摩托車幫的三名成員被指控涉犯謀殺,謝克和紐菲爾德提出了一個新穎的問題作為辯護:聯邦法院是否應允許在法庭上使用 DNA 作為證據。聯邦調查局試圖搜集被告廂型車上與被害者匹配的血液證據,謝克和紐菲爾德認為聯邦調查局的檢驗方式未受到同行的審視,並對檢驗程序提出了批評。

俄亥俄州托萊多市的卡爾法官（G. Carr）在其漫長的職業生涯中，對此案的判決比大多數其他判決都更加重視，他之前的職員們，包括我在內，送給他一個我們老闆騎著摩托車的搖頭公仔，他代表聯邦調查局做出了決定。

卡爾法官採用了 DNA 證據，這個證據在當時是新穎的「新科學證據」，為全國法院採取同樣做法奠定了基礎。

4 年後的 1994 年，DNA 證據被廣泛接受，並被法庭使用。然而，警方都是臨時搜集 DNA 證據，可能並不可靠。沒有什麼比妮可・布朗・辛普森（Nicole Brown Simpson）在洛杉磯被謀殺，以及她著名的橄欖球星、演員和名人的前夫辛普森被調查和逮捕更能說明這一切了。綽號「果汁」的辛普森在洛杉磯高速公路上駕駛一輛白色福特休旅車逃離警察追捕的過程被全國直播，他後來因謀殺妮可和她朋友雷諾而接受審判的事情也是如此。

謝克和紐菲爾德加入了辛普森的辯護律師「夢幻隊」，對警方如何蒐集證據的作法提出了質問。翻越辛普森家圍牆尋找證據的馬克・佛曼（Mark Fuhrman）警官曾有對黑人使用貶義詞的紀錄，並吹噓自己使用偽證和偽造記錄來拘禁黑人男子。當被問及他是否在辛普森家中有栽贓行為時，佛曼警官引用了憲法第 5 修正案──他有權保持沈默，但他說：「我們本可以殺人滅口逍遙法外，我們都很謹慎，我們知道該說什麼。」這是對洛杉磯警方對待所有黑人，而不只是辛普森的反應的譴責。陪審團宣布辛普森無罪釋放。

辛普森的審判使 DNA 證據、謝克和紐菲爾德以及他們在紐約的「清白計畫」受到極大關注。該案對 DNA 的搜集方式提出了挑戰，謝克和紐菲爾德透過此一機會要求對證據的調查和搜集

需進行更嚴格的監控。他們還主張，DNA 證據是查明被錯誤定罪的無辜者的工具。

1996 年，國家司法研究所應當時的美國第一位女性司法部長珍妮特・雷諾（Janet Reno）的要求，編寫了一份關於錯誤定罪的報告。在國家司法機關的報告「被陪審團定罪，由科學平反」中，謝克和紐菲爾德指出，錯誤定罪是系統性且普遍存在的問題。

二人分享他們對無辜者誤判平反工作的政策願景：審查警方和檢察官訊問方法中存在的系統性缺陷，並透過 DNA 無罪證據予以揭露。

1992 年，謝克和紐菲爾德在紐約市卡多佐法學院創設了無辜者冤罪平反研究中心，以非營利方式受理案件，而冤罪平反計畫則以學術研究形式起步，並專注於DNA案件和政策改革。從一開始，該計畫就研究DNA如何證明無罪以及查明錯誤定罪的原因，她們與一個女性團隊一起開啟了該計畫，其中包括三位成為無罪平反訴訟領域領軍的律師：妮娜・莫里森（Nina Morrison）、凡妮莎・波特金（Vanessa Potkin）和艾麗莎・卡普蘭（Aliza Kaplan）。

## 死囚中的無辜者

1993 年是爆炸性的一年。一月，最高法院在埃雷拉控告柯林斯案（Herrera v. Collins）中維持了對一名聲稱自己無罪的德州拉丁裔被告的死刑判決。萊昂內爾・埃雷拉（Lionel Herrera）因謀殺兩名警察而被定罪。在定罪後，埃雷拉提供了宣誓書以證明自己無罪，並證明另一個人犯下了這個罪行。他辯稱，處決一名無

辜者是一個殘忍且異常的刑罰,這違反了美國憲法第8修正案[1]。

最高法院最後認定,埃雷拉自稱無罪不能使他免於死刑。憲法保障的是一種程序——正當程序,而不是無罪或有罪。只要埃雷拉獲得了符合憲法的公平審判,那麼儘管他有證據證明自己無罪,但論罪和量刑都是合適的。正如史卡利亞(Scalia)大法官多年後指出的那樣,「本法院從未認為憲法禁止對經過全面公正審判、但後來能夠說服提審法庭相信自己『事實上』無罪的受刑人執行死刑。」在無辜運動的團體中,史卡利亞因重視權宜之計和最終結果而不是無罪證明和無罪訴訟被人們銘記。

然而,與史卡利亞的主張相反,大法官對埃雷拉案的意見,確實考慮到獨立於憲法權利之外的無罪主張,埃雷拉控告柯林斯案為真正無辜的主張開啟了大門,但大法官認為埃雷拉並沒有提出可以確立此主張的足夠證據。

1993年5月12日,在最高法院發表意見書的四個月後,德州的政府官員處決了埃雷拉。埃雷拉在臨死前宣稱:「我是無辜的,無辜的,無辜的……我是一個無辜的人,今晚的事情是非常大的錯誤。」

當倫奎斯特(Rehnquist)撰寫反對埃雷拉的意見時,他幾乎不知道DNA證據將在幾個月內開始透過科學證據為死囚開釋。

1993年6月28日,克爾克・布拉茲沃斯(Kirk Bloodsworth)獲得自由,他是第一位被免死的死囚。10月,死刑資訊中心發布了一份關於「無罪與死刑:評估錯誤定罪死刑的危險」的報

---

[1] 主要內容為不得科處過多的保釋金、過重的罰金和處以殘酷而異常的刑罰。

告。在埃雷拉被處決和克爾克被無罪釋放的僅僅幾個月後，死刑資訊中心就發表了這個報告，有力地揭露了在美國刑事司法系統中，是如何判處無辜者死刑的。從那時起，死刑資訊中心就開始追蹤和監控那些免於死刑的死囚。

到1996年，僅伊利諾伊州就有9名死囚免於死刑。1998年，芝加哥舉辦錯誤定罪和死刑問題的全國會議，與會人士包括無罪釋放者、律師、死刑運動人士、調查員、記者和教授，當時只有3個合法的冤罪平反組織：貝瑞和彼得的冤罪平反專案（Barry and Peter's Innocence Project）、西雅圖賈桂琳·麥克默特里的西北冤罪平反專案（Jacqueline McMurtrie's Innocence Project Northwest in Seattle），以及凱斯·芬得利和約翰·普雷威斯康星冤罪平反專案（Keith Findley and John Pray's Wisconsin Innocence Project）。1990年代，調查性新聞報導的作用反而是冤罪平反工作的重中之重。然而，許多律師參與了那場會議後，在各自所處的州中開始了冤罪平反專案，如北加州清白專案的女同性戀庫吉和琳達（Cookie Ridolfi and Linda Starr with the Northern California Innocence Project），以及北卡羅來納州杜克大學冤罪平反中心的泰瑞莎（Theresa Newman with the Duke Wrongful Convictions Clinic in North Carolina）。其他女性與會者也開始帶領冤罪平反專案，如夏恩和中大西洋冤罪平反專案（Shawn Armbrust and the Mid-Atlantic Innocence Project）。

2000年，十個冤罪平反專案聚集在芝加哥舉辦了一場會議，並創建了一個非正式的冤罪平反網絡。冤罪平反年，這些專案正式成立了冤罪平反網絡指導委員會，庫吉和泰瑞莎擔任了這個全國性附屬冤罪平反專案組織的創始董事。

2004 年，紐約的冤罪平反專案在擴大規模並成為獨立的非營利組織後，聘請馬德琳・德隆（Madeline DeLone）擔任執行董事。迪倫曾是一名囚犯權利律師和提倡者，在 2019 年退休以前一直帶領著清白專案。

如今，冤罪平反網絡由冤罪平反組織董事選舉產生的執行董事會帶領，並設有一個由創始董事梅雷迪絲・甘迺迪（Meredith Kennedy）帶領的網絡救助部門。該網絡是一個獨立的冤罪平反組織聯盟，每個構成員組織都是一個獨立的個體。附屬的組織有位於法學院的研究室、獨立的非營利組織，有些還與公設辯護人協會有關。自成立以來，冤罪平反網絡協會已經擴展到國際範圍，為全球的冤罪平反工作提供援助，並在中南美洲、亞洲和歐洲建立了地區性網絡。

2000 年，時任伊利諾伊州州長喬治・萊恩（George Ryan）下令暫停執行死刑，這是全國首次。當時，伊利諾伊州免於死刑的人數超過自 1976 年恢復死刑以來處決的人數。卸任前，州長萊恩為伊利諾伊州死囚減刑，但遭到了許多檢察官的強烈反對，檢察官後來對他提起的刑事控訴可能與他反對死刑有關。萊恩在他的回憶錄中提到了他暫時停止執行死刑的動機：我的這種信念──這種感覺──一直沒有消退。如果說有什麼不同的話，那就是在成為刑事追訴系統的一名囚犯 5 年後，我對需要進行的根本性改革以及維持現狀的後果有了更深刻的理解。

無辜者冤罪平反運動在 2000 年代獲得了許多政策上的成功，其中包括了 2004 年通過的受害者保護法案（Innocence Protection Act），允許被聯邦政府定罪的囚犯在定罪後接受 DNA 檢測。該法案還資助了以克里格命名的 DNA 檢驗項目，2000 年代，全美

通過了定罪後 DNA 檢驗法規。

從國家聯邦層級開始的政策工作已經擴展到州層級的改革,包括在所有五十個州建立的 DNA 檢驗法律、改革目擊者指認時警方應行程序、訊問紀錄以及被錯誤定罪者的賠償法規。每年,無辜網絡和全國無辜組織成員都會支持州級立法,以便在各個司法管轄區進行系統性變革。

2012 年,記者莫斯里‧波斯利（Maurice Possley）與薩姆‧葛羅斯（Sam Gross）教授和羅伯‧沃登（Rob Warden）教授合作創建了國家免罪登記處,以追蹤美國的除罪情況。有了這些數據,更多的研究人員會分析哪些因素導致無辜者被定罪。

紐約的無辜者冤罪平反專案分支成訴訟策略領域,其部分工作重點是在審判中識別和排除虛假的法醫證據。

這些只是當今正在進行的冤罪平反工作中的一部分。

無辜者冤罪平反專案和冤罪平反網絡對於無辜者冤罪平反運動的願景不亞於一場變革。他們的工作證實了對整個刑事司法系統的重要批評：我們的系統讓無辜的人定罪,我們的監獄關著無辜的人。1990 年代,大規模監禁的出現和監獄的激增是基於對犯罪的恐懼以及建造監獄的利潤,以及看似經濟上的優勢。恐懼與利益相伴,剝削有色人種,尤其是黑人,並將犯罪歸咎於他們,然後限制他們的自由,就這樣,美國延續了從奴隸制度到囚犯租賃制,再到今天的監獄勞動和過度監禁的傳統。

無辜者冤罪平反運動對我們現行制度提出了挑戰,並最終為每個人——不僅僅是為無辜的人——改革我們的制度。在我看來,下一步就是要實現正義,即使沒有確鑿的無辜證據,也要倡導反對不公正的定罪。

# 第二十一章
# 來自聯邦調查局的無罪證據

聯邦調查局的檔案中，有一封傑瑞・拉欣（Jerry Rushing）檢察官寫給聯邦調查局理查・沃德・布魯傑（Richard Vorder Bruegge）醫生的信，布魯傑醫生從 1995 年起就在聯邦調查局工作，負責對影片和照片證據進行鑑識工作，希拉和珊蒂從未聽說過他。然而，布魯傑不只是影像專家，還是拉欣在莉和塔米案件中的關鍵人物。

在後續的信件中，拉欣附上了韋斯特醫生自己為影片做的事件時間表。

這封信似乎是韋斯特醫生和布魯傑醫生之前對話的後續。在聯邦調查局的文件堆裡，韋斯特醫生在給萊頓和瓊斯警探的信中記錄了這次談話。這封信中，韋斯特醫生鼓勵萊頓和瓊斯警探將他們的影片分析發送給布魯傑醫生的鑑識計畫，韋斯特醫生說他將繼續處理他的副本，檢察官和警察會將副本寄給聯邦調查局，很明顯他們卻是這樣做了。

## 2000 年 9 月 11 日的聯邦調查局報告

聯邦調查局給檢察官的結論很簡短：影片的畫質太差，什麼都看不清楚。他們無法判斷從後車箱拿出的物品是什麼，也無法

確定是被誰拿走的。

聯邦調查局詳細說明他們是如何得出這個結論，聯邦調查局一名以往的員工對該影片進行提升畫質的處理，但畫質太差，該專家只能看到這個無法辨識的身影所攜帶的「一個或多個物品」。

這對檢方的指控來說是致命的。但正是這份顯示檢察署在開庭前收到聯邦調查局報告的郵寄單，為希拉和珊蒂敲定了協議。

布魯傑醫生的最終書面報告於 2000 年 9 月 11 日寄給了布魯肯郡的地檢署。分析報告中包含了原始錄影帶、聯邦調查局提升畫質過的錄影帶副本以及該副本影片中的靜態影像。聯邦調查局在包裹上黏貼了標籤，並將包裹寄給密西西比州布魯肯郡第十四巡迴法院地區助理檢察官拉欣。

聯邦調查局的報告記錄了他們最初於 2000 年 4 月 13 日與地檢署溝通的情況。

2000 年 4 月 13 日，拉欣與地檢署進行了初步溝通。隨後，拉欣將錄影帶寄給了布魯傑醫生，後者於 2000 年 4 月 18 日收到錄影帶。四個半月後，布魯傑醫生對錄影帶進行評估（編號為 000418251 HD），並將它還給拉欣的地檢署。

在收到聯邦調查局的資料包後，萊頓和拉欣檢察官將放大的照片交給了辯護律師。但辯護律師從未收到聯邦調查局的調查結果，即影片中並未顯示莉從皮卡車後部的後車箱中搬走一具身體，更不用說金，沒有人做了這些事情。

相反，檢察官不顧聯邦調查局的分析，繼續採用韋斯特醫生的說法。他們向陪審團出示韋斯特醫生對影片中莉的詮釋：「焦慮」和「奮戰或逃跑」的行為；韋斯特醫生的證詞稱莉將被害人

的身體從後車箱取出；以及他關於影片的證詞，雖然影片時間軸顯示只有一秒，但錄影帶可能有問題，可能是快轉的。

　　希拉和珊蒂將聯邦調查局的報告交給了威爾，後者開始調查為何檢察官沒有把聯邦調查局的報告透露給莉和塔米的律師。一個比較大的問題是，巴奈德和肯・麥克尼斯已經去世了。

　　威爾聯絡了莉之前的律師，約翰・歐特（John Ott），但他在壓力和健康的問題下退出了。歐特仍在布魯肯郡附近執業，仍在接案，但很少接刑事案件。

　　在開庭前，歐特收到了一封提議信的副本，信中，傑瑞檢察官要求聯邦調查局調查此案中旅館的監視器畫面。歐特還收到聯邦調查局從旅館監視器畫面中拍攝的照片，但他從未收到其他任何東西。除了照片外，他沒有被告知太多有關聯邦調查局介入的資訊。幾年後，他們仍然相信莉是無辜的，他也再也沒聽說過聯邦調查局的介入。後來，威爾聯絡了塔米的上訴律師，華爾特・伍德（Walter Wood）。伍德曾在塔米被拘禁在林肯縣監獄時見過她，當時陪審團剛判她有罪不久。伍德接手此案時，他已經收到了恩西的檔案，他和歐特一樣，都說自己沒有見過或收到過聯邦調查局的任何報告和結果。恩西、巴奈德、塔米都沒有告訴過他，聯邦調查局已經起草了他們自己關於錄影帶的調查結果。

**定罪後的請願**

　　2011年4月5日，密西西比無辜者冤罪平反專案根據新的證據為莉和塔米提交了定罪後的請願。這份長達59頁的請願書是團隊努力的成果，然後我們繼續等待，莉和塔米的案件距離定罪

後已經過了將近 10 年。我們不能這樣就重新立案或重新審理，我們必須請求密西西比最高法院許可舉行聽證會，如果他們同意，原審法院就會舉行聽證會，考量我們新發現的證據。我們提出了三項主張，說明密西西比州最高法院為何應該讓我們舉行聽證會，重新審查定罪。首先，新發現可證明被告無罪的聯邦調查局報告被隱瞞；其次，檢察官讓韋斯特醫生作證，而他們知道這些證詞是虛假的，或者至少與聯邦調查局的報告相矛盾；第三，莉和塔米的律師沒有反對韋斯特醫生作為影片專家，也沒有反對莉和塔米性取向的證詞和陳述。我們辯稱，州政府沒有交出無罪證據，違反布雷迪控告馬里蘭案（Brady v. Maryland）的規定，該案是美國最高法院 1963 年的一則判決，該判決要求檢察官在審判前公開對被告有利的證據。我們還辯稱，辯護律師的辯護無效，結果造成莉和塔米被錯誤定罪。

現任州檢察官反對舉行聽證會的提議。為了尋求支持，他們找到了被判死刑的艾迪・李・霍華德（Eddie Lee Howard）的案例。2006 年，密西西比州最高法院拒絕就與韋斯特醫生有關的新證據對霍華德進行定罪後聽證。最高法院認為，初審法院認為韋斯特醫生作為咬痕鑑定專家是合適的，意見如下：

> 為了支持他定罪後的請願，霍華德提供了大量專家宣誓書和其他文件，對韋斯特醫生、他的證詞以及咬痕證據進行了攻擊。這些宣誓書指出韋斯特醫生多次被證明是錯誤的，並討論了他的證明方法是不科學的⋯⋯。韋斯特醫生平時錯誤百出，不代表他在當時也是錯的。

檢方認為，韋斯特醫生對莉和塔米案件中的咬痕作證是適當的。

對於錄影帶的分析，檢方認為韋斯特醫生並不是以專家的身分作證，他只是以非專家證人的身分作證。檢方指出，在韋斯特一天半的證詞中，他有一次說：「我只是想讓人們看看影片，然後自己得出結論，他們到底有沒有看這個。」這就是他們認為韋斯特只是一般證人而非專家的證據。檢察官還認為，聯邦調查局的報告並不是什麼新鮮事——事實上，這正是辯護律師所主張的。辯護律師最後告訴陪審團，莉在搬運的是一個裝有衣服的垃圾袋，而不是一具身體。因此，檢方認為，他們所說的話與聯邦調查局探員所說的話相同。

檢察官支持咬痕證據以及韋斯特醫生的其他證詞，在對我們的請願書的回應中，他們辯稱「有證據表明莉・斯塔布斯有抽菸，乳頭損傷的部分與女性窄煙頭燙傷的痕跡一致。」檢察官總共花了 19 頁的篇幅，辯稱莉和塔米沒有指出任何對她們的偏見、沒有顯示出任何可以改變判決的證據，也沒有顯示出任何可以使他們得到無罪的證據。

在密西西比州，定罪後的救濟提議通常在三年後就會失效，而密西西比冤罪平反專案是在定罪後近十年才提出申請，因此，從這個角度來看，莉和塔米已經為時過晚。

不過，三年時效也有例外，證明實際無罪可以延長三年，莉和塔米辯稱自己是無辜的。

現在，密西西比州最高法院將決定我們是否可以舉行聽證會並提交證據——這是至關重要的一步。

我繼續去看望莉和塔米，七月的一個星期二，我開車去蘭金

的女子監獄。進去之前，我必須把所有東西留在車裡，除了證件、筆記本和筆，身分證和車鑰匙必須交給警察，我最後檢查了一遍手機。每週二是意見日（opinion day），密西西比州最高法院總在這天公布判決，所以我定期在網路上查看案卷。

當我看到莉和塔米的案件時，我的心臟狂跳，我默默地祈禱，拜託，拜託，今天一定要給我一個好消息。

在密西西比州中部懲教所的停車場，我得到了莉和塔米案件十年來最令人高興和樂觀的消息。

我匆忙地走進去，臉上因急促而泛紅，對拿走我鑰匙和身分證進行檢查的警衛感到有些不耐煩。他隨後引領我去洗手間接受搜查。出來後，我看到另一名警衛正在將戴著手銬的莉帶到我們預定會面的房間。經由監控室控制、先開一扇門，在第一扇門關閉後才能開第二扇門的雙玻璃門，我望見了她。雖然她聽不見我，但我還是情不自禁地大喊，劇烈地揮動著手：「我們有好消息了！好消息！」

她臉上露出了驚恐的表情，她知道發生了些什麼，但她敢於抱有希望嗎？我看到她臉紅了，然後她就被帶到會議室，消失在我的視線中。此刻，我在外部訪客等候室裡踱步等待，等著警衛將我從雙層玻璃門穿過，帶入監獄內部。我來到了那個小型的水泥牆房間，裡面有一張金屬桌子，那是我曾多次與他們會面的地方。

當警衛讓我進去時，塔米已經在房間裡了。不久後莉也來了。

「我們獲得了聽證會的機會！密西西比最高法院剛剛做出了決定！」我們都相擁而泣，發出快樂的歡呼。

第一個障礙已經被克服。我們將在布魯克海文舉行聽證會，地點是那個和審判相同的法庭。但這次我們遇到了不同的法官：

邁克·泰勒（Michael Taylor）法官。

**調查韋斯特醫生**

2005 年，邁克·泰勒法官在布魯克海文巡迴法庭上任職。他已經擔任兼職少年法庭法官九年。他的妻子來自布魯克海文，而他本人最初來自密西西比東部。他會輕鬆地表露他不是鄉村俱樂部的那類人，說：「我沒有高爾夫球桿，我家也沒人擁有網球拍。」相反，到了八月，他會獲得一個有限的許可，去鄰近的威爾金森縣沼澤地捕捉鱷魚。

因為莉和塔米被授予了聽證會的機會，她們可以要求地區檢察官辦公室提供記錄——被稱為「發現」的文件和證據。我們要求了一份檢察官檔案的副本。泰勒法官批准了這一請求。地區檢察官辦公室交出了他們與聯邦調查局的通信，特別是與邁克·韋斯特相關的資料。

我們對我們發現的內容感到驚訝。

2007 年 11 月 23 日，紐約的冤罪平反專案向密西西比州司法部長吉姆·胡德（Jim Hood）發送了一封信和備忘錄。冤罪平反專案的凡妮莎·波特金（Vanessa Potkin）代表了甘迺迪·布魯爾（Kennedy Brewer）和萊萬·布魯克斯（Levon Brooks）——兩名因為韋斯特醫生虛假的咬痕發現而被錯誤定罪的男性。凡妮莎和冤罪平反專案的共同創辦人彼得·紐菲爾德著手證明韋斯特醫生的缺乏可信度以及咬痕的不可靠性。為此，他們進行了一次秘密行動。

他們聘請韋斯特醫生評估一名懷疑的兇手的牙齒是否與咬痕照片相匹配。韋斯特醫生發布了一段 19 分鐘的影片，結論是

「牙齒確實造成了那個痕跡」,並且任何其他人留下咬痕的可能性是「極其渺茫」。

實際上,韋斯特評估了一套來自一名無辜男子的隨機牙齒並將它們與照片匹配。不可能存在匹配。真正的兇手已經基於 DNA 證據被適當地起訴並定罪。

到了 2008 年 3 月 25 日,密西西比州司法部長辦公室正在對韋斯特醫生進行自己的調查,由首席調查員卡爾·普里(Karl Pree)和公共誠信部門領導。調查員普里已經與鄧恩·朗普頓聯繫過,討論韋斯特所涉及到的那一些懸而未解的案件。

內部調查人員無法確定韋斯特醫生是否犯下了罪行。調查員基思·米爾薩普(Keith Milsap)查閱了莉和塔米案件的法庭記錄,並審視了韋斯特醫生的證詞。米爾薩普認為不適合提出任何刑事指控。因此,他建議將案件檔案送交倫理委員會。米爾薩普將他的建議連同案件檔案「密西西比州訴萬斯和斯塔布斯案」一起轉交給了普里。日期是一年多後的 2009 年 9 月 15 日。對韋斯特醫生的內部調查最終無疾而終,鄧恩·朗普頓從未提及公共誠信部門就莉和塔米的案件與他聯繫過。此時,朗普頓自己也面臨著挑戰;他因 2007 年的脊髓損傷導致癱瘓,並於 2009 年辭去了密西西比南區美國檢察官的職務。

**更多咬痕專家判斷**

為了準備聽證會,我聯繫了瑪麗和彼得·布希(Peter Bush),兩位專門分析和質疑咬痕的專家。瑪麗醫生當時仍是一位牙醫,以及紐約州立大學水牛城分校的牙醫學教授。從 2011 年到 2012 年,她曾擔任美國法醫牙科學會的主席,並且是美國法醫科學學

院牙科學部的研究員。她的學術重點和著作集中在法醫牙科上。她與她的丈夫彼得・布希（紐約州立大學水牛城分校南校區儀器中心的主任，也是美國法醫牙科學會的成員），他們共同撰寫了關於咬痕分析研究的論文。布希醫生夫婦同意撰寫並提交一份關於他們咬痕研究的宣誓書，以供莉和塔米的聽證會使用。

　　首先，他們指出了 2009 年國家科學院關於法醫科學的報告特別提到了咬痕，報告稱咬痕的獨特性尚未被科學證實。然後，在他們自己於 2009 年到 2011 年之間的研究中，他們分析了大量人群中的牙齒形狀以及施加在人類屍體皮膚上的咬痕扭曲。在他們的研究中，他們發現人類皮膚並不是一個準確的「記錄介質（recording medium）」。相同的牙齒痕跡在不同的身體和皮膚上看起來可能截然不同。他們的研究還發現了很大的偽陽性，意思是那些實際上並沒有留下咬痕印痕的牙齒模具，卻在咬痕分析時被誤認為與咬痕印痕最相符或最匹配。總之，他們的研究發現在社會中引起了轟動，並對法律程序中使用咬痕證據提出了擔憂。我們儘快將他們研究的宣告書提交給法院。

**廢黜韋斯特醫生**

　　我們發出通知，希望取得韋斯特醫生的證詞。除非我們支付他費用，否則他拒絕參加。他要求 3,600 美元作為他就莉和塔米是有罪還是無罪爭辯的「專家意見」費用。考慮到莉和塔米第一次被要求支付他的專家費用，這或許並不令人意外。

　　韋斯特醫生甚至代表自己提出動議，認為他不應被強迫參加證詞，尤其是在未支付費用的情況下。

　　當時，韋斯特醫生負責南密西西比懲教所的牙科診所。有

時,桑迪媽媽會被徵召去該診所工作,但她總是拒絕。而驚人的是,韋斯特醫生利用他的偽科學將人們送入監獄,他卻莫名地擁有成為一名監獄牙醫師的自信。

但我們要求韋斯特醫生作證並非是作為一名專家,而是要審查他在案件審判中的證詞。我們還要求提供韋斯特關於布魯爾案、布魯克斯案以及韋斯特在審判中討論過的其他案件的報告。這些人現在已被證明是無辜的。在兩起案件中,真正的罪犯已被逮捕。

幸運的是,一旦刑事案件在定罪後受到質疑,它就會變成一個民事案件(civil case),這時適用不同的規則。在號稱公平的民事案件領域中,一切都是公開的。這種透明度與刑事程序的規則大相徑庭。在1930年代製定規則時,南方檢察官成功地辯稱刑事規則應該有所不同,因為其重點是審判,而民事案件則重點關注事實、科學以及審判前的訊息。據稱,在刑事審判中,檢方承擔的沉重負擔——在合理懷疑範圍內,證明被告有罪——因此作為一種平衡與補償,檢方在案件中,可以與被告分享相對較少的訊息量。

但在美國,有百分之九十五的被告選擇認罪。如果被告選擇去進行審判,他們可能會遭遇到更重的刑罰。原本認為經由審判的過程,能夠使被告和檢察官之間的權力達到平衡。然而在許多情況下,審判結果實際上更有利於檢察官。這被稱為「審判懲罰(trial penalty)」[1]。

---

[1] 大意指被告「認罪後協商所得到之刑期(較輕)」與「不認罪進入審判後得到的刑期(較重)」間的差異,可能的原因是,後者浪費了國家訴訟資源(例如陪審團),而前者則省去很多。有研究指出,在 2015 年

然而，在定罪之後，程序變成了民事訴訟，前被告有權獲取發現證據。我們可以對韋斯特醫生進行訴訟。

當邁克・泰勒法官就韋斯特醫生要求獲得證詞費用的動議舉行聽證會時，泰勒法官提醒他，法庭規則規定了證人費用：每天25 美元。這是陪審員每天的報酬，也是被強制出席並在案件中提供證詞的證人所得到的報酬。

「韋斯特醫生，人們不能自訂他們的收費標準，」法官說。「你無權要求任何你想要的金額。你甚至無權獲得你平時提供證詞所賺的錢。但你可以被強制出庭作證。」

「法官閣下，我很遺憾地發現我成了一個奴隸，」韋斯特醫生驚呼道。「就我而言，取消我曾經提供的所有證詞，讓她們自由，重新審判。我不記得了，我沒有證據，我也不參與爭辯。」

法庭上，鴉雀無聲。

韋斯特醫生繼續說道：「我放棄。放那些女孩走吧。我所說的一切，我都不記得了。我也不再在乎了。你們想從我這裡得到什麼？我被指控為罪犯。而我把它當作個人攻擊。」泰勒法官提出命令，他要出席證詞。

---

對聯邦案件進行的一項統計分析，被告不認罪進入審判的判刑，比接受認罪協商時要多 64%。檢察官有時會脅說，如果不接受僅僅幾年的認罪協商，被告就會在法院審判後被判處數十年的監禁。批評者認為，審判後處罰加重剝奪了被告的無罪推定，「被告在認罪協商過程中面臨的壓力如此之大，即使是無辜的人也可以被說服承認他們沒有犯下的罪行」、「這讓依據憲法享有陪審團審判不是一種權利，而更像是愚蠢者的陷阱」。

「我會出席的，」韋斯特醫生說。「否則我就會去坐牢。那裡的食物不錯，你還能得到牙齒護理和醫療保健。這有沒有搞錯呀！」

由韋斯特醫生這樣的人所提供的牙齒醫療，這真是諷刺。

我們為聽證設定了一個日期。

## 密西西比的聖誕節

那年 2011 年 11 月，我從塔米那裡收到了一封信。她提到，隨著節日的臨近，她不期待在一段時間內能收到我們的回音。她想對我們在她案件上所做的努力表示感謝。

這讓我感到不對勁。在監獄中度過節日，卻無法與外界的家人團聚。

我走進了小鎮上的一家賀卡店，為我們密西西比無罪平反專案的所有成員挑選了賀卡，並讓大家簽名後寄給我們的委託人。這成了我每年都會堅持的一個傳統。有時，我們的卡片可能是委託人唯一收到的卡片。

找到恰當的祝福語很困難。「希望你在這個季節感受到朋友和家人的溫暖和親近」聽起來似乎有些殘忍；「你的光芒讓世界更美好」可能是對的，但又可能會感到是一種嘲笑。跳舞的薑餅人唱著「聖誕快樂！」似乎過於幼稚，且過於聚焦在聖誕節。

最終我找到了一張聯合國兒童基金會的卡片。卡片外面寫著：「和平、喜樂、愛」裡面的話語充滿了意義：「每年都有相同的簡單願望⋯⋯帶著全新的希望。」

我把它們全都買了。

# 第二十二章
# 對迪基的母親,海倫・艾爾文(Helen Ervin)的臆想

在這一章中,我想像了迪基的母親,海倫・艾爾文的想法和感受。因為海倫已經去世,所以我無從知曉。因此,我想明確指出,這是我的想像,與書中其餘基於事實的內容不同。

**海倫**

她照顧了所有的孩子,但那些她試圖抱得最親近的孩子,那些留在家裡陪著她的孩子,即使在她試圖緊緊抱住他們的時候,卻已經離開了她的懷抱和這個世界。

她還在這棟老房子裡。當她在二十世紀 90 年代買下它時,她覺得它很迷人,是舊世界需要的改變,而它已經有將近一百年的歷史了。她的丈夫老詹姆斯歐文(James Ervin)來自密西西比州派克縣,他們從路易斯安那州搬回來。她沒有想到他這麼快就去世了,那是 1999 年。她沒有想到房子裡那些古老的鬼魂和陰影,但現在房子裡迎來了她丈夫和同名兒子的鬼魂。

坐在寬敞的門廊上,她面對著羅布街上緩慢行駛的車輛。這條街唯一繁忙的時候是在星期天,車輛駛入街對面的第一浸信

會。多年後的今天,她的家仍然位於星光汽車影院旁,以及街道下方的自助式雜貨店旁邊。她一直喜歡這個僅有一千人的小鎮,她是從路易斯安那州來到這裡的。從她的前門廊,她可以看到羅布街盡頭的那個紅色停車燈,在接近五十一號公路之前。

現在門廊上有了更多的陰影。她突然看到了它們,女孩們在門廊上低聲耳語。外面已經黑了,但她看到她們的頭靠在一起。然後她們消失了。

迪基的生活在甜美的金吸毒過量後崩潰了。那個甜蜜又善良的女孩。在他們老舊的房子裡帶來一絲新鮮空氣。她隨心所欲地來去,但海倫從不介意。看到金回來時,身上有了些健康的體重,那個擁抱和吻向海倫媽媽。她回來了。

但她沒有——這是她最後一次回到這個需要她的房子。他們從不談論這件事,但她能看出金對她兒子的影響。她曾希望這個年輕女孩能與迪基安定下來,給他動力。她記得那個聖誕節,迪基告訴她金要去成癮戒治康復中心。好,她想。這會讓一切回到正軌。

有時候,海倫在醫療中心擔任接待員的工作時,會以為她在醫院房間裡瞥見了金的身影。當然,她沒有,她會提醒自己。但就像她兒子們的鬼魂留在她身邊一樣,金的形象也留了下來。金躺在醫院床上,全身連接著管子。她的裸露皮膚在黑暗的法庭上被發光的投影機放大。然後金活生生地出現在法庭上,雖然存在但又不真實,不比她在螢幕上更真實。海倫在法庭外的長椅上看到她和她媽媽一起,垂頭喪氣。她的深色頭髮剪成了短鮑伯頭,旁邊放著拐杖。

那是海倫最艱難的日子之一。站在證人席上,回答那些刺探

性的問題。她曾與檢察官、美國檢察官、崛起的明星鄧恩・朗普頓一起練習過她的回答。那時候，他兩次試圖進入國會都失敗了，但每個人都知道他會有大作為。他已經擔任地區檢察官二十年。這麼多年來，他一直在努力，告訴派克縣的人們，他把毒販子關進監獄，停止了福利詐騙。有時，海倫懷疑他談論的是不是她的家人。這似乎不太對。

然後就在金的案件結束，那些女孩被關進監獄後不久，喬治・小布希成為總統。鄧恩・朗普頓一飛沖天，他得到了美國檢察官的職位。

但後來鄧恩變得像她的兒子迪基一樣。像迪基一樣，他在派克縣發生了車禍，脊髓受損。他當時在自己的私人葡萄園，儘管如此。像迪基一樣，鄧恩受了傷。但不同於迪基的是，止痛藥並不足以讓他再次行走。鄧恩餘生都坐在輪椅上，他的生命也因此縮短了。他現在被埋葬在公墓，就在不遠的路上。

當他們發現迪基上吊自殺時，海倫的心碎了。他選擇了這麼艱難的方式離開這個世界。他們將他的遺體送到了與他父親過世時的同一家位於麥克康姆的殯儀館。迪基在那次審判後兩年自殺，那也是他們最後一次見到金。

這些問題。

「現在，請告訴我們一些關於你兒子詹姆斯或迪基的身體狀況？」

記憶。

「嗯，他是個身障者。他有很多問題。主要是他的脊柱。他做了好幾次手術。」

「是什麼導致了這些傷害？」

就好像她沒被問過一百萬次似的。你兒子怎麼了？

「一場車禍，然後是幾次失敗的手術。」

然後總是談論藥、喝酒、酒駕。他們告訴她，聯邦調查局甚至有迪基的檔案。

「金是否也試圖讓詹姆斯去成癮戒治康復中心尋求幫助？」

「我不知道。可能是有的，但我不知道。」

「你會認為詹姆斯是——當然我知道他是你的兒子，女士——但你會認為他是一個誠實可信的人嗎？」

就因為他是個身障者。就因為那些藥物。他需要它們。當然他遇到了一些麻煩，但這一切都不是他的錯。

「據我所知，是的。」

「他可能非法服用一些藥物嗎？他會那樣做嗎？」

「如果他有，他不會告訴我。」

「你兒子詹姆斯定期吸食大麻是真的嗎？」

「可以這麼說，是的。」

迪基因持有和販賣大麻至少被逮捕過 4 次。幸運的是，迪基從未服刑，指控總是被撤銷。真正遇到麻煩的是皮納，擁有金髮和藍眼睛的皮納（Peanut），這讓他常常惹麻煩卻又免於懲罰。直到懲罰無法避免，而他們又沒有錢讓他免於懲罰時。皮納，在他們全家住在路易斯安那時，因謀殺未遂被定罪。皮納被判罰款 10 美元，並在為期一年的周末於監獄服刑。他當時只有 17 歲，他們等到他 18 歲生日那天才對他進行判刑。在她眼中，他還是個孩子。

但後來那一年，皮納因為肇事逃逸並且使用了假名違反了他的緩刑條件。之後，他因武裝搶劫、汽車盜竊和重罪犯持有槍械

## 第二十二章　對迪基的母親，海倫‧艾爾文的臆想

被逮捕。為此，他在路易斯安那州的矯正中心服刑。之後，海倫與先生，將家庭和兩個兒子，一同搬到了密西西比州的薩米特，尋求讓他們的孩子回歸小鎮生活，儘管他們現在已是成年人。即使他們不久之後就成為亡魂。

海倫試圖讓自己平靜下來，質疑自己為什麼今晚會回憶起這麼多。這個房子總是充滿了陰影。那個黑暗的夜晚，女孩們在門廊上低語。黑暗的開始。

屋內燈光亮起，她再次看到了那一幕。金像一顆美麗的風滾草穿過屋子，轉身和移動時頭髮旋轉，她在房子裡快樂地、忙碌地四處張望，然後她消失在迪基的房間裡。他需要她。海倫自己微笑了一下，然後轉身與女孩們交談，而皮納熱心地幫助她們尋找帳篷。皮納，在迪基去世幾年後也去世了。在她的五個孩子中，只有女兒們存活下來。

一切都結束得如此之快。金跑出來跳進那輛卡車。皮納跟在後面，開著自己的車追趕。海倫站在前門廊上，看著皮納的尾燈急速駛向紅燈。它們停了下來，轉了個彎，街道又陷入了黑暗中。

# 第二十三章
# 定罪後的聽證會

**聯邦調查局分析師，**
**韋德・布魯格醫生（Dr. Vorder Bruegge）的證詞**

在一月，我們聽取了韋德・布魯格醫生的證詞。我們通過電話進行，密西西比的律師們在傑克遜的梅里達巴迪・考克斯威爾（Merrida "Buddy" Coxwell）的辦公室會面。巴迪現在代表塔米，而密西西比無辜者冤罪平反組織代表莉。韋德・布魯格醫生士在弗吉尼亞州的昆提科，一位聯邦調查局的律師在他那端聆聽。

韋德・布魯格醫生是聯邦調查局的一名資深錄影技術專家，他負責檢查有疑問的錄影證據——來自膠片的圖像，但也包括數碼圖像——已長達十五年。到了 2000 年，他已經是一名錄影技術專家。他使用專業質量的錄影設備和一個錄影製作工作室。

2000 年，韋德・布魯格醫生收到了來自布魯克海文地區檢察官辦公室的協助請求。檢察官拉什寄來的信很快到達，隨信附上了韋斯特醫生的時間線和錄影帶。韋德・布魯格醫生開始工作。他完成了一份報告，並將其連同一封附信、原始錄影帶及其副本和兩個裝有來自該錄像的照片的信封，一同寄給了布魯克海文地區檢察官辦公室。

韋德‧布魯格醫生在案件進行期間從未與任何辯護律師進行過交流，直到 2012 年進行聽取證詞時才首次這樣做。

爭議中的關鍵文件是物證保管記錄。該記錄追蹤了聯邦調查局與地區檢察官辦公室之間的通訊細節，包括通訊的對象、時間以及原因。物證保管記錄和分析師的活動及通信筆記完全由聯邦調查局保管。透過希拉和珊蒂兩位媽媽根據資訊自由法案（Freedom Of Information Act）向聯邦調查局提出的請求，這份文件得以公之於眾。

這份兩頁長的文件證明，從 2000 年 4 月 18 日到 9 月 11 日之間，聯邦調查局對錄影帶進行了分析、撰寫了報告，並將這些發現通報給了檢察官。

但是，檢察官從未將這些信息告知莉和塔米，也未告知對他們進行審判的陪審團。審判期間，沒有人要求韋德‧布魯格醫生出庭作證。

在他的記錄中，韋德‧布魯格醫生具體說明了他如何試圖從圖像和監控錄影本身中找出盡可能多的細節。實際上，他使用了當時可用的最佳技術來做到這一點。但是，許多影像已經受損或質量下降，以至於螢幕上會有靜態線滾動——意味著在那些時刻沒有人能在影像上看到任何東西。在審查了增強的片段後，韋德‧布魯格醫生最終確定它們「不適合使用」。

「您能否確定是否有兩個人從卡車後部的後車箱中移動了一具身體並將其搬入旅館房間？」巴迪‧考克斯威爾問道。

「我無法確定，」韋德‧布魯格醫生回答。

「您能否確定是否有人在後車箱上的人身上猛然關上後車箱蓋？」

「不，我無法看到任何可以確定那發生的事情。」

「您在 10 點 47 分 23 秒的筆記上寫道：『在卡車後部、卡車後面觀察到一個個體，手中持有黑色物體（？）』這個問號是什麼意思？」

「它基本上意味著我無法確定我在那一刻真正看到的是什麼。它可能是一個黑色物體，也可能不是，」韋德・布魯格醫生澄清道。

巴迪繼續問道：「您在 10 點 48 分 30 秒的筆記上寫道『穿淺色襯衫的個體從箱子裡拿起黑色物體』。您試圖聚焦那個黑色物體了嗎？」

「是的，但無法看到任何細節。」

「您能否確定那個物體是一個包、一件行李，還是一具人體？」

「不，我無法確定。」

巴迪問道：「您根本就無法確定那個黑色物體是什麼嗎？」

「沒錯，」韋德・布魯格醫生回答。「我相當確定它實際上是一個實體物體，因為我相信它隨著個體移動。」

「在您的共 15 頁的案件活動日誌的第 1 頁，寫著『已致電』並有一個『需要案件資訊』的框，」巴迪說。「你知道你打電話給的是誰嗎？」

「列出的名字是諾蘭・瓊斯警官。」

所以，我們現在明白了。諾蘭・瓊斯也與聯邦調查局接觸過，請求對錄影進行分析並製作一份報告。

「那麼你聯繫過諾蘭・瓊斯？」

「對。這是常規程序——你需要聯繫提出請求的人，告知他

們我們已經收到了請求。」

當韋德‧布魯格醫生將錄影、他的報告以及照片一同寄回時，他也與諾蘭‧瓊斯進行了通話。

巴迪說：「最後一個問題，韋德‧布魯格醫生，這次對錄影帶的檢查——我不確定該如何科學地表達——是否主要依賴於你對你所看到的內容的解釋？」

「在進行這類檢查時，我們撰寫報告的方式是試圖使之盡可能客觀，」韋德‧布魯格醫生回答。「因此，對於像是身體被移動或有兩個不同人物的解釋——我們盡量只根據事實。這就是為什麼會用到像是『黑色物體』這樣的術語。比如，如果我無法確認那是一個擁有手臂、腿和頭部的人，我就沒有根據這麼說。長話短說，雖然可能存在許多解釋，但你不會從我這裡或者這個實驗室得到這些解釋。」韋德‧布魯格醫生在聯邦調查局花了 16 天時間來處理這段錄影。

### 聽取韋斯特醫生的證詞

2012 年 2 月 11 日星期六，在哈蒂斯堡的幹道，密西西比無辜者冤罪平反組織的威爾‧麥金塔許和塔克‧卡林頓以及巴迪‧考克斯維爾對麥可‧韋斯特進行了訪問。檢察總長辦公室的馬文‧桑德斯（Marvin Sanders）也出席了，他代表著州政府，致力於支持和保持原有的定罪判決不被推翻。

我當時不在場。在我為韋斯特醫生的證詞草擬問題並準備資料之後，我獲得了一個正好在那天的冥想課程獎金。經過幾個月對這個案子的投入，我決定去休息一下。

這是一個錯誤。這份證詞將在未來幾年被律師用來指控韋斯

特醫生。我就算在場也並不會改變韋斯特醫生的回答——我對此的預判是對的——但我希望我能親自聽到他的答案。

我準備了有關萊萬・布魯克斯和甘迺迪・布魯爾錯誤定罪的提問，這些定罪是因為韋斯特醫生的證詞造成的——此外還包括約翰尼・布恩案件的撤銷，以及馬克・奧皮、詹姆斯・厄爾・蓋茨、拉里・馬克斯威爾、約翰・羅斯和安東尼・凱科等人的案件。列表還有更多。我還準備了關於韋斯特醫生被其專業領域內的管理機構暫停資格和解職的問題，關於韋德・布魯格醫生和監控錄影帶的問題，以及當然還有韋斯特醫生自身證詞中存在的問題。

這次證詞大大偏離了正常軌道，韋斯特做出了即便對他來說也算是令人驚訝的聲明。對於事情的發展，我根本無法做足準備。

韋斯特醫生辯護了他在甘迺迪・布魯爾和萊萬・布魯克斯案件審判中提供的證詞。他主張，他曾指出每位被告在受害女孩生前曾咬過她。他從未聲稱萊萬・布魯克斯或甘迺迪・布魯爾強姦或謀殺了這些女孩，他只是說在女孩們死亡之前的某個時刻，她們遭到了咬傷——這屬於身體上的虐待兒童行為。

在我們的證詞中，韋斯特醫生表示：「我至今仍然相信，甘迺迪・布魯爾咬了克里斯蒂娜・傑克遜，而布魯克斯先生在他的受害者被綁架和謀殺前咬了她。在我看來，他們並沒有被證明無辜。沒有任何新的證據使我相信那些咬痕不是由他們的牙齒造成的。」

首先，韋斯特醫生拒絕回答關於萊萬・布魯克斯和甘迺迪・

布魯爾案件的其他任何問題,以及他曾在其他錯誤定罪案件中堅稱「毫無疑問」被告咬傷了受害者的情況。例如,關於他針對安東尼‧凱科（Anthony Keko）的證詞,他僅表示:「幾個月前我接到消息說凱科先生過世了,在他去世前——那不是一個坦白,而是他對一位朋友吹噓,他原以為殺死他妻子需要三十分鐘,但實際上只用了十九分鐘。我記得這件事。我對自己的證詞沒有任何獨立記憶。」

安東尼‧凱科在路易斯安那州普拉克明斯郡被錯誤地定罪。案件中,檢察官在埋葬後十四個月掘出受害者的屍體,韋斯特醫生則作證稱他在她肩膀上發現了咬痕,並將之與凱科相匹配。這是對凱科定罪的唯一證據。

安東尼‧凱科至今仍然健在。

當被問及莉和塔米案件中的咬痕分析時,塔克問道:「您今天對於咬痕的結論是否和您在 2000 年得出結論時一樣確定和自信?」

韋斯特醫生的回答讓人意外。

「不,我不再信任咬痕分析了。我認為它不應在法庭上使用。我們應該依賴 DNA 證據,而不是咬痕。」

塔克立刻追問:「那您的這一看法是否也適用於這個案件?」

「是的,去除掉咬痕證據。」

「那您是否撤回此案中關於咬痕識別的證詞?」塔克繼續追問。

「當我在這案件中作證時,我曾相信人類咬痕的獨特性。現在我不再堅持這一個看法,」韋斯特醫生聲明。「如果再次被要

求對這個案件作證，我會說我不認為這個方法足夠可靠，不應在法庭上使用。」

韋斯特醫生靠回椅背。他隨後講述了三位他極其尊敬的法醫牙科學家如何誤判咬痕。這些咬痕上的唾液 DNA 證據排除了這些牙科專家所指認的咬人加害者。

「現在，」韋斯特醫生繼續說道，「當我看到我非常尊敬的三位牙齒科學方面的意見專家被證明是錯誤的，我不得不假設這三個人是笨蛋，或者他們所使用的系統有缺陷。而我已經認為，咬痕分析的系統是有缺陷的。它並不像我們原本認為的那麼精確。因此，出於這個原因，我不再進行這些分析。」

韋斯特醫生停頓了一下。「我再也不能依賴咬痕作為真相的依據……不論我能否說這個人咬了那個人，以及達到法庭可能要求的確定程度，我不知道我是否還能做到這一點。對我來說，你們有一個比咬痕更好的系統，那就是 DNA。我們那時候沒有這項技術。以最好的證據為依據吧。」

塔克問道：「您有沒有在任何時候向密西西比州的執法部門透露過您這種觀點的改變？」

「有些人打電話給我，」韋斯特醫生說。「我告訴他們我不會浪費我的時間。我過去曾經錯過。我是人類，我犯錯誤。我知道我的第一任妻子曾經列過一份清單。」

「你說你曾經錯過，」塔克繼續問「在過去的咬痕鑑定中，你錯過了嗎？」

「我做過的咬痕分析結果確實是錯的，是的。」

儘管這證詞令人震驚且似乎令人無法置信，塔克還有更多工作要做。他問韋斯特醫生有關康福特旅館監控錄影的問題。

「諾蘭警官拿到這錄影帶時，他給我看，」韋斯特解釋道。「我告訴他，把這錄影帶寄給聯邦調查局，讓他們加強處理一下。」三、四個月過去了，他打電話給我，說：「看，聯邦調查局把錄影帶寄回來了。說他們沒有硬體、軟體或設備來處理它。你能試試嗎？」我說：「是的，我會試試看。」他給了我錄影帶。

韋斯特說他在家用電腦上工作，那是一台普通的老電腦。那是讓我震驚的事情。

「聯邦調查局沒有這些電腦嗎？」這也讓我感到驚訝。我以為他們有，你知道，很棒的超級電腦。

「他們沒有筆記型電腦。」

「你有沒有意識到」——塔克修正自己的陳述——「曾經被告知聯邦調查局其實能夠分析同一監控錄影帶？」

韋斯特回答：「有人告訴我，他們什麼都做不了。」鄧恩曾問，「你知道，當聯邦調查局做不到。你能做嗎？」我說：「是的。該死，拿到電視台去。」他說，「好的。那就這麼做吧。」我在想，「聯邦調查局買不起三百美元的影像工具軟體嗎？」但他們的預算裡沒有，沒有電腦，或者什麼的。我們兩個都對聯邦調查局的無能為力感到驚訝。」

巴迪接著詢問。

「你還記得傑瑞・拉辛嗎？」他問。

韋斯特回答，「哦，是的，我不知道他的頭銜是什麼，但他總是和——瑜伽和布布，杜恩和傑瑞在一起。」

巴迪忽略了該評論。「你所做的錄影增強，你在哪裡接受過訓練？」

韋斯特面無表情「什麼訓練？」他困惑地問。「你在錄影增強方面的訓練」

「自學的。」

2003 年，莉和塔米對他們最初的定罪提出上訴，主張法院不應該接受韋斯特醫生關於監控影像的證詞，因為他不是專家，也不具備發表意見的資格。密西西比最高法院拒絕了上訴，表示由於辯護方在審判時沒有對韋斯特醫生關於影像的證詞提出異議，這個問題已經被放棄，塔米和莉不能在上訴中提出。但最高法院確實表示，如果記錄不同，可能會導致不同的結果——推翻她們的定罪。

回到咬痕的問題。

「你現在是說，在斯塔布斯和萬斯案件中，你不會就任何咬痕的獨特性提供證詞了嗎？」巴迪問。

「在今天的情況下，不，我不會。邁克爾・韋斯特不再相信咬痕的獨特性。」

「所以，它不可靠？」

「對邁克爾・韋斯特來說不可靠。我對我的任何意見犯過錯誤嗎？可能有。我有沒有盡最大努力減少錯誤並進行雙重和三重檢查？有。我對在密西西比州的其他案件中，在聯邦和州法院中我所提出的意見有信心嗎？是的，我有。」

一直被提及的是，韋斯特醫生因在布魯克斯和布魯爾案件中的虛假證詞而被民事起訴。

「我覺得我被無辜者冤罪平反計劃逼出了這個職業，」韋斯特醫生抱怨。「我被冤罪平反計劃的幾位成員指控為犯罪者。當我走進法庭發表意見時，這讓我暴露於不擇手段的男人的猛烈攻

擊之下。你需要一把大獵槍才能讓我再次走進法庭發表意見,因為你無法保護我免受這些人渣的攻擊。」

塔克插話。

「讓我跟進一下。你知道,我的名字是塔克・卡林頓,對吧?我和密西西比冤罪平反計劃組織成員一起工作。」

「我不知道。你說是就是吧。」

「好的。當你把這些人描述為人渣時,只是為了澄清,我包括在這個定義中嗎?」

「不包括。」

## 比較韋斯特醫生與聯邦調查局(FBI)的發現

這是 2000 年 9 月,距離莉和塔米的審判還有九個多月。檢察官鄧恩・朗普頓和傑瑞・拉辛手中握有兩份關於布魯克海文康福特旅館停車場發生事件的相互矛盾的意見。

一份意見來自一位牙醫,「自學成才」的影像分析專家,在自家電腦上工作。他多次為鄧恩和密西西比州其他檢察官作證。正如一位辯護律師曾告訴我的,韋斯特醫生對陪審團而言就像一位弄蛇人(snake-charmer)。他自信地作證,說金被放在莉的卡車後面的後車箱裡,然後不是莉就是塔米把金從後車箱中抬出來,把她昏迷的身體帶進了旅館房間。他聲稱錄影捕捉到了這一行為:即使在黑暗的掩護下,莉多次從門口探出頭來,錄影還是捕捉到了金的腿部和垂下的長髮,莉迅速而緊張地從後車箱中抱起金,帶她進入房間。

另一份意見來自一名經過培訓的聯邦調查局錄影分析師。他花了十六天時間處理這段錄影,放大、記錄他的筆記,並製作增

強版錄影的副本發給檢察官。在韋斯特醫生說他看到莉從後車箱中拿起金的那兩秒鐘裡，聯邦調查局分析師只看到一個黑色物體。他從未辨識出身體、腿部、牛仔褲、頭髮或任何人的部分。與韋斯特醫生未能看到卡車被卸貨的情況不同，韋德・布魯格醫生在晚上 10 點 15 分至 11 點之間，看到一個人在卡車和旅館之間來回搬運物品達十四次。

韋德・布魯格醫生和韋斯特醫生在幾點上達成共識：從後車箱中取出的任何物品都是在晚上 10 點 47 分 47 秒至 49 秒之間取出的。他們還都認定錄影的某些部分遺失，完全無法使用。然而，韋德・布魯格醫生認為那些關鍵時刻中的一些也被扭曲了。

聯邦調查局仍然無法辨識韋斯特醫生在觀看錄影時所歸因的人物和細節。

面對選擇，檢察官選擇了與韋斯特醫生合作。

## 爭執對酷兒的偏見

在我們密西西比冤罪平反計劃的辦公室裡，我們知道有關莉和塔米的同性戀身分的爭議將無法開始討論。但當莉和塔米終於有了質疑其錯誤定罪的事後審聽證會時，我決心提出有關女同性戀的偏見，即使在這一點上沒有希望獲勝。如果莉和塔米因其性取向而感到羞恥，並因此被定罪，那麼我將盡我所能讓法庭為允許這種情況發生而感到羞恥。

我聯繫了加州大學洛杉磯分校法學院的威廉斯研究所（Williams Institute）尋求研究。喬伊・莫格爾、安德里亞・里奇和凱・惠特洛克（Joey Mogul, Andrea Ritchie and Kay Whitlock）的新書「酷兒（非）正義：美國 LGBT 人群的刑事化（*Queer*

(In)Justice: The Criminalization of LGBT People in The United States）」剛剛出版。喬伊（Joey），一位芝加哥的民權律師，曾代表基於其酷兒身分而被定罪的人。當我尋求建議時，感謝她回答了我的一些問題。

喬伊建議我是否去詢問法學院的教授、專門研究性取向歧視（特別是對女同性戀者）的魯絲安・羅布森（Ruthann Robson）教授，作為專家證人出席作證。我問了。魯絲安最終無法在聽證會的日子出庭作證，但她確實為法庭寫了一份宣誓書。

她的話語很有力量：

「韋斯特醫生和加爾維茲醫生都不是性、性取向、女同性戀或犯罪行為的專家。根據我的了解，包括對女同性戀者和犯罪的三十年研究，絕對沒有實證證據支持女同性戀者比其他人，包括其他女性，在暴力或犯下暴力犯罪方面更有可能，或在犯罪時特別殘忍。此外，也絕對沒有實證證據支持女同性戀者比其他人，包括其他女性，在攻擊或性活動期間更有可能咬人的說法。」

雖然沒有任何實證證據支持，但女同性戀者特別殘忍的觀念在流行文化中是一種常見的負面刻板印象，因此得到了一定的關注。

到了 2012 年，雖然情況有所改善，但「殺人的女同性戀者」的刻板印象依然存在。根據同志及女同性戀者反誹謗聯盟（GLAAD, the Gay and Lesbian Alliance Against Defamation）的報告，電視和電影中對女同性戀者的描繪「幾乎一致地是負面的」，報告舉例說，在 1991 年上一季的電視劇中共出現了 4 位女同性戀者，其中兩位被描繪為謀殺犯，另一位則是謀殺案的受害者，而其他女同性戀者則因謀殺案受到懷疑。報告總結認為，

「電影和電視中的女同性戀形象將我們描繪成憎恨男性、破壞社會、驅動於性或無性的生物,沒有心、家、家庭、價值觀或活下去的理由。」

同樣地,雖然沒有任何實證證據支持,但女同性戀者特別容易咬人的觀念對一些人來說是可信的,因為這與女同性戀者具有動物性或是吸血鬼的刻板印象一致。女性研究學者邦妮‧齊默曼(Bonnie Zimmerman)觀察到,女同性戀吸血鬼的神話在文學、傳說和電影中有著悠久的歷史。齊默曼教授指出,當代電影、電視劇情、小說和故事往往基於兩個來源:一個是伊麗莎白‧巴托里(Elisabeth Bathory)伯爵夫人,她是十六世紀匈牙利的貴族女性,據說她折磨和謀殺了650名處女,並沐浴在她們的血液中以保持青春。第二個來源是約瑟夫‧謝里丹‧勒法努(Joseph Sheridan LeFanu)的「卡米拉(*Carmilla*)」(1871),這是一部極具情色的中篇小說,講述了千年生存的女伯爵米拉卡‧卡恩斯坦(Millarca Karnstein)因吸血而活下來的故事。女同性戀者德古拉(Dracula)——一個必須咬其他女性以生存的女性——是一種刻板印象,這種印象通常是潛意識中的,或者不是完全明確表達出來的,但它滲透於流行文化中。

莉和塔米的定罪和嚴厲判決是基於檢察官提出的邏輯結構,並得到非專家意見的支持:所有女同性戀者都是虐待狂、殘忍且性暴力;被告是女同性戀者;因此被告有罪,對受害者進行了殘酷的攻擊。

不基於邏輯或實證證據的是,所有女同性戀者都是虐待狂、殘忍且性暴力的前提。相反,這是基於單純的偏見。

醫生、律師、陪審團甚至法官都可能存在偏見,並不假思索

地接受過時的刻板印象,即女同性戀者是殘忍的性虐待者,有咬人的傾向。但法院也可以採取行動來糾正這種偏見。

有了這些準備,我們就為聽證會做好了準備。

## 事後審聽證會

2012年2月,聽證會終於開始了。莉和塔米從蘭金監獄被帶來。這是他們十年來第一次在監獄外看到日出。法庭內聚滿了兩位女士的支持者。律師們在前面走來走去,交談和準備。

我們有責任證明,有了這些新證據,陪審團在審判時很可能會得出不同的結論。

傑瑞・拉辛出庭作證。他說他不認為聯邦調查局的報告是有利於辯護的。聯邦調查局的報告在檢察官的檔案中顯然缺失,就像它在辯護律師的檔案中缺失一樣。

巴迪・考克斯威爾向法庭指出:「我並不是在指控拉辛先生說,好吧,我得到了這份報告,在這個案件我必須對辯護人隱瞞。我不知道發生了什麼。我也不想對他這麼說。但布雷迪和吉格里奧控告美國案(Brady and Giglio [Giglio v. United States])以及美國最高法院做出的所有判決都適用,無論是出於善意還是惡意。這些文件必須交到被告手中。」

接下來輪到我了。

「傑瑞・拉辛作證時說,韋斯特醫生只是在展示錄影,」我說。「但韋斯特醫生做的不僅僅是這些——他為陪審團提供了即時評論,鼓勵他們想像,看到他所看到的,一個女人的身體。遠遠超出了普通證人或事實證人所能做的,然而他沒有作為專家提

供他所做的科學證詞的資格或經驗。」

我深吸了一口氣。然後,我開始談論對我來說最重要的問題。

「在這個案子的筆錄中,我們可以看到對莉和塔米的同性戀恐懼描繪,」我說。「但這一切始於塔米·萬斯自己的辯護律師在對陪審團進行質詢時,將女同性戀行為與變態一詞等同起來。這就是開始的地方。僅這一點就已經是無效的。但問題不僅於此。因為辯護律師從未對性取向多次被提及一事提出異議。」

「現在,州政府可能會辯稱性取向是相關的。但它的使用方式並不相關。它被用來表明,莉和塔米因為是女同性戀者,更有可能犯下這種嚴重的攻擊罪,甚至她們有犯下嚴重攻擊的傾向。它被用來煽動陪審團,表明她們不僅僅是普通人,她們因性取向不同而有所不同。這是不允許的。」

「如果將她們的性取向公之於眾對事實認定者是有證據意義或相關的,那麼辯護律師可以承認,是的,她們是女同性戀者。但他們沒有這樣做。這是無效的。而這還與另一個事實相結合,由於他們沒有承認,我們看到了這些多次的提問。」

「我們所知道的是,在當時,陪審團更有可能是恐同的,坦白說,對於深入討論同性戀行為感到厭惡。我們甚至看到加爾維茲醫生本人,辯護的主要證人,他作證說這些案件令人反感。他對於在女同性戀強暴案中發現咬痕的說法,以及同性戀犯罪非常虐待狂的說法,都不應該被提出來。」

「在州政府方面,我們看到韋斯特醫生說他會預期在同性戀強暴案中找到咬痕。他有資格這樣說嗎?這是值得質疑的。他一方面這樣說,加爾維茲醫生另一方面也這樣說,這些都以許多方

式對這些被告不利。」

「我認為你可以看到的一個最明顯的不利影響是在判決上。我們看到法官在判決時特別提到，由於加爾維茲醫生關於同性戀者危險的證詞，我將對她們判處最高刑罰。她們因持有羥考酮被判處二十年刑期。」

「只是初犯，她們也被判處二十年刑期。這是因為對她們是同性戀的證詞，」我說。

「我們看到檢察官說這是一次殘忍的攻擊，就像是折磨。他們結辯陳述時說：『當你們看所有證據時，你們會意識到，儘管這是一個間接證據案件，這兩個住在一起、是情侶的女性，無論是因為毒品、酒精還是他們的生活方式，無故惡意攻擊了金，並試圖掩蓋它。』所有這一切如此有害的原因之一是，當時的調查事實者和陪審團，正如羅布森教授的宣誓書中的研究所示，1998年，潛在陪審團成員比起其他少數族裔群體的被告，如非裔美國人或拉丁裔，更有三倍的可能性自認他們不能對一名同性戀或女同性戀被告公平或不偏不倚。」

泰勒法官插話說：「我看了那個統計。這個數據除了字面意義外還能說明什麼呢？它並沒有說人們現在更公正了，只是說他們不太可能說自己做不到公正。那我們該怎麼運用這個資訊呢？」

「您說得對，法官閣下，」我回答。「但在當下，我們努力限制這種偏見。您是對的，今天的陪審團可能會有相同的反應。如果真是這樣，我不會感到驚訝。」

「嗯，我明白她所說的是他們現在不太可能這樣說了，」法官回應道。

「他們在那個時後確實這麼說了,」我指出。「而且相關性是在這次審判的時候。現在如果這個案件有重新審判,我認為會有承認她們是女同性戀的共識,並且會對有關接吻、行為的證詞,特別是那些被稱為『專家』的人對虐待狂女同性戀強暴發表意見時提出異議,但他們實際上沒有資格這麼說。」

我繼續說道。「您提到的羅布森教授在宣誓書中所說的,她說在她的三十年研究中,絕對沒有實證證據支持女同性戀者比其他人更有可能暴力或犯下暴力犯罪的說法。她還說,絕對沒有實際證據支持女同性戀者在攻擊或性活動期間更有可能咬人的說法。法官閣下在指出這一點上是正確的。研究指向的是陪審團原本會是什麼樣子,以及所有這些資訊如何、可能並且,我會辯稱,確實讓陪審團對被告在這個案件中的看法產生了負面影響。」

「最後一點是應該提出異議。性取向並不相關,它並沒有表明她們有更大的傾向犯下嚴重的攻擊罪,但它被這樣使用了。這是她們遭嚴厲刑罰的關鍵因素,正如我們從判刑法官的評論中看到的。這就是為什麼不反駁這些陳述是辯護律師無效協助的原因。」

我深吸了一口氣,完成了我的陳述。

「最後,閣下,我想簡要地談談為什麼我們要求法院為申請人作出事實無罪的判斷。如果我們排除了虛假證據、排除了咬痕、排除了對錄影帶的虛假證詞,如果我們引入聯邦調查局的有利辯護證據,我們會有一個完全不同的案件,有著完全不同的定性。」

「在那種情況下,我們有三個女孩在一起。其中一個過量服

藥,另外兩個以完全正常的方式做出反應。她們呼叫 911,進行心肺復甦術,協助急救醫療人員。間接證據其實是支持她們的無罪。」

「我們有犯罪實驗室報告顯示,受害者的血液並未在後備箱或後車箱中發現,後車箱中也沒有與受害者匹配的頭髮。我們有莉先前沒有任何定罪記錄。金被送往醫院後,她立即接受了毒品測試,結果呈陰性。我們從審判中的證詞知道,金是從她的男友那裡拿到毒品的。」

「即使從州政府的結辯陳述中我們也知道,所稱『共謀』的唯一證據是艾爾文太太的證詞,她說莉和塔米在門廊上低聲交談。州政府在結辯陳述中甚至說,這是共謀的唯一證據。沒有獨立的證據可支持對盜竊的指控。這一切都表明,這兩名女性沒有從詹姆斯・艾爾文那裡偷藥物,也沒有密謀這樣做。」

「如果把韋斯特從其他指控中剔除,我們有由檢察總長辦公室對韋斯特一在這個具體案例中的證詞進行的內部調查,以確定是否可以對韋斯特醫生因其在這個具體案例中的證詞提出刑事指控。我們有 2012 年 2 月 11 日的證詞,其中韋斯特醫生不再相信他自己的方法論或咬痕證據的有效性。」

我繼續說道。「沒有那些證據和關於她們性取向的煽動性評論,這些女性不會被定罪。沒有咬痕,沒有錄影帶,就沒有計劃,也沒有動機。本案沒有動機。間接證據指向無罪。她們盡了所能幫助她們的朋友金・威廉斯小姐,因為她吸毒過量。」

「法官閣下,我就此結束陳述。這種生活方式成為了動機。如魯斯安・羅布森的宣誓書所指出,當你面對一個以間接證據為基礎的案件時,偏見的影響就會被放大。」

「現在,州政府稱這是一起毫無意義的犯罪。他們找不到背後的動機。但性取向成了動機。這製造了計劃。沒有韋斯特,這就是幾個女孩對危機中的朋友做出的反應。」

「她們是無辜的,閣下,我們請求法院做出一個事實無罪的判斷。謝謝。」

我身後,有人短暫地鼓掌。至少有人聽到了我的話。

塔克總結了我們的論點。他指出,檢察官實際上知道或應該知道他們在讓韋斯特醫生上台就監控錄影作證時,正在提出虛假證據。

韋斯特醫生沒有資格對監控錄影作證成為專家。檢察官知道或應該知道這一點——畢竟,他們去找了聯邦調查局。

當聯邦調查局表示錄影毫無用處時,檢察官又回到韋斯特醫生那裡。他們知道或應該知道,當他們讓韋斯特醫生上台作證時,他們正在提出虛假的證詞。當韋斯特醫生在審判中提及聯邦調查局,並說聯邦調查局無法分析錄影時,檢察官有責任糾正他,並向陪審團清楚地說明記錄。

塔克接著提到韋斯特醫生的後來證詞中提出「捨棄咬痕證據」的說法。如果當時的陪審團在審判時聽到這一點,他們不會定莉和塔米的罪。

州助理檢察長傑夫・克林福斯(Jeff Klingfuss)進行了結辯陳述,為已經做出的定罪進行辯護。

「至於考克斯威爾先生關於布雷迪案件違規的論點,州政府想讓本法院注意到密西西比州最高法院的霍華德控告州案。我們認為,沒有足夠的證據證明有布雷迪案件違規。但即使根據霍華

德控告州案的判決,這仍然不是會讓他們在這個案件中有資格獲得重新審判的布雷迪案件違規。」

這是指埃迪・李・霍華德(Eddie Lee Howard)案,他因韋斯特醫生在受害者身上發現咬痕並將其與霍華德匹配的證詞而被定罪並判決死刑,這在很大程度上是由韋斯特醫生的證詞所致。檢方不可能知道,在 2020 年 8 月,密西西比州最高法院會推翻霍華德的定罪。到 2021 年,他最終被宣告無罪。

泰勒法官插話。「讓我問你這個,純粹是為了辯論。如果你發現聯邦調查局看過這個並說上面沒有證據,它無法被增強,這不會動搖你對審判結果的信心嗎?假設,就辯論而言,存在布雷迪違規(指的是檢察官未能向辯護方披露對被告有利的證據),你剛才說這不會有重大影響,仍然不會影響控訴?」

克林福斯回應,「我們的看法,拉辛先生也會這麼認為,我們不認為有任何有利於辯護的東西。在我們擁有的事實中,我們不止一位證人。我們有諾蘭・瓊斯警員。他是審判的第一位證人。他看過錄影帶。正是在他的證詞中,他談到了能夠看到有人搬運一具身體。當然,他了解其他事實,看到他們來來去去的人,有一些陳述。而我不認為聯邦調查局知道所有這些事情。」

完全正確!探員瓊斯無法避免偏見,他無法客觀地看待錄影帶。

克林福斯補充說,「我們還認為,其中一位被告的陳述,她將要從卡車搬運某物進汽車旅館——別擔心,他們沒死,只是暈過去了,我要把某人搬進去——這不是有利於辯護的。」

克林福斯繼續說道。「至於無效協助辯護和監控錄影帶,出於戰略原因,可能不會使用。這很可能是審判策略。」

泰勒法官還沒有結束。「讓我問你。什麼可能的策略，什麼可能的策略，會促使辯護律師向陪審團隱瞞聯邦調查局不同意州證人的事實？這能發展什麼可能的策略？」

令人驚訝的是，克林福斯回答：「我們不一定認為聯邦調查局不同意韋斯特醫生所作的證詞。」

泰勒法官繼續說，「好吧，他沒有看到韋斯特醫生所看到的，對吧？不強調聯邦調查局和州證人對錄影帶的分歧，這是什麼可能的策略？

我是說，想像一下，幫我理解辯護律師知道聯邦調查局對錄影帶的矛盾之處有異議，什麼可能的策略會促使他們不把這點揭露出來？」

克林福斯迴避了這個問題。

「有一種假設認為審判律師是有效的，」他說。「恐怕我的思維並不總是以辯護律師的角度運作，提出這些論點和可能使用的策略。」

「此外，州政府的立場是，沒有虛假證詞被提出，」克林福斯補充道。

巴迪‧考克斯威爾站起來反駁。他告訴法庭，三名女性把她們從戒治康復中心帶來的東西，包括行李和黑色袋子，都裝在了卡車的後面。莉特別向旅館櫃台要求，希望得到一個靠近監控攝像鏡頭的房間，以免她的行李被盜。

「你知道，建立這個國家的人從來不擔心州政府權力不足。權利法案和憲法規定適用於所有被告。」

「密西西比州要求所有律師有道德觀點，如果你在法庭前看到虛假陳述，你有積極的責任去糾正它。當韋斯特說，我們過去

必須把這些送到聯邦調查局,有人應該說,法官,我們能討論一下嗎;法官,這個確實去了聯邦調查局?我猜如果有了這種情況,我們會百分之百確定辯護律師是否知道這一點。」

但這並沒有發生。

塔克提出了一個請求:「閣下,我在公開法庭上提出請求──我會在本案中向法官提出保釋提議,並將其作為證據提交。」

「我拒絕這個請求」法官說。聽證會結束了。

莉和塔米乘車兩小時回到蘭金。這是她們十年來第一次離開監獄。現在她們將回到那裡等待──沒有人知道要等多久──等待泰勒法官對她們是否要在同一個監獄中度過接下來三十四年的生活作出裁決。

# 第二十四章
# 檢方的不當行為

　　我成為一名檢察官,因為我想為了一個高尚的理念而戰。我相信監禁犯罪者能阻止對弱勢群體的暴力循環。檢察官和警察經常因為「保護受害者」這個高尚的理念而投入到他們的工作中。

　　但對我自己的高尚理念的信仰也導致了捷徑:目的合理化手段。我專注於通過監禁、隔離和遏制來實現我的公共安全目標。我全力以赴地保護暴力倖存者,不惜任何代價。而我將受害者定義為社會允許自己感受同情的特定人群。

**鄧恩・朗普頓與崇高目的的腐敗（為了達到某個被認為是正義或高尚的目標而不擇手段,使用不公正、不正當的方法）**

　　鄧恩・朗普頓,第十四巡迴法院地區的地區檢察官（District Attorney）,從一個小鎮檢察官一路努力工作,最終成為地區檢察官。朗普頓追求更高政治職位的驅動力是眾所周知的,這從他多次嘗試贏得國會席位便可見一斑。

　　在莉和塔米的審判期間,喬治・布希總統正在考慮任命朗普頓為密西西比州南區的美國檢察官（U.S. Attorney）。在朗普頓成功定罪這兩名女性後不到三個月,2001年9月7日,布希總統任命他為美國檢察官。當時他僅五十一歲。

作為檢察官的理想高尚事業是朗普頓的另一動力。他最為人所知的是起訴三 K 黨成員詹姆斯・福特・希爾（James Ford Seale）。

1964 年 5 月，希爾在密西西比州米德維爾綁架並謀殺了兩名年輕的黑人男性：亨利・希西基亞・迪和查爾斯・艾迪・摩爾（Henry Hezekiah Dee and Charles Eddie Moore）。希爾是一名工薪階層的白人，和他的兄弟及父親一起，是名為銀元團體（Silver Dollar Group）的激進三 K 黨組織內的激進成員。希爾在看到迪和摩爾沿路行走時綁架了他們。他假裝自己是聯邦調查局特工，將兩人強行帶上了他的車。

希爾召集銀元團體的其他男性白人，他們一起毆打這兩名男性，將他們綁在一輛車的後箱中，開車超過一百英里到奧爾河。在河邊，這群白人男性將迪和摩爾用引擎塊和鐵路軌道鏈在一起。當迪和摩爾還活著時，這些白人男性用船將他們帶到河中央。然後他們將亨利・迪和查爾斯・摩爾推入水中，眼睜睜看著他們溺水而亡。

三 K 黨成員殘忍地謀殺了亨利・迪和查爾斯・摩爾。然而，當迪和摩爾的遺體從河裡被挖出時，聯邦調查局卻在尋找在密西西比州默里甸失蹤的三名民權工作者：邁克爾・施沃納、安德魯・古德曼和詹姆斯・錢尼（Michael Schwerner, Andrew Goodman, and James Chaney）。挖掘密西西比河可能帶給白人至上主義者未知的恐怖。當聯邦調查局在 1964 年調查亨利・迪和查爾斯・摩爾的謀殺案時，希爾和他的三 K 黨同伙查爾斯・愛德華茲（Charles Edwards）承認了這一罪行。然而在 1965 年，當地地區檢察官倫諾克斯・福爾曼（Lenox Forman）提議駁回對三 K 黨

成員的指控,「為了正義的利益」。這種可以用來釋放黑人和棕色人種的駁回工具,被這位檢察官用於代表暴力的白人三K黨成員。

大約在摩爾謀殺案四十年後,他的兄弟托馬斯・摩爾(Thomas Moore)要求重新開啟此案。托馬斯與記者傑瑞・米切爾(Jerry Mitchell)、傑克遜自由報共同創辦人唐娜・拉德(the cofounder of the Jackson Free Press Donna Ladd)和紀錄片製作人大衛・里奇恩(David Ridgen)一起重新調查了這起謀殺案。托馬斯曾與鄧恩・朗普頓一起在陸軍服役,鄧恩現在是密西西比州南區的美國檢察官,托馬斯把他們新發現的證據帶給了他。2007 年,朗普頓以綁架和謀殺摩爾和迪的陰謀罪起訴了希爾。在共犯查爾斯・愛德華茲作為換取免於起訴的豁免權而作證後,希爾在 2007 年被陪審團定罪。希爾被判處三個終身監禁。

高尚的事業驅使朗普頓起訴詹姆斯・福特・希爾,因其謀殺無辜的黑人男性。同樣的動機也驅使他在 7 年前起訴兩名無辜的女同性戀者,指控她們進行了從未發生的襲擊。

朗普頓既是英雄也是反派。這些詞語幾乎無法明確界定。

在希爾案的判決幾天後,朗普頓在他的葡萄農場發生吉普車事故,這導致他餘生都癱瘓。

## 監獄女權主義

我長期以來一直自認為受害者權益支持者。在大學期間,我每月都要輪班值班 12 小時,擔任強姦受害者支持者。手持呼叫器,我會對接收到的警報作出反應,這意味著一名性侵倖存者已經抵達我負責的醫院之一,我需要去那裡成為她們的支持者。

有時警方會開始審問倖存者，我必須為倖存者是否與警方交談的個人決定提供支持。有時醫生或護士，那時他們並不都接受了適當的培訓，會提出不恰當的問題或對倖存者施加壓力。有時倖存者會是一名男性，他對被侵犯感到羞愧，並擔心人們會認為他是同性戀。

　　大多數時候，「我的」倖存者只是希望有人握著他們的手，無需評判地傾聽。我們首先且最重要被教導的是告訴倖存者，「這不是你的錯。你做了你為了生存所必須做的事。」

　　在二十一世紀初，起訴和懲罰強姦犯被視為一種社會支持的形式。倖存者曾經遭受不被相信和忽視的痛苦。懲罰成了一種回應。當我在國際刑事法庭的盧安達（International Criminal Tribunal for Rwanda）辦公室工作時，我感到自己通過協助進行強姦作為種族滅絕的首次起訴，是在做正義的工作。這是對每天都被輕視或忽略的侵犯行為增加了重要性和嚴肅性。

　　我是一名監獄女權主義者。我認為攻擊者應該受到懲罰，從而達到威懾和防止他們再次傷害他人的目的。監禁是實現這一目的的工具。

　　但回應和解決方案之間存在差異。社會學家伊麗莎白・伯恩斯坦創造了「監獄女權主義（carceral feminism）」這個術語來描述20世紀末對「以監獄國家作為執行女權主義目標的執法機構」日益增長的承諾。這些女權主義目標包括承認和保護遭受性或身體虐待的人，藉由逮捕和監禁涉嫌施暴者來實現。直到今天，如果我觀察到許多對性犯罪和家庭暴力檢察官，我看到的是那些同時反對死刑、反對毒品戰爭和反對強制最低刑期的檢察官。我很了解他們中的許多人。他們看到了他們不得不一再地降低指控以

獲得任何類型性定罪的可怕罪行。但他們也看到了體系仍然忽視了許多倖存者,以及它的監禁解決方案通常只是暫時性的。

## 檢察官作為白人救世主

作為一名年輕的檢察官,我的救世主心態(savior mentality)成為我抵擋批評的盾牌。我會通過將肇事者和施虐者監禁——盡可能長久——來保護倖存者。我堅信作為一名檢察官,我應該擁有所有可用的工具。這包括盡我所能說服倖存者作證指證被告,包括逮捕倖存者以保證他們出席審判。這還包括完全獲取警方和犯罪實驗室的資訊。我決定向被告揭露什麼,那些要保密。

作為檢察官,我有能力使某種形式的問責成立,我認為規則和倖存者應該向我的這種問責制傾斜。這種問責制是以監禁為基礎的。

此外,作為檢察官,被告能夠平等地獲取犯罪實驗室資訊的想法,例如被告能夠查看 DNA 結果和在 DNA 數據庫中搜索、與「我們的」實驗室分析師交談,甚至要求詰問「我們的」證人,這讓我感到憤怒。正如那句老話所說,當你習慣了特權,平等就感覺像是壓迫。

管轄法庭的規則確保了法庭上並非平等。刑事法庭的管轄規則植根於吉姆・克勞法(Jim Crow)(當規則在設計和執行上受到了種族歧視和不平等思想的影響,就可能延續了這些不公正的制度。)[1]。

---

[1] 吉姆・克勞法,指從十九世紀末到二十世紀中期在美國南方實行的一系列種族隔離和歧視法律,旨在維持白人優越和壓迫非裔美國人。

在二十世紀 30 年代，聯邦政府制定了管理民事案件和刑事案件的規則。刑事程序的規則最初被起草的與民事程序的規則相同，為雙方提供公開揭露和發現的機會，能夠在審判前訊問證人，雙方可以發現額外資訊並強迫任何一方——包括政府——揭露那些資訊。

　　但是，民事法庭主要是白人當訴訟當事人，而刑事法庭則是非白人且人數不成比例地多。南方的檢察官提出對刑事程序規則的修改，確保對黑人男性被告的定罪。他們提出並通過了我們八十年後仍然使用的規則：檢察官可以決定揭露哪些資訊，隱藏哪些資訊。

　　作為檢察官，我在遵守法庭規則方面也有更多的迴旋餘地。我可以遲交我的訴狀或文件；我可以推動界限。我將我的控制和權力視為自然而然，不值得批評，除非是為了抵抗任何挑戰。我反對那些會通過削弱檢察官的權力來「使競爭場地不平衡」的改變。我為了我的高尚事業理想，而努力維持現狀。

## 檢察官不當行為和崇高目的的崩解

　　在追求高尚職涯的過程中，我們有一種天生的人性傾向，那就是鎖定如何實現我們的目標，並排除所有相互矛盾的訊息。這被稱為隧道視覺（tunnel vision）。任何人都可能只承認證實自己想法或信念的證據，即使面對相反的證據，也不願改變自己的信念。但隧道視覺可能造成高尚志業的崩解。

　　高尚志業的崩解導致錯誤定罪。高尚志業的崩解可以驅使檢察官為自己的利益扭曲規則。三分之一的平反案件涉及檢察官的不當行為。超過一半的平反案件涉及某種形式的官方不當行為。

最常見的不當行為是警方和檢察官向被告隱瞞有利於辯護的證據，這種行為被稱為布雷迪違規（Brady violation）。

檢察官犯下不當行為存在一種扭曲的誘因。檢察官可以通過隱瞞證據獲得定罪，而被發現的風險很小。

檢察官面臨後果的風險更小。如果法院發現了這一點，法官經常將檢察官未向被告揭露證據的行為視為無害錯誤（harmless error）[2]，或裁定隱藏的證據不是「關鍵性的」。

當布蘭登・伯納德（Brandon Bernard）即將被執行死刑時，美國最高法院和唐納德・川普（Donald Trump）總統都沒有在2020年12月的最後幾天免除他的刑罰。布蘭登是一名黑人青少年，他18歲時因參與一起可怕的重罪謀殺案而被判死刑。在最高法院拒絕暫緩執行伯納德死刑的決定中，索托馬爾（Sotomayor）大法官在她的反對意見中寫道：「如果檢察官沒有犯下伯納德所指控的布雷迪和納普違規（Brady and Napue violations），伯納德很可能被免於死刑。」

相反，檢察官沒有被追究責任，聯邦政府執行了伯納德的死刑——與此同時，所有州政府因為 COVID-19 而暫停了死刑執行。

當檢察官可以隱瞞證據，並且他們的高尚志業的崩解了他們

---

[2] 美國聯邦最高法院自 1946 年起即確立「無害錯誤法則」。意指無害錯誤指任何輕微的、形式上的或純理論上的、沒有侵犯當事人的權利和對判決沒有影響或僅有極小影響的錯誤。一般而言，上訴法院不會因審判過程中的此類錯誤而撤銷原審法院的判決。有些類似我國刑事訴訟法第 380 條「除前條情形外，訴訟程序雖係違背法令而顯然於判決無影響者，不得為上訴之理由。」之規定。

的行為而不受制約時,我們就在破壞我們體系的任何正義。我們必須對檢察官提出更多要求,因為他們的職責不是獲得定罪,而是尋求正義。

# 第二十五章
# 自由

當你審視所有證據時,你會意識到,雖然這是一個依據間接證據的案件,這兩位住在一起的女性,是情侶,無論是因為毒品、酒精還是她們的生活方式,她們毫無理由地惡意攻擊了金・威廉斯,並試圖掩蓋這一切。

——鄧恩・朗普頓,在結辯陳述中說。

我繼續處理其他案件。在我心情不好的日子裡,我想知道我在密西西比的時間會以冷漠還是超載結束。我們密西西比無辜者冤罪平反計劃的許多當事人都在死囚牢房。我的當地社區經常為帕奇曼農場(Parchman Farm)的大量處決行動舉辦守夜活動,那是一個擁有密西西比死囚牢房的最高安全級別監獄。2010 年執行了三次死刑,2011 年又有兩次,然後在 2012 年春季,步伐加快。在二月到六月之間,密西西比處決了六名男子,其中一些是在受害者家屬的反對下進行的。我在法學院教授我的監獄與人權課程。

我們閱讀了大衛・奧辛斯基(David Oshinsky)的「帕奇曼:比奴隸制度還糟(*Parchman: Worse Than Slavery*)」,然後參觀了監獄,包括執行室。即使是經過刻意安排與美化的參觀也總是

令人大開眼界。我最大的希望是我的學生能學習、參與並意識到他們自己強大的聲音。

這時，我已經申請了一份工作，設立並指導一個西維吉尼亞的冤罪平反計劃——而且我得到了這份工作。不再處理死囚案件，西維吉尼亞在二十世紀 60 年代就廢除了死刑。西維吉尼亞在南北戰爭期間成為一個獨立的州，當時它從維吉尼亞分離出來，因為維吉尼亞加入了南部邦聯。西維吉尼亞的山區人民脫離出來，請願給林肯，成為一個獨立的州並繼續留在聯邦中。他們當時和現在的州座右銘是「登山者永遠自由」。

但我怎麼能離開，當我的案件被告不能離開時？我一部分將留在密西西比。就像帕奇曼是一個老種植園，就像州立精神病院是建立在一個監獄殖民地上一樣，這些歷史和循環的排斥、壓迫和控制源自奴隸制，將永遠與我們同在。密西西比將永遠與我同在，快樂與痛苦。

正如詹姆斯・鮑德溫（James Baldwin）所說：「歷史不是過去。它是現在。我們攜帶著我們的歷史。我們就是我們的歷史。如果我們假裝不然，我們實際上是罪犯。」

那是六月的密西西比，我將在七月搬到西維吉尼亞。莉和塔米審判和定罪的十一周年紀念即將來臨。塔米告訴我她的夢想，她長期的預感，她和莉將服刑十年然後被釋放。再過一周，又一個夢想將被粉碎。

我正在沉思，就像我常常做的那樣，關於莉在審判前的認罪協商：認罪換取十年刑期。她應該接受它嗎？

就在這時，一封來自泰勒法官助理勞里的電子郵件彈出，附有一份命令。

我甚至不需要完全讀完它，標題就告訴了我一切。「撤銷定罪和刑罰令」，2012 年 6 月 27 日。

這個裁決恰好是在她們審判開始的十一周年之日。她們在 2001 年 6 月 30 日被定罪。我稍後會仔細閱讀整個命令。現在，我必須立即讓莉知道。

我打電話給監獄，要求接通她的輔導員。我忍不住在電話旁邊踱步，用手指著電話，大聲對她喊：「我必須跟莉講話！法官推翻了她的定罪！」

「妳知道妳不能跟她講話；她設定一個電話回應來跟你聯繫。」

「拜託！」我幾乎大喊。「她要回家了！我們剛剛得知！」

「好吧，讓我看看……」

莉後來告訴我，她聽到警衛喊她的名字讓她出來，她開始把襯衫塞進去，收拾她的東西。他們告訴她要快點，她必須把東西收拾好，否則她會被記錄下來。警衛微笑著。妳不必擔心那個，妳要回家了。他們匆忙地把她帶到帶有電話的房間，圍著她等她接電話。

他們對她微笑，鼓勵她接起電話，同時在她周圍等待。

「莉，法官推翻了你的定罪！」我興奮地說。「你要回家了！」

「什麼？！」

她感到震驚。「你要回家了！」

「天啊，天啊！」

在這幾句簡短的對話後，警衛接過了電話並結束了我們的對話。但那就是我們所需要的——那幾刻向她傳達那些寶貴的話語。你要回家了。

莉和塔米被安排在第二天被送往布魯克海文監獄。這個監獄就在他們被定罪的法院旁邊，也是泰勒法官舉行他們的事後定罪聽證會的地方。她們將從布魯克海文的監獄獲釋。泰勒法官決定不舉行聽證會來推翻她們的定罪。她們可以直接回家。

第二天一早，我們都乘坐不同的車沿著密西西比的道路開往布魯克海文。在等候室，我們聚集起來：威爾・麥金托什和卡羅爾・莫克比，學生們，我們的同事瑪克菲爾和她的未婚夫，珊蒂媽媽和她的丈夫，希拉媽媽和斯塔布斯爸爸，莉的姐妹洛瑞和克里斯蒂，以及莉的姐夫史蒂夫・韋德。他們都為這一刻努力了很久。

我記得上次我在那個監獄，事後定罪聽證會之前在監牢後面與莉和塔米會面。現在我和家人一起在外面等待莉和塔米被放出來。

一位穿著工作背帶褲的高大白人男子和我們一起等待——保釋保證人。莉和塔米的家人必須為她們兩人支付保釋金，塔米獲得特別許可離開該州，終於可以和她媽媽一起住在路易斯安那。莉將和希拉媽媽和斯塔布斯爸爸一起住。

時間過去了。「布魯克海文每日領袖報」的一名記者到達，這是同一家報紙，它在近十一年前報導了審判。他和家人、學生以及我們密西西比無辜者冤獄平反計劃組織的所有人一起等待。

希拉和珊蒂在法院旁邊的地方手拉手等待，這是多年前她們

看到她們的女兒被帶走的地方。現在,她們在等待她們回來。

珊蒂抓著另一樣東西——鞋子。她帶來了莉和塔米進監獄時穿的鞋子——她們不得不留在外面的鞋子。

珊蒂每個月的兩個星期天都去看塔米,十年間都不間斷。開車來回需要八個小時的車程,但她還是堅持下去。她經常在那裡見到希拉和皮特,以及經常見到莉的姐妹們。

塔米在被監禁之前曾住在珍珠市。她在珍珠高中上學,並在附近的布蘭登市獲得了普通教育發展證書。她在北山廣場公寓綜合大樓工作了九年,她的前雇主凱西·洛夫爾(Kathy Loveall)也在常規探訪日去看過塔米。

現在,珊蒂希望她的女兒回到德里蓬。她記得多年前在紐奧爾良照顧、幫助她的女兒,現在她準備再次做同樣的事。她想要這麼做,也需要為了自己這麼做。她的丈夫藉由他的海外工作確保他們有一個舒適的生活。珊蒂為塔米安排了一份在牙科實驗室的工作。這將是一個新的開始。

現在她帶著鞋子在等待。這麼多年後,珊蒂還保留著它們作為紀念品,並將它們與莉和塔米團聚。這些普通的網球鞋本應在不同的生活場合中穿著。

我們在等待。怎麼可能花這麼長時間?出了什麼問題嗎?

最後,警衛宣布莉和塔米要出來了。媽媽們排成一列,等在門口等她們的女兒。珊蒂媽媽,然後是希拉媽媽,然後是斯塔布斯爸爸。

莉和塔米穿著平民服裝,走進了他們的懷抱。

有擁抱和哭泣。記者拍照時,她們簽署了保釋文件。塔米要求威爾從自動販賣機裡給她買一罐汽水,這是她 8 年來的第一罐

碳酸飲料。然後莉和塔米都迫不及待地離開監獄，做了十年來對她們來說既平常又禁止的事情：和家人一起開車兜風。

威爾和我開車去希拉媽媽的家慶祝。當我們到達時，鄰居和家人已經過來參加聚會。他們美麗的家充滿了燈光、人群和歡樂。我留到了傍晚，當我離開時，威爾仍在和斯塔布斯一家歡慶，他們終於和他們的女兒團聚了。

### 泰勒法官的判令

本案面臨的問題是未被接納的證據——聯邦調查局的報告。

泰勒法官的意見集中在未揭露的報告上。他認為檢察官必須揭露聯邦調查局的報告，因為它直接與韋斯特醫生及其證詞相矛盾。該報告是關鍵性的且有利於辯護的。「州政府的違規實際上剝奪了辯護方質疑韋斯特醫生錄影增強證詞的必要資訊。」

在聽證會上，檢察官辯稱報告可能已經揭露，但無論是在他們的檔案中還是在辯護律師的檔案中都不存在報告。這一論點並未成立。

判令中寫道：「值得注意的是，一個簡單的系統，用於記錄在此類案件中提供給辯護方的資料，將為州政府提供一種證明在開釋階段已提供什麼的方式。」最終，泰勒法官表示，如果該報告確實已被揭露，且辯護律師未對韋斯特醫生的證詞提出異議或在審判中以任何方式使用該文件，那麼根據「斯特里克控告華盛頓案（Strickland v. Washington）」的判決，辯護律師是無效的。這一美國最高法院的判決界定了由於辯護律師不夠好導致的審判是否違憲。

定罪被推翻。

但今天不是拋棄咬痕證據的日子。這一天，檢察官不會因為他們反對莉和塔米是女同性戀的論點而受到懲罰。該命令承認了這些論點，並根據其他理由作出決定。

### 艾福德認罪協商（ALFORD PLEAS）

在接下來的幾週裡，莉給我發來了許多照片、短信和電話。斯塔布斯一家開車去了海灘，女兒們一起穿著白色衣服拍了家庭照。莉領養了一隻她命名為泰勒的狗，以及一隻叫塔克的貓。夏天是美麗的，自由的日子仍然新鮮。

8月6日，莉和塔米因同樣的初步指控：陰謀、毒品持有和襲擊被重新起訴。一位新的檢察官再次對她們提出了指控。

這並不令人意外。即使DNA證據確定了實際的施襲者，檢察官的常規做法通常是重新提出指控，並向被告施壓，要求他們認罪。

這種策略比人們想像的更成功。我幾乎每一位案件當事人都處於這種情況。我們為他們的定罪推翻而戰，但檢察官簡單地重新提出了同樣的指控。然後檢察官向他們提供了一個特殊的認罪協商。

艾福德認罪協商。

艾福德認罪協商意味著被告可以在維持自己無罪的同時認罪。在認罪協商中，被告說，我沒有罪，但檢察官有足夠的證據可以說服陪審團我有罪。我不想冒著再次審判的風險，也不想冒著新的監禁刑期的風險。

交易是接受認罪協商，有定罪記錄，而刑期就是已服過的刑

期。你不必再回監獄。

我的許多被告當事人都接受了這些認罪協商。他們已經被陪審團錯誤地定罪，沒有保證陪審團不會再次錯認他們有罪。正如泰勒法官問我的，「2012 年的恐同偏見與 2001 年相比，除了人們可能不那麼輕易承認之外，還有什麼不同呢？」

艾福德認罪協商是被監禁者走向自由，並永不再回監獄的機會，同時維持他們的清白。

但他們的記錄上也會有一項定罪，他們每次申請工作、公寓租賃、爭取撫養權時都必須面對這一點。

我以前的一位案件被告作木匠做得非常好；但是另一位仍然掙扎於求職中。

我對檢察官的最大批評之一是他們重新提起這些指控。被告必須達到非常高的標準，才能說服法院推翻定罪。最初的指控涉及嚴重罪行，被告最初被判處數十年甚至終身監禁。

然而現在，檢察官卻提供給這個人一個機會，如果他們簡單地認罪，就可以走出監獄獲得自由。這一過程暗示，檢察官實際上並不相信被告犯下了罪行。如果他們真的相信被告有罪，那麼他們不是應該要求一個與被告最初相似的監禁刑期嗎？

也許他們意識到監獄通常不會讓裡面或外面的人更安全。也許他們有足夠的經驗知道，對暴力犯罪判處緩刑而不是監禁的人通常不太可能再犯另一起暴力犯罪，儘管這聽起來可能相反。

但我認為，他們只是想為自己的檢察記錄保留定罪。定罪並不增進社區的安全，即使沒有監禁時間，它也會損害被告的生活。在我看來，這僅僅是一種殘酷的機制，檢察官不必承認他們犯了一個巨大的錯誤。

在檢察官重新起訴莉和塔米之後，我們提出動議駁回他們的起訴，因為它不可靠。檢察官僅僅重複使用了 2000 年的起訴。那個陪審團在決定是否起訴莉和塔米時，依賴了邁克爾・韋斯特的調查結果。現在，韋斯特醫生承認向陪審團提出了虛假證據。

我們的論點失敗了——舊的控訴繼續存在，莉和塔米被重新起訴。

不再有任何證人站在檢察官這邊。邁克爾・韋斯特不會為他們作證，聯邦調查局將對他們作證，案件的其他一切都是間接的。

因此，他們提供了一個他們認為莉和塔米無法拒絕的認罪協商。內容是認罪非法持有羥考酮，並判處已服刑期。

根據法律，莉和塔米可以因持有羥考酮而被起訴和有可能被定罪。即使莉從未服用過這些藥丸，塔米也沒有服用或保留藥瓶，他們可以被指控「推定佔有（constructive possession）」[1]。這是檢察官的常見法律論點。莉和塔米從未實際持有藥丸或藥瓶。只要藥瓶在她們的「領域或控制範圍」內，且她們知道它，陪審團就可以判定他們有罪。這就是法院在第一次審判時對陪審團的指示。一旦她們知道金拿走了迪奇的藥袋且放在卡車上時，就在莉和塔米的領域內。

每天都有人因「推定占有」被定罪並在監獄服刑。你的朋友在你的車裡留下了大麻，然後被歸責於你。你可以說你不知道，但檢察官會對陪審團辯稱你知道。

---

[1] 有別於事實上的佔有，推定佔有指某人雖未實際佔有而有權並有意圖控制某物時，稱作對該物的推定佔有，是一種法律虛構，用於描述個人對動產或不動產有實際控制權。

莉和塔米在監獄裡度過了近十一年。他們準備繼續他們的生活。莉進監獄時正在社區學院上學；她想回去上學。塔米渴望做出自己的選擇的自由，而且她已經有了一份工作。

她們接受了認罪協商。

## 清除記錄與全國無罪登記冊
（THE NATIONAL REGISTRY OF EXONERATIONS）

莉想回到學校學習成為一名護士。但是，即使是非暴力的毒品持有，一旦被定罪，她也無法在密西西比州獲得執業護士或註冊護士的執照。這是擁有犯罪記錄的「附帶後果」之一，也是她無法預料的。

但仍有希望。

當時在密西西比州，如果這是首次犯罪，她可以請求法院清除她的定罪記錄。只要是非暴力犯罪，即使是重罪也沒關係。在必要的時間過去後，莉和塔米提出了清除記錄的請求；檢察官沒有反對。到了 2016 年，莉終於擁有了一個乾淨的記錄，並可以把這個案件拋在腦後。從那個秋天開始，她準備回到學校成為一名護士。

全國無罪登記冊追蹤美國所有已知的平反案例。在莉的清除記錄之後，於 2018 年 11 月 12 日，莉和塔米及其案件終於被登記在全國無罪登記冊上。他們的案件被歸類為非犯罪錯誤定罪。

## 重獲新生

泰勒法官後來特別關注法醫科學案件，並主持毒品法庭程序。他仍然在法官席上工作，與莫克醫生是鄰居。諾蘭・瓊斯有

時會以陪審團專員的身分出現在泰勒的法庭上。布魯克海文過去和現在都是一個小社區。

泰勒法官回憶他在莉和塔米案件中的決定，是他在法官席上最個人意義深刻的時刻之一。然而，當我多年後問他對這件事的看法時，他回答說：「對我來說，作為一名法官，精神上最危險的事情是談論我何時是對的。我寧願談論我何時錯了。」他繼續說道。「法律的偉大之處在於它能自我糾正——它假設我們得出了錯誤的答案。整個機制都是基於這樣一個想法：我作為一名法官可能是錯的。還有哪個學科是為了自我糾正而設立的？」

2019年六月，莉給我發了她的畢業證書短信——她現在是一名註冊護士。她在她家鄉附近的一家醫院急診室工作，幫助處於危機中的人們。她在幫助人們，也在她應該去的地方。

她也把護士證書寄給了泰勒法官，並附上了一張便條。

便條很簡單：「謝謝。」

# 第二十六章
# 通向自由和修復性司法
# （restorative justice）的其他途徑

對於監獄中的無辜之人來說，大多數通往自由的途徑並不包括對他們清白的確認。自由可能是一個充滿羞恥的現實，並且沒有公開認識到對他們的不公正行為。陌生人甚至親人可能仍然相信你犯下了嚴重的罪行。你的希望是利用你的自由來重建你的生活和名譽，依靠那些了解你、知道你真實情況的人。有時這是世界所能提供的最好的，持續的掙扎但擁有了重獲的聲音。

我的當事人通過艾福德認罪協商獲釋，他們對自己沒有犯下的罪行認罪；通過行政特赦，他們的刑期被縮短並被釋放；通過假釋，一個小組決定他們已經服刑足夠的時間；以及藉由重新判刑，法庭縮短了他們在監獄中的時間。

在所有這些通往自由的途徑中，錯誤定罪仍然留在他們的犯罪記錄上。他們在監獄中的痛苦經歷也伴隨著他們。

改變、成長和福祉不是監獄的目的。將人們關在狹小、不衛生、受監視和暴力的牢籠裡的機構不可能成功地實現它們的目的。監獄並不能揭露藥物濫用障礙的根本原因，而藥物濫用障礙是監禁的主要原因。監獄並不能消除心理健康危機導致犯罪，儘

管超過 50% 的監獄囚犯報告有心理健康問題。

相反，監獄在封閉空間中懲罰人們，由法律維護並遠離公眾視野。法律維持並壓制了監獄中的暴力和苦難。這只是政策。

**我們都是違法者**

每年在課堂上，我都會分發一張工作表。工作表列出了刑事犯罪行為，以小字體擠滿了四頁。學生不必向我展示他們的答案，但必須填寫工作表。他們必須自我認定是否犯下了列出的任何罪行。刑事犯罪行為範圍從使用他人的網路帳號，到穿過鄰居的院子，到打架，到吸食大麻，或給未成年人買啤酒等。

然後，學生根據州刑法計算，如果他們被逮捕、起訴並定罪，他們將會被判多少刑期。

我的大多數學生從未被定過罪。如果他們被定罪，州的法律限制會讓他們很難被允許執業律師。有定罪記錄的人可能會為三年的法學院學費付出代價，畢業後卻仍然無法執業律師，即使只是因為一項輕罪。

儘管我的大多數學生沒有定罪記錄，但幾乎每個人都違反過法律。我們大多數人都有。違反法律的人遠遠多於犯罪者。

懲罰措施將一個人劃入被定罪者的行列，從而標籤他們為「罪犯」。

我們可能會將有定罪記錄的人視為特別有害的人。我的父母多年來一直在使用我的電視串流帳戶，但他們不會將自己視為罪犯，我也不會。不知何故，有定罪記錄的人與我們這些從未需要考慮自己的犯罪行為或為之付出代價的其他違法者不同。政府決定誰受到監視，誰因違反法律而被逮捕，然後誰被起訴。他們決

定誰被視為罪犯。

但檢察官辦公室有其他運作方式,以及對刑事懲罰的替代方案。

### 變革的視野

有兩種解決方案浮現。第一種是改革我們的體系,這是幾十年來一直在進行的呼籲,也是我透過人身保護令法律所倡導的。第二種是為創設一種替代國家支持的暴力懲罰方式。這就是廢除運動的創造力。

提倡監獄和警察廢除運動改變我們透過縣、市、州和聯邦預算支付給誰以保護我們的安全。而不是僅僅資助警察和監獄,並且專門使用刑法來控制行為,資金還可以提供給住房、醫療保健、教育和就業——所有這些都比逮捕和監禁更有可能改變行為。

廢除運動還主張在財政支付系統之外創造安全,並在如何定義公共安全方面建立更多的社區控制權。

### 尋求安全與責任

我採訪了超過七十位無罪平反工作中的女性領袖——律師、社會工作者、活動家和被平反者。我們討論的關鍵問題之一是廢除和恢復性正義。防止錯誤定罪的另一種方法是不那麼依賴刑事法律系統。

按照我們目前每年百分之一的減刑率,需要 65 年——直到 2085 年——才能將美國監獄人口減少一半。到 2085 年,我們還不會回到 1980 年的監禁率。在美國,每天有超過兩百萬人生活在監獄中。

然而，從社會層面來看，監獄並未帶來安全感。那些安全的人並不感到安全。那些最害怕成為犯罪受害者的人往往實際上經歷很低的受害率。與此相反，犯罪倖存者經常得不到刑事法律系統和監禁的保護。

據估計，警察僅在百分之十的重大犯罪中逮捕了嫌疑犯，檢察官在不到百分之二的重大犯罪中定罪了嫌疑犯。

共同正義（Common Justice）的創始人兼主任丹妮爾·塞雷德（Danielle Sered）告訴我們，美國不到一半的被害人會報警。共同正義是一個專注於成人法庭暴力重罪的「替代監禁和受害者服務計劃」。他們估計有百分之七十五的倖存者選擇退出刑事法律系統。在與刑事法律系統接觸的百分之二十五的倖存者中，共同正義會接觸這些嚴重暴力的倖存者。百分之九十的這些倖存者選擇共同正義，這是一種以倖存者為中心、基於責任、以安全為導向和種族平等的恢復性正義替代方案，取代傳統的刑事起訴。

根據塞雷德的說法，這些倖存者選擇修復性司法是因為他們想要責任和安全。他們不希望被告再傷害其他人。他們希望那個人承擔責任。

## 檢察官透過修復性司法創造問責制

共同正義認為，監獄製造了究責障礙。責任要求對自己的行為承擔責任，而不僅僅是在監獄中受到懲罰。監獄不是提供責任，而是強加結構性傷害，這些傷害會產生進一步的暴力：羞恥、孤立、暴露於暴力中，以及無法擁有經濟安全。某些人——主要是貧窮的有色人種——因為更多人犯下的傷害而被監禁。而

某些受害者——特別是中產階級的白人直性女性——被系統公平和尊重地對待。種族和階級在刑事法律系統內為某些倖存者吸引注意力和積累價值,而不是所有倖存者。

我採訪的前納瓦霍民族首席檢察官(the Former Chief Prosecutor of the Navajo Nation)[1]詹妮弗・亨利(Jennifer Henry)表示,所有受害者都需要受到尊重——包括那些曾經犯下過罪行的受害者。她的話是:「〔我們〕真正了解我們的被告、他們的家庭、受害者、證人和合作夥伴。今天的被告往往是明天的受害者,而昨天的受害者是明天的被告……」這與組織「倖存和受懲(Survived and Punished)」所傳遞的訊息相似,該組織關注被監禁的婦女及其經歷的家庭暴力、強姦和性別暴力。在一些女監中,近百分之九十四的被監禁婦女在被監禁之前有身體或性虐待的歷史。

納瓦霍民族檢察官辦公室在傳統起訴的基礎上確認了修復性司法架構。其他檢察官辦公室也在做同樣的事情。例如,華盛頓州金縣的檢察官辦公室與社區合作夥伴合作,實施預先提起訴訟轉介計劃。在他們的社區轉介計劃中,檢察官不會對首次面臨非暴力重罪案件的人提出指控。相反,這個人可以由公共衛生專家評估,並與社區合作夥伴組織匹配以獲得服務和支持。該計劃還包括一個受害者修復基金,用於這些案件中的受害者[2]。

---

[1] Navajo Nation 是美國西南部的一支原住民族,為北美洲地區現存最大的美洲原住民族群,是美國的一塊半自治的印地安保留地,約有 71,000 平方公里,包括整個亞利桑那州東北部、猶他州東南部、新墨西哥州西北部。人口據估計約有 30 萬人。

[2] 我國刑事訴訟法第 248-2 條第 1 項規定:「檢察官於偵查中得將案件移

在弗吉尼亞州阿靈頓，帕里莎・德赫加尼・塔夫蒂（Parisa Dehghani-Tafti）是聯邦檢察官，她也是前冤罪平反辯護律師。

檢察官德赫加尼・塔夫蒂相信，她在修復性司法和冤罪平反案件中與受害者合作的經驗使她成為一名更好的檢察官。她說：「根據目前系統的設置，受害者在定罪後才開始療癒。」

德赫加尼・塔夫蒂相信在她的辦公室中結合修復性司法和傳統案件管理。「通常對大多數人來說，一旦他們看到自己造成的傷害，並有機會了解並做事來幫助療愈受害者或倖存者，他們實際上將更有可能不再造成那種傷害。」

我問她作為一名尋求責任的檢察官，監獄和修復性司法的角色是什麼。

德赫加尼・塔夫蒂深思熟慮地回答：「引入修復性過程實際上可以幫助實現我們假設監獄所做的那種責任。我認為，有這種思維過程的人都會擁有這些思考過程，而不是因為系統的設定方式。」她繼續說：「承認我們有時需要使用監獄作為一種使人無能為力和懲罰的工具是可以接受的。但我認為，假設這就是真正的責任是不可接受的。」

### 用修復性司法來療癒種族滅絕的創傷

州立法機構可以將修復性司法納入刑法典中作為一種選擇。2018 年，馬薩諸塞州通過了立法，將修復性司法作為刑事指控的替代方案。在某些案件中，替代監禁的補救措施可以是「罪犯

---

付調解：或依被告及被害人之聲請，轉介適當機關、機構或團體進行修復。」

對其行為承擔責任⋯⋯在其造成傷害的受害者或社區中進行修復。」

但是，儘管修復性司法對於美國刑事法律系統可能是新事物，它本身並不是新概念。

1994 年，在盧安達，超過一百萬人被其他盧安達人傷害或殺害，這一事件沿著胡圖族和圖西族的種族分裂。聯合國為少數被指定為盧安達種族滅絕的領導者建立了國際法庭[3]，進行遙遠的刑事審判。

與此同時，盧安達政府採用了傳統的修復性司法形式來解決種族滅絕中成千上萬的個體傷害。盧安達創建了名為加卡卡的社區圓桌會議。修復性司法社區圓桌的指導原則之一是，共同的創傷以及超越創傷的意願可以帶來合作和同理心。

盧安達各地的加卡卡聽取了社區成員談論他們遭受的傷害。加卡卡還聽取了造成這些傷害的罪犯的陳述。最終，加卡卡決定了罪犯為承擔責任並賠償受害者的行動，這對受害者和社區來說具有意義。

聯合國盧安達國際刑事法庭在二十年間審理了不到一百人的案件。相比之下，基於社區的一萬兩千個加卡卡聽取了與 1994 年種族滅絕相關的近一百二十萬宗案件。在加卡卡中，重點是和解——試圖認識並承擔盧安達人在其他盧安達人手中遭受的傷害。

---

[3] 是一個於 1994 年 11 月由聯合國安全理事會以第 955 號決議所成立的國際法庭。主要審理於 1994 年整年於盧安達大屠殺期間，在盧安達境內從事種族滅絕和其他嚴重違反國際人刑法行為之人，也包括於此段期間於鄰國境內從事種族滅絕和其他這類違法行為的盧安達公民。

修復性司法是一系列基於國際傳統和習俗的實施，將罪犯、倖存者和他們的社區聚集在一起，共同努力進行賠償並互相幫助療癒。一些方式包括指導性的受害者－罪犯調解、社區會議和圓桌。

與刑事法律系統不同，修復性司法提出了一套不同的問題。法律系統問的是什麼法律被打破了，誰打破了法律，以及應得到什麼懲罰。而修復性司法則問誰受到了傷害，他們的需求是什麼，以及誰有責任滿足這些需求。

在修復性司法中，犯罪是對人和關係的侵犯，而不是對法律和國家的侵犯。這種侵犯產生了義務和責任，要求罪犯修復傷害。

## 為被平反者和倖存者實現治癒正義（HEALING JUSTICE）

當犯罪者本身就是刑事法律系統時該怎麼辦？錯誤定罪的平反者和原始犯罪的倖存者有很多共同之處：他們都被刑事法律系統受害。治癒正義為錯誤定罪的平反者和原始犯罪的倖存者舉辦修復性司法圓桌會議。創始人珍妮弗・湯普森（Jennifer Thompson）是一位性侵犯罪的倖存者，當警察和檢察官錯誤地定罪她的襲擊者時，她再次受到創傷。主任凱蒂・門羅（Katie Monroe）是一位平反者的女兒，也是洛基山無辜者冤罪平反計畫（Rocky Mountain Innocence Project）的前主任。他們的資訊是刑事法律系統對倖存者和平反者都造成了傷害，他們可以彼此共鳴，就像沒有其他人能做到的那樣。

當錯誤定罪被揭露時，倖存者本身經常被指責是造成這一錯誤的原因。

然而，是司法實務者的系統提出指控，調查案件，並錯誤地定罪了被告。門羅主任告訴我：「永遠不應該有讓犯罪受害者或倖存者感到對錯誤定罪有責任的時刻。這永遠不可能是他們的錯⋯⋯我對刑事司法系統對待犯罪受害者和倖存者的方式感到驚訝，以及我們在單純的社會裡是如何忘記了他們的。」

珍妮弗・湯普森與我談到了為人們提供坐下來、聆聽和分享悲傷的空間不足的問題。「在真正的修復性司法中，問題是，你是如何受到傷害的，你需要什麼？誰有責任修復它？」

她繼續說：「在錯誤定罪中，我們知道我們是如何受到傷害的。我們中的一些人知道我們需要什麼，但誰有責任修復它？打破它的人應該修復它。在錯誤定罪中，首先是肇事者，但我們很少知道那個人是誰。其次是系統。而系統並沒有站出來承擔任何責任，當然也沒有尋求修復傷害。所以我繼續看著人們被打破，他們沒有地方坐下來解開。而我當然也被打破了。我也沒有解開我的傷害。」

湯普森談到了處理暴力和懲罰的真正傷害和痛苦的社會困難。「我們不願意與人坐下來，只是握著他們的手，讓他們哀悼。」我們想要說，「現在是時候繼續前進了，是時候克服它了。」

「我們故事中最困難的部分不是審判的那天或逮捕的那天，」湯普森堅持說。「最困難的部分是平反者的孩子去世時他們在監獄裡，沒有人能警告他們。最困難的部分是當我們的家人拒絕與我們談論我們身體上的傷痕。我們與自己的思想和心靈孤立。我們故事中最困難的部分是悲傷和失落。」

雖然錯誤定罪的個案可能永遠無法在法律上恢復他們的清

白,並且可能始終在他們的記錄上記有錯誤的定罪,但治癒正義提供了一個他們可以從起訴和監禁的傷害中治癒的空間。修復性司法也可能提供一個療癒的空間——無論是在錯誤定罪還是傳統犯罪中。這是我們目前制度的一種替代方案,也是實現正義的一條途徑。

# 第二十七章
# 塔米・萬斯述說自己的故事

　　透過電話，塔米的聲音依舊熟悉——我隨時都能認出她。我能想像她的臉，她眯著眼睛和友善的微笑。她有著不把事情看得太重的天賦，並以「我很幸運」來調劑對話。

　　她告訴我她在獄中的朋友，塔莎・雪爾比、艾米・威爾克森、卡莉・格倫（Tasha Shelby, Amy Wilkerson, Karrie Glen）。在 COVID-19 大流行期間，她失去了六位家人，2019 年 5 月失去了爸爸，那年聖誕節失去了奶奶。她從路易斯安那州搬到蘭金縣，照顧中風的爸爸和哥哥。

　　她告訴我，媽媽珊蒂仍在牙科辦公室工作，並經營著她的婚禮生意。「她做得很棒。」

　　「你知道，我媽媽在我進監獄的那天也去了監獄。只是她在外面服刑。家庭也要服刑。家庭也會受到懲罰，」她告訴我。

　　她回憶起審判法官，在法庭內告訴她和莉，因為她們相愛，所以應該在監獄裡度過一生。並且他會確保她們被判 44 年的刑期。

　　我和她談論了我們的 LGBTQ+ 社區。

　　「很多人自殺。但我們不知道，因為他們還未出櫃。無法統計因為是同性戀而自殺的數量。」她說，當她在監獄裡開始對此

感到厭煩時，她告訴自己，「不要在乎別人怎麼看你，只在乎你自己怎麼看。」

她和莉的一位朋友科里，在她們入獄期間自殺了。科里和他的祖母住在一起，他無法告訴任何人他是同性戀。「出於尊重」塔米說。他曾帶莉去他祖母家，假裝莉是他的女朋友。

塔米在意識到自己是同性戀時幾乎自殺。當時她十八歲，自十六歲起就和一名男子結婚。她在傑克遜的前廊上，與她最好的朋友很輕鬆坐在一起時，突然意識到了這一點。「為什麼我對我的朋友比對我丈夫更有吸引力？」

她不知道該怎麼辦。「我逃跑了。我害怕。第二天我就提出離婚，然後去了新奧爾良。」

她拋下了一切，離開了家。在新奧爾良，她開始吸食海洛因。

「我差點自殺，因為我覺得自己是個怪物。那是 80 年代末，我想我不能告訴任何人。我不明白這一切。我不知道該怎麼處理我的感受。」

「我不能告訴任何人；我不想搞砸別人的生活。」

在新奧爾良待了六個月後，她決定活下去，而不是去死。塔米去找媽媽珊蒂，珊蒂帶她去了醫院，她經歷了戒治。「那讓我保持了五年的清醒。」塔米今天仍然在我們身邊。

# 尾聲
# 未來的無辜者冤案平反運動

　　藍調音樂的歷史與美國南部的監獄種植園密切相關。當我開車前往東部的哥倫布，或通過三角洲去帕奇曼監獄時，我會聽布卡・懷特（Bukka White）、雷德貝利（Leadbelly）和桑・豪斯（Son House）等藍調大師的音樂。創造力和富有創造性的人並不總是被監獄所阻擋。我記得在密西西比州的朋友間有一場辯論，關於誰對美國有更大的影響，誰更改變了歷史，是鮑勃・馬利（Bob Marley）[1]還是馬丁・路德・金博士（Dr. Martin Luther King）[2]？律師說是金博士；藝術家說是鮑勃・馬利。

---

[1] 牙買加唱作歌手，雷鬼音樂之父。他成功將牙買加雷鬼音樂帶入了歐美流行音樂及搖滾樂的領域，使牙買加雷鬼音樂傳入西方，對西方流行音樂產生了巨大影響，他以充滿激情、力量、奮鬥的靈魂之聲受到高度肯定。

[2] 美國牧師、社會運動者、人權主義者和非裔美國人民權運動領袖，1964年諾貝爾和平獎得主。主張以非暴力的公民抗爭爭取非裔美國人的基本人權。1963 年金恩發起「向華盛頓進軍」行動，在林肯紀念堂前發表極為有名的「我有一個夢（I have a dream）」演講，其中如「我夢想有一天，在喬治亞州的紅色山丘上，昔日奴隸的兒子能夠同昔日主人的兒子同席而坐，親如手足。」、「我夢想有一天，我的四個孩子將生活在一個不以膚色，而是以品格的優劣作為判斷標準的國家裡。」等名句均頗為貼近本書的精神。不幸於 1968 年遇刺身亡。

桑‧豪斯的「死亡信件藍調（Death Letter Blues）」經常在我現已報廢的灰色紳寶轎車的光碟播放器中重複播放。「今天早上我收到一封信，你說這信是怎麼寫的？信上寫著，『快點，快點！你愛的小姐死了。』」

金沒有死，但她的生活暫停了。在納洛酮（Narcan）讓她的呼吸急促地回來之前的臨床死亡瞬間，她被懸掛著。她的朋友莉和塔米急忙去救她，但她們的行動只是封印了自己的命運。

那一刻。

我們創造了變革，本可以讓他們的生活遠離監獄。現在我們有了藥物，可以幫助無法控制藥物使用的人，還有藥物可以防止人們過量服用藥物而死亡。我們現在有了善意撒馬利亞人法律，包括在密西西比州，以保護在朋友過量服藥時呼叫急救人員的人享有刑事豁免。我們現在知道，咬痕證據的可靠性遠不如我們想像的那麼高，我們對其他法醫學學科的可靠性有了更多的研究。

但對於這本書來說最重要的是，一個社會可以不再將刑事法律系統作為解決傷害的唯一答案。大多數嚴重的暴力犯罪仍未被警方和檢察官解決。我們知道錯誤定罪的發生，尤其是在存在找到罪犯的額外壓力時。我們也知道一旦定罪的車輪開始轉動，要推翻那個定罪是多麼困難。

這本書提供了推翻定罪、重新思考正義和讓更多人從監獄中獲釋的途徑。檢察官和法官不必接受終局性的故事，而對明顯不公正的主張是通往自由之路的第一步。其餘的必須在定罪之前、控訴之前，以及遠遠超出僅有律師的更多人之間進行。

僅靠律師無法成為一個運動。僅靠律師無法創造一個運動。這需要社會群體的力量。

我寫這本書是為了將故事講述與正義結合起來,並解釋一條前進的道路,供那些受刑事法律系統影響的人們使用。我希望律師在法庭上使用這本書,但我也希望一般人也可以在法庭外使用它。

　　冤罪平反辯護律師凱倫・湯普森(Karen Thompson)與我分享了她認為無辜者冤罪平反工作是一種意識的觀點。需要努力工作來解決錯誤定罪中的種族主義問題,並將錯誤定罪的人和社會活動者放在工作的中心。她相信冤罪平反工作可以進化、成長,並最終通過勇氣和開放性成為一個運動。正如湯普森所說:「我迫不及待地想要見到並參加冤罪平反運動。」

　　我也是。並期待你我的一同參與。

國家圖書館出版品預行編目資料

實現正義：恢復遭冤判女性的權利

瓦萊娜・貝蒂(Valena Beety)著，楊雲驊譯. – 初版. – 臺北市：臺灣學生，2025.05
面；公分
譯自：Manifesting justice

ISBN 978-957-15-1961-6 (平裝)

1. 刑事審判 2. 刑事案件 3. 司法 4. 女權

586.5　　　　　　　　　　　　　　　114001047

實現正義：恢復遭冤判女性的權利

| 著　作　者 | 瓦萊娜・貝蒂(Valena Beety) |
|---|---|
| 譯　　　者 | 楊雲驊 |
| 出　版　者 | 臺灣學生書局有限公司 |
| 發　行　人 | 楊雲龍 |
| 發　行　所 | 臺灣學生書局有限公司 |
| 地　　　址 | 臺北市和平東路一段 75 巷 11 號 |
| 劃 撥 帳 號 | 00024668 |
| 電　　　話 | (02)23928185 |
| 傳　　　眞 | (02)23928105 |
| E - m a i l | student.book@msa.hinet.net |
| 網　　　址 | www.studentbook.com.tw |
| 登 記 證 字 號 | 行政院新聞局局版北市業字第玖捌壹號 |
| 定　　　價 | 新臺幣五○○元 |
| 出 版 日 期 | 二○二五年五月初版 |
| I　S　B　N | 978-957-15-1961-6 |

58601　　　　有著作權・侵害必究